若者たちが
学び育つ場所

● ヨーロッパの早期離学対策の現場から

園山大祐 編
Daisuke Sonoyama

Educational Support and Practices
Overcoming Early School Leaving in Europe

ナカニシヤ出版

まえがき

　本書は，日本と欧州における従来の一斉共同体型の学校に馴染めない若者のセカンド・チャンス教育の場を調査し，まとめたものである。本書の執筆者たちは 2019 年から 2023 年度の 5 年間，共同研究「欧州における中等教育の生徒が早期離学・中退・進路変更する要因と対策に関する国際比較」（科学研究費基盤研究（A）19H00618）の支援を受けた。本書の姉妹編として，各国の政策を取り上げた『学校を離れる若者たち―ヨーロッパの教育政策にみる早期離学と進路保障』（ナカニシヤ出版）を 2021 年 3 月に出版した。今回は，その政策実態編として，各国の実践例を取り上げている。EU（欧州連合）では早期離学（者）を次のように定義している。「前期中等教育段階を修了あるいは未修了の 18 から 24 歳の就労，就学状況にない若者を対象とする」。そして，早期離学率の EU 平均を 9.0% 以下にすることを目指している。2015 年からの早期離学率の変遷をみると，EU 平均では，11% から 9.5% に下げており，EU では各国に予防・介入・補償に向けた対応（政策）を求めている。そこで本書の第 I 部では，この予防と介入の実践例とされる国（ドイツ，イギリス，ベルギー，オランダ）を取り上げ，第 II 部では，補償教育の実践例とされる国（スペイン，ノルウェー，エストニア，ポルトガル，フランス，スウェーデン）を紹介する。

　「早期離学」は，OECD 加盟国それぞれにとって解決すべき課題であることは間違いないが，後期中等教育にどのような役割を期待し，どのようなプログラムを用意しているのか，あるいはどのようなスキルを習得させた若者を労働市場へと送り出そうとしているか（予防），また早期離学に対してどのような対策をとっているのか（介入），さらには一旦労働市場への移行に失敗しても再度参入する道が用意されているのか（補償）を併せてみていくことで，「早期離学」をめぐる政策の成否は明らかになる。

　また資格（取得のための学習）に回収されない学力や能力はないのか，あるとしたらどのようなものなのか。それらを評価したり認めたりするには何が必要なのか。それができない学校や社会の方に問題があるのではないか。このような問いをもちあわせておくこともまた必要となろう。これは，資格を取得できない者，労働市場への参入が困難である者を問題視したりかれらの側に責任を負わせたりするのではなく，そうさせてしまった社会や制度の方を問い返していく視点である。早期離学

i

対策の学術的検討の射程として，早期離学者を対象とした検討に加えて，早期離学が「問題」となりうる社会の方を変革する視点も同時にもっておくことが重要だと考えるからである。

　さらに早期離学と学校嫌悪あるいは不登校と関係があるのだろうか。本共同研究を始めるにあたっての出発点は，日本の不登校（長期欠席）の上昇という教育課題と，欧州における早期離学と関係がないのかという疑問にある。そのため，欧州における早期離学の意味するところと，日本の不登校については終章で考察し，日本の公教育の多様化の実践例としてコラムを通していくつかの実践例の紹介も試みた。欧州における早期離学者の受入先として，成人である 18 歳以上 24 歳ないし国によっては 26 歳くらいまでを対象とし，セーフティネットとして住居，医療を含めた生活保障を実施している。若者の権利として政策があるのか，教育に限定しない，あるいは広義の学校外教育（ノンフォーマル）を含めた脱学校化した教育の責任を若者政策として検討することが重要である（政策編である『学校を離れる若者たち』からの知見でもある）。年齢や教科を超えた先の学び，生きるために必要なことは何かを問う場が，一部の若者には必要なのではないだろうか。さまよう時間と空間を提供する居場所づくりを，欧州の代替施設やセカンド・チャンス教育の理念や実践を通して読者に共有していただき，少しでも何かのヒントになり，現場に還元することができれば幸いである。

執筆者を代表して

園山大祐

目　　次

まえがき　（園山大祐）　*i*

序　章　各国の早期離学に対するさまざまな実践から考える
（園山大祐）——————————————————————————*1*

1　はじめに　*1*
2　EU の現状　*2*
3　なぜ学校を離れるのか：日本との違い　*4*
4　本書の目的：各国の事例研究から　*10*
5　読み進めるにあたって　*12*

第Ⅰ部　予防と介入の実践例

第1章　予防・介入の取り組みにみるドイツの早期離学対策
多職種連携に取り組むハンブルクを事例に（布川あゆみ）——————*18*

1　はじめに　*18*
2　早期離学者の定義と対策の重点　*19*
3　ハンブルクにおける予防・介入措置：ReBBZ ゾンネ　*23*
4　おわりに　*31*

第2章　ドイツの不登校・早期離学と学校外の教育機会としての
ソーシャルワーク（辻野けんま）——————————————————*33*

1　はじめに　*33*
2　ドイツにおける不登校・早期離学と就学義務　*35*
3　事例1：新たな青少年援助を展開する BW 州 A 市　*40*
4　事例2：民間財団のソーシャルワークが学校・行政と連携する NS 州 B
市　*43*
5　考察課題　*46*
6　おわりに　*49*
ドイツの教育制度（図）　*53*

iii

第3章　早期離学の抑制に取り組むイギリスの学校

困難を抱える若者を支えるコンテニュー・プラス・アカデミー

（小山晶子・菊地かおり）————————————————————————54

1　はじめに　*54*

2　早期離学／ニートの問題へのアプローチ　*55*

3　コンテニュー・プラス・アカデミーの取り組み　*59*

4　おわりに　*68*

　　イングランドの教育制度（図）　*71*

第4章　ベルギー・ブリュッセル首都圏地域の早期離学対策における「予防」と「介入」戦略

フランス語圏の「AMO」と「SAS」の役割に着目して（見原礼子）——72

1　はじめに　*72*

2　ベルギーにおける早期離学対策　*73*

3　「予防」と「介入」段階での代表的な取り組み　*78*

4　「介入」段階における教育実践　*82*

5　おわりに　*86*

　　ベルギー・ワロニー・ブリュッセル連盟の教育制度（図）　*88*

第5章　オランダにおける早期離学の予防・介入・補償

ロッテルダムの学校と地域の若者支援ネットワークを事例に

（福田紗耶香）————————————————————————89

1　はじめに　*89*

2　本章で扱う事例の予防・介入・補償としての位置づけ　*92*

3　学校内での早期離学の予防　*93*

4　学校外での早期離学の介入　*99*

5　切れ目ない早期離学者支援ネットワークの構築はいかにして実現可能か
　　105

　　オランダの教育制度（図）　*108*

目　次

第Ⅱ部　補償の実践例

第6章　スペインにおけるセカンドチャンススクールの「補償」的役割
公立バサウリ基礎職業訓練学校の事例から（有江ディアナ）————110

1　はじめに　*110*
2　スペインにおけるセカンドチャンス教育　*111*
3　セカンドチャンススクールの取り組み　*116*
4　事例：公立バサウリ基礎職業訓練学校　*120*
5　セカンドチャンススクールの「補償」的役割の考察　*124*
6　おわりに　*128*
　スペインの教育制度（図）　*130*

コラム1　フランスのセカンドチャンススクール（2CS）（園山大祐）　*131*

第7章　ノルウェーにおける早期離学者への支援
オスロにおける補償教育の事例（中田麗子）————133

1　はじめに　*133*
2　早期離学の状況と対策　*133*
3　高校におけるフォローアップサービス（OT）　*135*
4　ダーレオーエン・アカデミーにおける教育プログラム　*142*
5　おわりに：共通点と示唆　*145*
　ノルウェーの教育制度（図）　*149*

第8章　エストニアにおける早期離学への予防・介入・補償
小国の小規模なインクルーシブ環境（丸山英樹）————150

1　はじめに（政策の概要と文化的背景）　*150*
2　事例の位置づけ　*155*
3　補償：「最後の砦」となる学校　*161*
4　おわりに　*166*
　エストニアの教育制度（図）　*170*

v

第9章 早期離学率減少に向けた
　　　　ポルトガルの教育改革と補償の取り組み
　　　　セカンドチャンススクールに注目して（二井紀美子）――――171

　　　1　はじめに　*171*
　　　2　ポルトガルの早期離学問題に対する政策的アプローチの特徴　*172*
　　　3　シントラ2CS（シントラ校）の実践　*179*
　　　4　おわりに　*188*
　　　　ポルトガルの教育制度（図）　*190*

第10章　フランスの小規模高校「ミクロ・リセ」から問い直す
　　　　「学校」像（島埜内恵）――――――――――――――――191

　　　1　はじめに　*191*
　　　2　フランスの早期離学対策におけるミクロ・リセの位置づけと基本枠組み
　　　　193
　　　3　ミクロ・リセの特質　*197*
　　　4　ミクロ・リセという事例から問い直す「学校」像　*204*
　　　5　おわりに　*206*
　　　　フランスの教育制度（図）　*208*

　　　　コラム2　パリ市立成人夜間高校（LMA）にみる再チャレンジの取り組み
　　　　　　　　（園山大祐）　*209*

第11章　スウェーデンにおける早期離学対策の実践
　　　　包括的で柔軟な取り組み（本所　恵・林　寛平）――――――211

　　　1　はじめに　*211*
　　　2　セーフティーネットとしての教育制度　*212*
　　　3　スウェーデンにおけるセカンド・チャンス・スクールの設置　*214*
　　　4　ノルショッピンのセカンド・チャンス・スクール　*214*
　　　5　ノルショッピン市のIMとKAA　*221*
　　　6　セカンド・チャンス・スクールの特徴：IMでもあり独特でもある
　　　　223
　　　7　おわりに　*224*
　　　　スウェーデンの教育制度（図）　*227*

コラム3　日本における外国籍の若者の不就学と夜間中学（川端映美）
　　　　228

コラム4　日本の通信制高校のいま：「学び直し」と「自分探し」（斎藤里美）
　　　　233

コラム5　日本のフリースクールのいま：ありのままを認め自分決定を促す
　　　　（斎藤里美）　236

コラム6　日本の学びの多様化学校（不登校特例校）（園山大祐・塩澤広大）
　　　　242

終　章　能力主義の罠に落ちないために（池田賢市）────247

1　はじめに　247

2　「補償」制度が存在することの問題　248

3　「予防」「介入」の課題　249

4　「受け皿」のスティグマ機能　251

5　修得主義をめぐる問題　251

6　「早期離学問題」が提起する問題　253

編集後記：共同研究を振り返る　（有江ディアナ・福田紗耶香）　255

あとがき　（園山大祐）　259

索　引　261

略　語　表　263

vii

序　章　各国の早期離学に対する
　　　　さまざまな実践から考える

園山大祐

1　はじめに

　本書は，共同研究「欧州における中等教育の生徒が早期離学・中退・進路変更する要因と対策に関する国際比較」（科学研究費基盤研究（A）19H00618）の成果の一部である。姉妹編として，すでに『学校を離れる若者たち―ヨーロッパの教育政策にみる早期離学と進路保障』を2021年3月にまとめた。今回は，その政策実態編として，各国の実践例を取り上げることにした。前書に記したように「早期離学」は，OECD加盟国それぞれにとって解決すべき課題であることは間違いないが，後期中等教育にどのような役割を期待し，どのようなプログラムを用意しているのか，あるいはどのようなスキルを習得させた若者を労働市場へと送り出そうとしているか（予防），また早期離学に対してどのような対策をとっているのか（介入），さらには一旦労働市場への参入や継続に失敗しても再度参入する道が用意されているのか（補償）をあわせてみていくことで，「早期離学」をめぐる政策の成否は明らかになる（園山 2021: 30）。資格（取得のための学習）に回収されない学力や能力はないのか，あるとしたらどのようなものなのか。それらを評価したり認めたりするには何が必要で，それができない学校や社会の方に問題があるのではないか。このような問いを持ち合わせておくこともまた必要となろう。これは，資格を取得できない者，労働市場への参入が困難である者を問題視したりかれらの側に責任を負わせたりするのではなく，そうさせてしまった社会や制度の方を問い返していく視点である。早期離学対策の学術的検討の射程として，早期離学者を対象とした検討に加えて，早期離学が「問題」となりうる社会の方を変革する視点も同時にもっておくことが重要である（園山 2021: 23-24, 83-84）。

　改めて早期離学（者）（ESL）を定義すると，「前期中等教育段階を修了あるいは未修了の18から24歳の就労，就学状況にない若者を対象とする」（Council of the

European Union 2011）とされている。

　早期離学に対して，EU では各国に予防・介入・補償に向けた対応を求めている。それぞれの定義として，予防とは，「問題が生じる前に早期離学のリスクを低減することを目指す」。介入とは，「(a) 教育機関の水準で教育と訓練の質を向上させること，(b) 早期離学の初期の兆候を見逃さず，対応すること，(c) 早期離学のリスクを抱える児童生徒やその集団への対象を絞った支援を行うことにより，早期離学を回避することを目指す」。そして補償とは，「早期に離学した者に，教育や訓練への再参入を促し，得ることができなかった資格を取得するためのルートを提供することにより，再び教育を受けることができるように支援することを目指す」（Council of the European Union 2011）。これらの定義は，各国の教育施策において異なることもあるため，各章の各国の定義の違いについては改めて確認いただきたい。

　以下，2024 年 4 月時点での EU の各国の現状および各章の実践例について触れておくことにする。

2　EU の現状

　前書『学校を離れる若者たち』刊行時（2021 年）から，スペイン，ドイツ，ノルウェー，ルーマニア，トルコなど早期離学率の高い国は，2023 年時点でも依然高早期離学率の国である（章末の図序-5 と 6 を参照）。同じことが EU から離脱したイギリスにもいえるかもしれない。この間に EU 平均を下回ったのは，ポルトガルとベルギーであり，上回ったのはドイツである。このように対照的な結果となった国もある。

　2015 年からの早期離学率の変遷をみると，EU 平均では，11％から 9.5％に下げている。ただ，国別にみると着実に下げていた国も，COVID-19 後に上げている国と下げている国に分かれる。図序-1 のように，上げている国として白抜きのドイツ（10.1％から 12.8％），ノルウェー（10.2％から 12.5％），スウェーデン（7.0％から 7.4％）となっている。イギリス（イングランド）に関しては，NEET（「16 歳から 24 歳のうち，教育，雇用，訓練の状況にない者」）の数値でみた場合，硬直状態にあるとみてよいだろう。COVID-19 の影響以外にも，2015 年欧州難民危機以降の新規移民（シリア，アフガニスタン，ウクライナなど）の受入により積極的だった国において，早期離学の数値に影響を与えている可能性が考えられる。ここでも，イギリスの，2016 年の国民投票後の 2020 年末の EU 離脱（Brexit）後の状況は，別途検討が必要

2

序　章　各国の早期離学に対するさまざまな実践から考える

となる。

　他方，コロナの影響が最小限に抑えられたと解釈できるかは定かではないものの，この間に大幅に削減している国や地域として，ブリュッセル（ベルギー），スペイン，ポルトガル，エストニアがあげられる。フランスやオランダは，2015年時点からEU平均以下であり，この間2％弱の低下がみられ，予防・介入・補償に関する包括的な取り組みの成果と考えられる。ほぼスウェーデンも同様の結果といえる。

　本書で取り上げる9か国は，EU27か国の平均9.5％より高い国もあれば，低い国もある。以下高い順に並べると，スペイン13.7％，ドイツ12.8％，ノルウェー12.5％，エストニア9.7％，ポルトガル8.0％，フランス7.6％，スウェーデン7.4％，オランダ6.3％，ベルギー6.2％（ブリュッセル7.4％）となる。これにイギリスと日本の取り組みも対象とした。

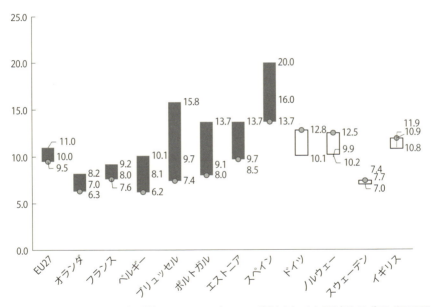

注1）イギリスについては，2020年の数値はないため，2019年のESLの数値を入れ，また2023年はイングランドのNEETの数値を入れている。ブリュッセルについては，2023年の数値はないため，2022年の数値を入れている。indicators.be〈https://indicators.be/fr/i/G04_ESL/#:~:text=En%202022%2C%20la%20part%20de,%C3%AAtre%20ramen%C3%A9%20%C3%A0%20z%C3%A9ro%20pourcent〉（2024年10月1日最終確認））

　図序-1　早期離学率の変遷（2015年から2023年）（Eurostat（2024b）を基に筆者作成）

3

3 なぜ学校を離れるのか：日本との違い

　さて，早期離学率と学校嫌悪あるいは不登校と関係があるだろうか。本共同研究を始めるにあたって，日本の不登校（長期欠席）の上昇という教育課題と，欧州における早期離学と関係がないのかという疑問があった。ちなみに，欧州においては，不登校（absenteeism）という言葉は，ほとんど使用されない。使う場合は，ひきこもりに近い意味であり，何らかの精神的な理由で学校を長期欠席する人を指すか，あるいは理由のない短期（5日程度）の欠席者を指す。日本は就学義務があり，皆勤賞のように無遅刻無欠席を美徳とする伝統とそれによる同調圧力が強いため，不登校現象は，学校嫌悪と強い関係があると感じる。教室で寝ていたり，保健室登校など「隠れ不登校」も出席扱いになるのが日本の学校であるにもかかわらず，なぜ学齢期の長期欠席者が49万人以上いるのか，海外の学校の先生に説明するのが難しいと思ったのは筆者だけではないだろう。さらに子どもの学習権として「隠れ不登校」の説明は難しい。なお，高等学校の長期欠席者は10万人以上である。

　はじめに，ユニセフの『子どもたちに影響する世界』と題した報告書を基に学校への帰属意識の高低さと学力および生活満足度の差を比べてみよう（図序-2）。

　図序-2の左側の図は，数学と読解力で基礎的習熟度に達している子どもの割合が高いエストニア，オランダ，日本，ドイツ，スウェーデン，イギリス，フランス，スペイン，ポルトガルの順に学校への帰属意識の高低差も一定の範囲内にとどまっていることが見て取れる。また図序-2の右側の図は，生活満足度が高い子どもの割合が高いオランダ，フランス，スペイン，エストニア，ポルトガル，スウェーデン，ドイツ，イギリス，日本の順に並んでいるが，下位にドイツ，イギリス，日本が位置づいている。特にイギリスと日本は，学校への帰属意識の高低差の開きも大きいのが特徴である。

　次の表序-1においては，子どもの幸福度の総合順位を示している。精神的，身体的，学力・社会スキルの3項目において総合順位で一位はオランダ，三位はノルウェー，六位から十位がスペイン，フランス，ベルギー，スウェーデン，十四位にドイツ，十七位にポルトガル，二十位に日本，二十三位にエストニア，二十七位に英国となっている。上位八位までの国は一項目を除いて残り二項目で上位にあることや，学力・社会スキルが上位十位以内となっている。

　つぎに最新のPISA調査の結果を基に，早期離学率の高い国と低い国における所属感，教師の支援，努力・持続力，学校の規律などを項目とした比較を試みたい。

序　章　各国の早期離学に対するさまざまな実践から考える

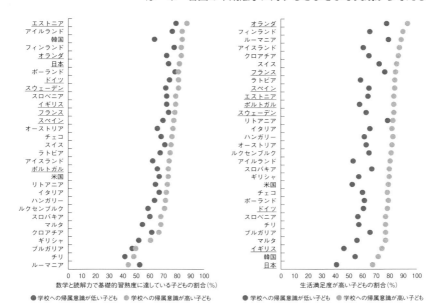

注1）データのないキプロスおよび15歳の子どもの20％以上が調査対象に含まれていないメキシコとトルコは除外。スペインは読解力テストの点数に関するデータがなく、イスラエルは帰属意識に関する項目を、オーストラリア、ベルギー、カナダ、デンマーク、イスラエル、ニュージーランド、ノルウェーは生活満足度に関する項目を実施していない。習熟度に関してはブルガリア（ns）を除くすべての国で有意な差（p＜0.01）が見られ、生活満足度に関してはすべての国で有意な差（p＜0.01）が見られた。

図序-2　　学校への帰属意識が高い子どもと低い子ども（15歳）の学力と生活満足度の差
（ユニセフ・イノチェンティ研究所 2021: 26、ただし本書対象国のうちベルギー・ノルウェーを除く9か国に下線を引いた）

　表序-2においてドイツ、エストニア、スペイン、ノルウェー、イギリスを早期離学率の高い国としてみた場合に、学校への所属感が高いのは、ドイツ、スペイン、ノルウェーであり、これら3か国は、数学①と②の教師の支援は高いとはいえない。ただ、TALIS調査に参加していないドイツを除く、スペイン、ノルウェーでは、学校の規律については、授業妨害が比較的高いスペインだが、ノルウェーは他国より低いともいえる。そして教育の資源が低い両国であるにもかかわらず、教員の満足度や仕事が楽しい回答率は高い国である。
　早期離学率の低い国であるベルギー、フランス、オランダ、スウェーデンと近年急激に下げたポルトガルでは、所属感は21％未満であり、数学①と②の教師の支援はオランダを除いて約3割以上で、なかでもスウェーデンとポルトガルが高い。学

表序-1 子どもの幸福度（結果）の総合順位表：精神的幸福度,
身体的健康, 学力・社会スキル

(ユニセフ・イノチェンティ研究所 2021: 11)

総合順位	国名	精神的幸福度	身体的健康	スキル
1	オランダ	1*	9*	3*
3	ノルウェー	11*	8*	1*
6	スペイン	3*	23**	4*
7	フランス	7*	18**	5*
8	ベルギー	17**	7*	8*
10	スウェーデン	22**	5*	14**
14	ドイツ	16**	10*	21**
17	ポルトガル	6*	26***	20**
20	日本	37***	1*	27***
23	エストニア	33***	15**	16**
27	英国	29***	19**	26***

注1) *** は上位3分の1, ** は中位3分の1, * は下位3分の1であることを示す。
順位は次の方法で算出された。(1) 各指標のzスコアを計算（高いスコア
がよい結果を示すように調整）,(2) 分野ごとに2つの指標のzスコアを平
均,(3) 平均のzスコアを計算,(4) 総合順位は, 各分野の「平均のzスコ
ア」(3) を平均して算出。この表には, コラム1の6指標のうち5つ以上の
指標について十分に質の高いデータがあった38のOECD/EU諸国が含ま
れている。

校規律では, ベルギー, フランス, ポルトガルが40％を超えていて高く, 教育の資
源不足も同様に高い。また, 教育の資源不足が低いイギリス, オランダ, エストニ
ア, スウェーデンの, 満足度や楽しさが相対的に高くなっているところは興味深い。
教員の満足度や仕事が楽しいという2項目で最も高い数値だったのはスペインであ
る。スペインは, 生徒からみた教師の支援に対する評価もイギリスに次いで高い国
であるため, 好学校文化が両者にみられると解釈できるが, 学校の規律（授業の妨
害）は最も高い数値でもあり, 解釈を難しくしている。筆者の予測に反して, 所属
感と支援率の相関は必ずしもなく, また学校規律や教育資源不足と教員の満足度と
仕事の楽しさにも絶対的な相関がみられない。そして, 教育資源が不足している国
ベルギー, フランス, ポルトガルでは, 学校の規律が悪い傾向にあるものの早期離
学率は低い。同様に教育資源の不足をそれほど感じていないエストニア, イギリス,
スウェーデンは, 学校の規律も良く早期離学率はスウェーデンを除いてEU平均で
ある。

序　章　各国の早期離学に対するさまざまな実践から考える

表序-2　生徒の意識と，教師の意識にみる学校観，職場観（国立教育政策研究所 2018, 2024）

	所属感	数学①	数学②	数学③	学校の規律	教育資源不足	教員の満足度	仕事が楽しい
ドイツ*	28.0	33.6	30.6	7.8				
エストニア*	16.9	35.9	25.4	5.7	17.5	15.6	73.6	85.6
スペイン*	33.8	41.8	38.1	8.9	45.1	18.3	88.3	89.6
ノルウェー*	25.0	32.4	26.7	9.0	24.8	18.6	73.7	94.7
イギリス*	9.5	52.5	42.4	6.8	27.4	11.7	66.0	87.9
ベルギー	14.3	31.7	31.9	6.8	42.1	44.7	77.0	90.7
フランス	20.7	35.5	31.6	10.3	40.0	45.1	72.6	90.7
オランダ	11.3	19.8	21.7	6.6	33.1	12.8	79.6	94.2
ポルトガル	20.3	51.2	46.1	6.1	43.0	52.1	64.3	88.8
スウェーデン	20.1	45.4	41.2	8.9	27.5	16.8	60.0	91.4
欧州平均	20.0	38.0	33.6	7.7	33.4	26.2	72.8	90.4
OECD	19.5	39.6	34.2	8.0	28.7	25.1	74.4	89.7
日本	28.0	47.9	40.0	7.1	8.1	49.1	53.8	77.0

注 1)　所属感：生徒の学校への所属感：学校の一員だと感じている（まったく，その通りだ）
　　数学①「数学の授業における教師の支援」：先生は生徒の学習を助けてくれる（いつもそうだ）
　　数学②「数学の授業における教師の支援」：先生は生徒がわかるまで何度でも教えてくれる（いつもそうだ）
　　数学③「数学への努力と持続力」：教わった題材を理解できなかったときはあきらめた（いつも，又はほとんどの時間）
　　学校の規律：生徒が授業を妨害するため，多くの時間が失われてしまう
　　教育資源の不足：質の高い指導を行う上で「かなり妨げになっている」又は「非常に妨げになっている」と回答した校長の割合（生徒と過ごす時間が不足している，あるいは適切ではない）
　　教員の満足度：勤務経験による仕事への満足度：もう一度仕事を選べるとしたら，また教員になりたい（勤務経験 5 年を超える）
注 2)　所属感，数学①～③以外についてはドイツを除いた 9 か国の平均。* のついた 5 か国は，ESL 率が EU 平均より高い国。

　欧州の平均は，ほぼ OECD の平均に近いが，日本の結果は，数学③以外は，有意差がみられる（図序-3）。ただ学校で過ごす時間が長い（日数，時間数ともに）だけに，最も短いドイツと所属感が同じ 28% をどう理解したらよいか。数学①と②の結果からは，教師の支援に対する理解は EU／OECD 平均以上であり，教師に対する一定の評価（あるいは信頼）がみられる。数学③においても日本のあきらめる比率は，EU より若干低い点も評価できる。学校の規律においては，世界的に見ても日本の教育の規律が突出して良いことを表している。ただ，図序-3 にみられるように，日本の教育資源の不足を感じている率は高く，教員の満足度，そして仕事が楽しいと評価する割合は低い結果となっている。この点は，日本の教師の残業時間が多いな

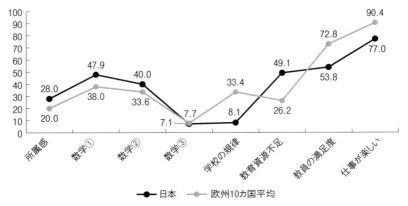

注1）所属感，数学①〜③以外についてはドイツを除いた9か国の平均

図序-3　日本と欧州諸国にみる差異（表序-2を基に筆者作成）

か授業準備時間が少ないなど，労働環境の課題が反映されているとみてよいだろう。日本は諸外国と比べて，生徒の高評価（好学校）に対し，教師の低評価（離学校意識）と解釈できる（後述）。

　しかし，学校嫌いを示す数値は，PISAやTALIS調査からは読み取れなかった。あるいは早期離学率との関連性も見出すことはできなかった。そこで，こうした計量国際比較調査を補う意味でも，本書のこの後にみる事例の現場の声に耳を傾けてみたい。そこには時間と空間の課題，いわゆるスモールスクール構想があり，1つの共通点として教職員一人当たりの生徒数の少なさと多様な職員の存在が浮上した。もう1つは，教え方の課題が指摘されている。予防・介入・補償のいずれの場合も，個に応じた対策であり，学校そのものの教授方法の転換とはなっていない。困っている，気になる生徒への個別対応がメインである。表序-2にみるようなマクロデータには浮上しない，量的調査の限界なのか。そもそも18-24歳の約1割を対象とする早期離学者は，PISA調査の15歳児に対する離学前の調査段階では，表明されにくいのかもしれない。学校を離れる可能性がある予備軍として見落としている可能性がある。TALIS調査においても，中途退学や長期欠席者を対象に質問をしていないため，学校嫌いや学力別の授業への理解度などに関する教師の認識について聞き取れていないかもしれない。また今後は2024年の最新調査結果との経年比較も必要となる。

序　章　各国の早期離学に対するさまざまな実践から考える

　これらのデータからは，日本の不登校（長期欠席）の多さを予見する結果とはいえないかもしれないが，先述したように，日本は諸外国よりも好学校よりであるにもかかわらず，なぜ不登校が11年連続で増えているのか（小中学校で34.6万，高校で6.8万人）。高校における中途退学は依然低い日本であるが，日本の「底辺校」を訪問したことがある人であれば感じ取れるように，欧州に比べて高校生の意欲関心態度が総じて低いのは明瞭である。義務教育年齢ではないにもかかわらず，日本の社会において高卒当然社会による同調圧力によって踏みとどまっていると見た方が正確である。これは就学義務の弊害によるかもしれない。教育義務の国ではホームスクールをはじめ，小学校から学校選択が可能で，入学が当然ではないため，卒業もしかりでより重要なのは，何の資格がとりたくて，そのための学校はどこなのかということである。つまり意欲関心態度が備わってから入学し，維持できなくなったら（一時）離学することも可能と幼少期から教えられている。充電期間を経て復学するか，どうしたいか，進路を選択する猶予期間が与えられた社会である。

　これは成人にもいえる。欧州の場合には自己責任において，18歳前後で進路を積極的に選択する若者が多いと考える。同時に18-24歳の時期に，学校（職業訓練校）に回帰する率も高い。そのため，早期離学者の中には，積極的な離学者もいて，学びから離れることを否定的に捉えることには一旦慎重になる必要がある（近年の欧州諸国にみられる義務教育年齢の延長には，本来より慎重な姿勢が求められる。学齢期の延長（早期化）が将来，学校離れを生み出さないともいえないためである。そのためにも，学びの場の多様化は必要で，本書で実践にみる代替施設や学校という名称以上に，その背景にある思想や理念，あるいは働いている人の声に注目した意義はここにある）。

　他方，日本では新卒一斉雇用による，OJT型の，社内教育によって学び直しが行われている事例も少なくない。これまでの日本型雇用の果たしてきた機能は大きい。本書のコラム4における通信制は，これまでの日本の高校に収まらないタイプの生徒を受け入れる事例であるが，高校中退者の最初の受入先であり，この場合は，中退ではなく転校手続きになるため，中退率には反映されていない。学校基本調査にみる高等学校からの中退率が2%から1%に半減しているのは，通信制の普及や拡大と関係があるかもしれない。その通信制で高卒資格を取得したかは定かではなく，追跡データがないため，実のところ，日本の高校中退率の正確な数値はない。不登校（長期欠席）および通信制への転校率というのは，欧州の早期離学率と近似的な数値としてみておく必要があると考える。

　ただし，日本の好学校よりの結果とは反対に，教員の満足度と仕事の楽しさに対

する評価が低い点は，国内調査に見られる教職離れや教員不人気（早期離職および65歳までの定年延長者にみる離職理由等）とあわせて深刻に受け止めないといけない。

4 本書の目的：各国の事例研究から

　本書では，各国の実践例を取り上げ，早期離学対策のどこに課題があり，どのような取り組みが存在するのかを検討する。そのなかで各執筆者がその国の特色ある実践を紹介することにした。ここで取り上げる実践例が，その国（都市）の最大公約数でもなく，最良の実践例とも限らない。むしろその国の特長を生かした実践例であったり，最も普及しやすい実践例かもしれない。本書では，予防，介入，補償の実践例を順に並べ，なお便宜的に章立てを早期離学率の高い国の順にしている。また最後に日本の実践例を取り上げた。各章は単独の実践例として並置している。終章において，若干の比較考察と示唆を検討している。本書の目的は，各国の早期離学に対応した選択の多様性を尊重することにある。質的に早期離学のどこに問題を感じ，どのような対応によって学びや職業訓練と向き合おうとしているのか。それはなぜなのか。早期離学を通して，学校を修了すること以上に，学校生活を終えてからの人生の幸せのための学びや訓練のあり方を検討することにある。

　表序-3 にみるように，早期離学率の EU 平均より高い国と低い国において，就学義務の国も教育義務の国も存在し，学齢期の長さもそれぞれであることがわかる。

表序-3　各国の取り組み例と就学義務・教育義務，学齢期，ホームスクールの有無
（Eurostat（2024a）を基に筆者作成）

	ドイツ	イングランド	ベルギー**	オランダ	スペイン	ノルウェー	エストニア	ポルトガル	フランス	スウェーデン	日本
予防・介入・補償	介入	介入	予防・介入	予防・介入	補償	補償	補償	補償	補償	補償	補償
ESL 率 2023 年	12.8	11.9*	7.4	6.3	13.7	12.5	9.7	8.0	7.6	7.4	≒2.0
就学義務・教育義務	就学6-18***	教育5-16歳	教育5-18歳	就学5-18歳	就学6-16歳	教育6-16歳	就学7-17歳	就学6-18歳	教育3-16歳	就学6-15歳	就学6-15歳
ホームスクール	無	有	有	有	無	有	有	有	有	無	無

注1）　*：NEET の数値。**：ベルギーとはブリュッセルを指す。***：ドイツの学齢期は州によって異なる。

序　章　各国の早期離学に対するさまざまな実践から考える

ホームエデュケーション（スクール）を認める国もあれば，認めていない国もある。従来，早期からの就学義務の国で学校以外の学び舎の選択が認められていない国（州）ほど，学校不適応，不登校が起こりやすいと考えられていたかもしれないが，多様な欧州の学校制度においては，単純ではないことがわかる。しかし，メインストリームの学校に適応できない生徒に対する代替の学校ないし施設・機関は，セカンド・チャンス教育（スクール）をはじめ，非学校（ノンフォーマル）化した小さな規模の施設に，多くの大人（リソース）が用意されていることを，各国の実践例から知ることができた。丁寧な水路付け（進路相談）が行われ，個別に応じた受入先を用意する努力が，教育，福祉，医療，心理の専門家や行政（省庁間）を超えて実施されている。若者の社会保障の一環として教育訓練が位置づけられている。

以上各章をプロットすると，図序-4のように位置づけることができる。縦軸にEUの早期離学率9.5%を真ん中に，それより高い国と低い国に分け，横軸に本書で取り上げる実践例を予防，介入，補償の3つに分けた。たとえば，右端上の象限のスペインは，早期離学率の高い補償の実践例である。同じくイギリス（イングランド）は，早期離学率が高い介入の実践例である。ドイツは，予防と介入にまたがった実践例である。早期離学率は低いのが，ブリュッセルの予防の実践例と，ポルトガル，フランス，スウェーデンの補償である。オランダは，早期離学率は低いが，予防・介入・補償の実践例として紹介している。日本の実践例は，夜間中学校とフリースクールは補償として位置づけているが，学びの多様化学校と通信制は，介入

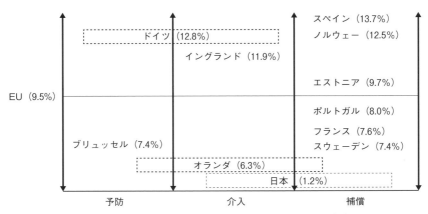

図序-4　予防，介入，補償別の各国の実践例と早期離学率（%）

11

と位置づけられるだろう。なお，日本においては，早期離学率に相当する数値が存在しないため，学校基本調査（2021年度）の高等学校の中途退学率を入れているが，これには，転校などは含まれないことなど参照値として考えた方が良い。なお先述したように，2008年度比で半減している。EU早期離学率同様に18から24歳の年齢にみたときにこの数値の増減は定かではないが2%前後とみてよいだろう（表序-3）。なお，2020年の国勢調査によると，少なくとも90万人以上の義務教育未修了者がいる[1]。

5 読み進めるにあたって

　早期離学者の受入先として，成人である18歳以上24歳ないし国によっては26歳くらいまでを対象とし，セーフティネットとして住居，医療を含めた生活保障を実施している。日本における居場所づくりの課題は，学校化された学びあるいは訓練に限定されることにある。近年，日本の高校における居場所カフェなど，学校内に用意されたり，子ども食堂などに学習支援の場が設けられることがある。こうした取り組みも必要であり，意義があることは当然であるが，同時にそこに学校様式のフォーマルな学びを持ち込む事例も散見される。何か窮屈さを感じたり，実際に勉強が嫌で来なくなる話も聞く。フリースクールへの監視・管理もしかりである。

　18歳以上の若者を対象とした権利として政策があるのか。教育訓練に限定しない，あるいは広義の学校外教育（ノンフォーマル）を含めた脱学校化した教育の責任を若者政策として検討することが重要である（政策編である『学校を離れる若者たち』からの知見でもある）。年齢や教科を超えた先の学び，生きるために必要なことは何かを問う場が，一部の若者には必要なのではないだろうか。さまよう時間と空間を提供する居場所づくりが，欧州の代替施設やセカンドチャンススクール（本書では，

---

1) 2020年の国勢調査で初めて，最終学歴が「小学校卒業」と，義務教育を修了していない人が約80万人いることが判明した。うち外国人1万9,731人，また80歳以上が約75万人と9割強を占めた。とはいえ，早期離学に該当する15歳から24歳では，最終学歴が「小学校卒業」が1,386人，「中学校卒業」が21万2,613人いる。くわえて同年齢の未就学者は，4,392人である。なお先の卒業者には形式卒業者も含まれる。そして国勢調査は，非識字者は答えられない，答えないケースも考えられるため，この数値は正確ではないとされている。この年はCOVID-19の影響もあり，非接触調査であったことの影響も考慮する必要がある。いずれにしても，小・中学校に在学したことがない，あるいは小学校を卒業していない「未就学者」の9万4,455人（うち外国人9,024人）を含めると，約90万人が義務教育を終えていないことになる。したがって，日本においても早期離学の課題は存在する。

序　章　各国の早期離学に対するさまざまな実践から考える

以下「2CS」と表記する）の理念や実践には感じられた。そのことが，本書から読み取れればと願いたい。

　日本の一本の順序立った連続的な移行ルートに比べて欧州では，若者が教育から労働への移行において，一本ではなく，順序立っていない進路変更（橋渡し，pathways）による多様な選択肢の中から，さまざまな寄り道も認めることの重要性が示されている（園山 2023）[2]。つまり，自分と社会と向き合う時間を保障し，教育と訓練の資格を取得する時間的猶予を十分に提供することが，これからの日本の若者，家族，教育，企業，社会に求められる。この移行期間を公的に無償で保障することも大事である。「参加機会の保障」が「支え手を支えること」とセットでなければならないように，すべての人が社会に包摂されるホリスティックな政策が実現されていることを本書の各事例から感じてほしい。欧州の受入先では，コミュニケーション力，対人関係能力など生活に必要な生きる力を育む教育が目指されていて，市民としての社会包摂が目指され，基本的人権を重んじていることが伝わる場面が多く見られたことは何より大事な点である。むろん，そうした受入先には，迫害や虐待を経験した難民，移民，外国人，女性，障害者，性的マイノリティ，ヤングケアラー，子どもの貧困などの存在も無視できない。

　以下，各章は，個別の実践事例となるため，どこから読んでも良い。また各国の政策については，前書『学校を離れる若者たち』をあわせて読んでいただけると国全体の教育動向，制度について理解が深まるため，お薦めしたい。

---

2) 日本では，2016 年に公布された「教育機会確保法」を通じて，学齢期後の教育機会が保障されるようになる。その一例が夜間中学である。「あってはならないが，なくてはならない」再教育（2CS）の場として再評価されている。ただ，全国に存在する義務教育未修了（未就学）者や形式卒業者の十分な受け皿としては量的に足りていない。質的には，夜間中学や学びの多様化学校を含め，教材開発とそれを実践できる教員を養成できていないのが実態である（コラム 3，6 参照）。
　なお，本書でみる欧州の事例は，予防，介入，補償教育のすべてが公的に無償で，18 歳以上の成人までを含む機会を用意している点に特徴がある。日本の「あってはならないが，なくてはならない」夜間中学の実情とは異なる点を確認しておきたい。つまり，欧州では，生活や就労につなげた義務教育後の後期中等教育として設置されたセカンドチャンスの場として理解されている。
　そして，日本の義務教育期間における不登校や隠れ不登校にはより注意が必要である。なぜなら，学齢期の不登校は，後の高校における中途退学予備軍となる可能性があり，より手厚い予防・介入と教育補償が公的に用意されるべきだからである。

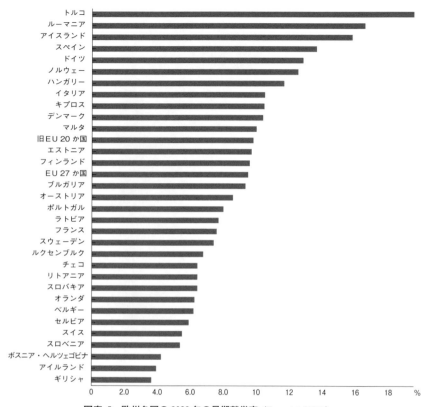

図序-5　欧州各国の2023年の早期離学率（Eurostat 2024b）

序　章　各国の早期離学に対するさまざまな実践から考える

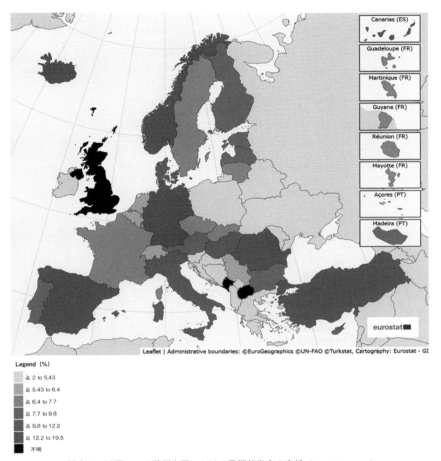

図序-6　地図にみる欧州各国における早期離学率の高低（Eurostat 2024b）

【引用・参考文献】

江口怜（2021）.「あってはならないが，なくてはならない学校―夜間中学の歴史と現在」『部落解放』809, 8-16.

国勢調査（2020）.「令和2年国勢調査就業状態等基本集計（主な内容：労働力状態，就業者の産業・職業，教育など）」〈https://www.e-stat.go.jp/stat-search/files?page=1&layout=datalist&toukei=00200521&tstat=000001136464&cycle=0&tclass1=000001136467&cycle_facet=tclass1&tclass2val=0〉（2024年12月1日最終確認））

国立教育政策研究所［編］（2018）.『教員環境の国際比較』ぎょうせい

国立教育政策研究所［編］（2024）.『生きるための知識と技能』明石書店

園山大祐［編］（2021）.『学校を離れる若者たち―ヨーロッパの教育政策にみる早期離学と進路保障』ナカニシヤ出版

園山大祐（2023）.「早期離学と進路保障」宮本みち子［編］『若者の権利と若者政策』明石書店，40-63.

ユニセフ・イノチェンティ研究所（2021）.『イノチェンティ　レポートカード16　子どもたちに影響する世界―先進国の子どもの幸福度を形作るものは何か』日本ユニセフ協会

Council of the European Union（2011）. Council Recommendation of 28 June 2011 on Policies to Reduce Early School Leaving (Text with EEA relevance) (2011/C 191/01). *Official Journal of the European Union*, 1.7.2011, 1-6.

Eurostat（2024a）. Early leavers from education and training, age group 18-24. 〈https://ec.europa.eu/eurostat/databrowser/view/tesem020/default/table?lang=en〉

Eurostat（2024b）. Early leavers from education and training by sex and labour status. 〈https://ec.europa.eu/eurostat/databrowser/view/edat_lfse_14/default/table?lang=en〉（2024年10月1日最終確認））

第 I 部
予防と介入の実践例

第1章 予防・介入の取り組みにみるドイツの早期離学対策

多職種連携に取り組むハンブルクを事例に

布川あゆみ

1 はじめに

　コロナ禍，ドイツでは新型コロナウィルス感染症拡大防止のため，ドイツ全土でのロックダウン（都市封鎖）が数度にわたって，長期間実施された。他国に比べて，ドイツの休校期間は断続的に長期化した[1]。しかし，日本のように夏休み期間を短縮し，休校期間中の授業時数を補うことや放課後の学習支援などは，ドイツではなされなかった。休校期間における学力保障の１つとして，ドイツでは「留年を選択する権利」の保障が進んだ（辻野・布川 2022: 177）。「課程主義」をとる国ゆえに，もともと留年が一般的ではあったものの，コロナ禍では「自由意思に基づく（積極的）留年」が各州教育省より通知された[2]。実際には，コロナ禍で留年率が急増するということはなく，留年については慎重に判断がなされたといえる[3]。

　ただしドイツは前回調査（PISA2018）に比べて，PISA2022 の調査結果は低学力層が大幅に増加している。PISA2000 の調査結果の際に経験したいわゆる「PISA ショック」になぞらえ，「PISA ショック 2.0」と総称されている。長期におよんだ休校期間など，コロナ禍による影響が多方面かつ長期的におよぶとの見方がなされている（OECD 2023: 152）。他国に比べて，階層間格差が拡がっていることも，ドイツにおける教育の課題であり，社会の課題としても位置づく。

---

1) PISA2022 年調査において，「新型コロナウィルス感染症のため 3 か月以上休校を経験した」と回答した生徒の割合は，OECD 平均 50.3％だったのに対し，日本は 15.5％，ドイツは 71.3％であった（OECD 2023）。
2) ドイツでは教育の権限は各州にあり，文化高権とよばれる。各州の政策を調整する機関として各州文部大臣会議（KMK）が置かれている。
3) 義務教育期間在籍者のうち留年となった生徒は，ドイツ平均で，2.6％（2018/19 年度），2.3％（2019/20 年度），1.4％（2020/21 年度），2.4％（2021/22 年度），2.3％：14 万 8,800 人（2022/23 年度）で，全体でみるとコロナ禍で急増とはなっていない（Statistisches Bundesamt 2023a）。

第 1 章　予防・介入の取り組みにみるドイツの早期離学対策

本書がテーマとする早期離学率についても，（再び）ドイツは上昇傾向にある。ドイツの早期離学率は 2005 年に 13.5％であったが，その後減少し，2014 年には9.5％を記録した。それ以降約 10％を維持していたが，2021 年に 12.5％，2022 年に12.2％，2023 年には 12.8％と上昇に転じている（Eurostat 2024）。EU 加盟国平均が10％を切るなかで，ドイツは増加に転じている数少ない国の 1 つである[4]（Eurostat2023）。

　ドイツにおいては 2022 年 2 月以降，ウクライナ難民の受け入れも進んでおり，社会統合が課題となっている[5]。さまざまな変化や課題がみられるドイツにおいて，早期離学をめぐってどのような課題が認識され，対策がとられているのだろうか。

2　早期離学者の定義と対策の重点

● 2-1　就学義務の「厳格さ」と早期離学

　はじめに，ドイツの教育の原則・特色をみていきたい。ドイツは，日本と同じく就学義務をとる国である。日本との違いは，ドイツでは国籍や滞在資格に関係なく，ドイツに居住するすべての子どもに就学義務が課せられている点である。また州ごとに教育の自治権が付与されているドイツでは，就学義務の法的根拠は州憲法にある（ドイツの憲法にあたる基本法上に直接の規定は無い）。そのため，州ごとに違いはみられるものの，就学義務は原則 6 歳から 18 歳までの 12 年間におよび，就学義務が「厳格」である点に，ドイツは特色がある（Stöhr et al. 2024）。

　なぜ「厳格」とされるのだろうか。それは，欠席の扱いにある。ドイツでは，教室に行き，授業に参加することが「義務履行」（大前提）とされており，日本のように教室以外の場所へ別室登校すること（たとえば日本でいう「保健室登校」）は，出席扱いにならない。したがって，教員免許をもつ教師による授業が行われている教室に参加して初めて，出席扱いとなる。

　またドイツにおいて，病気や忌引き，休暇などを理由とした欠席は「正当な理由」として扱われるが，その他の欠席は「正当な理由のない欠席」として，「違法」

---

4) 2022 年の時点で，前年度より 1 ポイント以上の増加がみられたのは，ドイツ，スウェーデン，スロヴァキアの 3 か国であった（Eurostat 2023）。

5) 2022 年 3 月の時点で，36 万 9,875 人のウクライナ難民を受け入れていたドイツであるが，2024年 3 月の時点では 114 万 9,951 人のウクライナ難民がドイツで暮らしており（Statista 2024），22万 370 人の子どもたちがドイツの学校に就学している（KMK 2024）。

19

とみなされる（Stöhr et al. 2024）。就学義務が一時的に免除されるのは，病気や妊娠中の若年女性に限定される。もし子どもが「正当な理由なく」欠席を続けた場合，就学義務違反者として，生徒に対しては学校への強制連行，過料の賦課，親に対しては，秩序違反の行政罰，配慮権（日本でいう親権）の剝奪，刑罰など強力な制裁手段がとられる（廣澤 2017）。たとえばハンブルクの学校法には，段階に応じた制裁措置が明記されている。まず，「正当な理由なく」，連続して 5 日以上欠席を続けた場合，学校との面談が求められる[6]。この面談に親が応じない場合，ハンブルク学校法第 37 条に基づき，教育・職業訓練省の法務局に対応が移り，法的措置が取られていく（Behörde für Schule und Berufsbildung 2024）。

　このように厳格な就学義務制度をとるドイツゆえに，コロナ禍での自宅からのオンライン授業への参加について，出席扱いとするかどうかは，議論が重ねられてきた。2020 年 3 月以前，学校以外の場での学習，たとえばホームスクーリングは想定されてこなかったからである（法的に認められなかった）。しかしながら今日においては，自宅からのオンライン授業の参加に関する法的整備を進めた州が少なくない。学校がオンライン授業への参加を求めた場合に限って，自宅からのオンライン授業参加は出席扱いとなるなど，変化が生まれている[7]。しかし，特別な理由や事情がない限り，オンライン授業の実施は年に 1 回程度にとどめることが前提とされており，就学が原則とされている。12 年間の就学義務を果たすことが「当たり前」であり，それを果たさないことは「違法」（「罪である」）という認識が社会全体に強くある[8]。

　ただし，分岐型の教育制度をとるドイツでは，この 12 年の送り方には多様なルートがある（詳細は辻野・布川（2021）を参照）。就学義務期間 12 年すべてを普通教育学校の就学で満たすこともできるが，12 年のうち 9 年を普通教育学校への就学，残りの 3 年を職業教育学校（デュアルシステム）への就学で満たすこともできる。

　本章では，4 年制の初等教育修了後，主に成績によって振り分けがなされる伝統的な 3 つの進学パターンを取り上げる（図 1-1 を参照）。第一に，5 年制の基幹学校へ進学し，基幹学校修了資格を取得した後，3 年制の職業教育学校へ進学し，職業

---

6) 欠席が続く要因の 1 つに，留年があるが，欠席の要因は単一的なものでなく，複層的であること，また連続する欠席をその場的な出来事として捉えるべきではなく，発達段階の結果として，バイオグラフィー的な観点で捉えなければならないことが指摘されている（Ricking 2023: 27）。

7) たとえばハンブルク学校法第 98 条（Behörde für Schule und Berufsbildung 2024: 7）にオンライン授業への参加の扱いが記されている。

8)「正当な理由のない欠席」が続き，学校との面談に親が応じない場合には，法的措置が下されるだけでなく，警察が介入する案件へと発展していく。

第 1 章　予防・介入の取り組みにみるドイツの早期離学対策

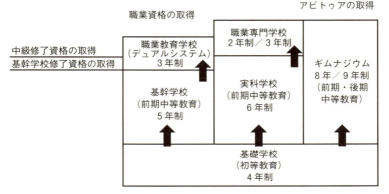

図 1-1　ドイツの教育制度と取得資格（KMK（2023）を基に筆者作成）

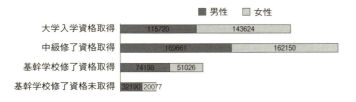

図 1-2　2022 年度における修了資格取得状況（人）（Statistisches Bundesamt（2023b）を基に筆者作成）

に必要な各種資格を取得するというルートである。第二に 6 年制の中等学校へと進学し，中級修了資格を取得し，職業専門学校へ進学するというルートである。第三に，8 年制ないし 9 年制のギムナジウムへと進学し，大学入学資格（アビトゥア）を取得し，大学へ進学するというルートである。

したがってドイツにおける早期離学者とは，いずれかのルートへの進学によって，12 年の就学期間は満たした（12 年間にわたる教育や訓練を受けた）ものの，教育段階に応じた修了資格を取得できぬまま，学校を離れたすべての者を指す。なかでも第一の修了資格にあたる基幹学校修了資格（普通学校修了資格とも呼ばれる）を得られなかった者，すなわち基幹学校修了資格未取得者が，早期離学者の中でも最も早期に離学した深刻なグループとして捉えられている（辻野・布川 2021）。

図 1-2 は，教育段階別にみた修了資格取得状況をまとめたものである。2022 年度はドイツ全土の学校に在籍する 76 万 9,411 人のうち，基幹学校修了資格未取得者

21

が5万2,197人おり，女性（2万77人）に比べて男性（3万2,190人）の方が多いことがみてとれる。以下では，基幹学校修了資格未取得者の進路を補償するための職業教育学校に着目し，どのような対応と課題がみられるのかを論じていく。

● 2-2　基幹学校修了資格未取得者と補償措置

　ドイツでは実践的な訓練を行う現場中心主義的職業教育が行われてきた（小松2016）。その仕組みはデュアルシステムと呼ばれ，週に3日から4日実践的な訓練・研修を訓練先で行い，週に1日から2日，理論的な学習を職業教育学校で行うものである。ドイツの職業教育は，1)「職業養成準備」，2)「職業養成」，3)「継続教育」，4)「転職向け再教育」の4段階から構成されている。

　「職業養成準備」は他の3段階と異なり，2003年に新たに加えられたものである。対象とするのは，基幹学校修了資格未取得者，あるいは基幹学校修了資格を得ているが，2)「職業養成」に必要な訓練先を確保できないなど，いわば学校教育と職業教育の狭間に陥って，従来の職業教育のルートへ進むことに困難が生じた人びとである[9]（藤田 2020）。「職業養成準備」コースでは，基幹学校修了資格未取得者に対しては，基幹学校修了資格取得に向けた教育がなされる。参加者は，最長で2年間このコースに在籍することができ，2年以内の基幹学校修了資格取得が求められている。したがって，職業養成準備コースは，基幹学校修了資格を取得できないまま学校を離れた若者に対する，補償措置として位置づけることができる。

　しかしながらこの「職業養成準備」コースに進んだ者は，ドロップ・アウトしていく割合が高いことが指摘されている（BMBF 2023）。学業不振により，基幹学校修了資格未取得のまま「職業養成準備」に入った者については，特別な配慮と個別の教育が必要であり，基幹学校修了資格取得に向けては現コースの見直しの必要性が指摘されている（Leber & Schwengler 2024）。該当する者の多くが移民背景をもち，また難民認定を受けている若者が多いことからも，ドイツ語習得やカウンセリングをはじめとする特別な措置が求められている。近年，2015年，2016年のいわゆる

---

9) ドイツでは，基本的に生徒本人が訓練先を手配・確保しなければならない。自らが訓練先の確保にあたることにはさまざまな障壁があり，例年，訓練先が確保できないという生徒が一定数生じている。特に，移民・難民背景のある子どもの訓練先確保が難航している。職業訓練の機会はエスニシティによって得られやすさと得られづらさが生じていること，特にトルコ系移民やアラブ圏出身の移民は訓練の機会が得られづらいことがデータから示されている（BMBF 2023: 90）。なお，同報告書内では差別という言葉は使われていないが，エスニシティや宗教上の差別があることをうかがわせる。

第1章　予防・介入の取り組みにみるドイツの早期離学対策

「難民危機」で流入した難民の子どもの進路問題が，ドイツでは表面化してきている（Leber & Schwengler 2024）。

今日，大学進学者が増加し，職業資格の高度化が指摘されている（坂野 2020）。たとえ基幹学校修了資格が得られていたとしても，基幹学校修了資格では「最低限」の教育水準のみを満たしたと判断され，職業教育訓練への参入が難しく，その後のキャリアアップが進まないことが指摘されている[10]。基幹学校修了資格のみをもつ者は，中級修了資格や大学入学資格をもつ若者に比べて，オルタナティブな訓練の道や大学で学ぶという選択の余地が少なく，ドロップ・アウトのリスクが高まるからである（BMBF 2023）。基幹学校修了資格に加えて，職業教育学校に進学し，職業教育修了資格（職業資格）の取得が最低限必要とされる。

コロナ禍，職業教育全般が困難な状況にあったことが指摘されており，とりわけ移民背景をもつ若者がその影響を受けたことが指摘されている（BMBF 2023: 22）。新型コロナウィルス感染症は接客や美容・理容業など，基幹学校修了資格をもつ人びとが主に訓練を行う分野に大きな影響を与えたからである（BMBF 2023）。コロナ禍でロックダウンがなされ，職業教育訓練の受け入れ先が激減した。労働市場への移行が困難な場合，その後の就業歴にも長期的に影響するため，移民・難民背景をもつ若者の困難は問題として捉えられている（BMBF 2023）。

したがって基幹学校修了資格をたとえ取得できていても，中級修了資格を取得している者のほうが有利となる。ましてや，基幹学校修了資格を取得できていないことは，労働市場への参入をより一層難しくさせる。そうした流れのなかで，厳格な就学義務制度をとるドイツでは，早期離学対策として修了資格を得るための予防と介入が重視されている。本章以下では，予防・介入に重点を置いた取り組みを行っているハンブルクの事例に着目する。

3　ハンブルクにおける予防・介入措置：ReBBZ ゾンネ

ハンブルクはドイツ北部に位置し，ベルリンに次ぐ第二の都市である。人口約189万人が暮らす。2018年から社会民主党所属のペーター・チェンチャー氏が市長

10）ドイツと同じく伝統的な職業教育訓練制度をもつスイスでは，基幹学校修了資格取得者でも職業教育訓練へ十分に参入でき，職の取得につながるが，ドイツはスイスと異なり，企業側は中級修了資格をもつ者を求めており，基幹学校修了資格取得者では訓練先の確保が難しくなっている（Leber & Schwengler 2024）。

を務め，社会民主党と緑の党による連立政権が組まれている。

　ハンブルクの取り組みの中心となるのは，公的機関である「地域の教育およびカウンセリングセンター（Regionale Bildungs-und Beratungszentren（以下，ReBBZとする））」である。これまで領域分担のもと，連携のなかった教育と青少年援助領域が連携をとるようになり，公立・私立に通うすべての子どもが，教師以外の専門職者から定期的・長期的に助言やカウンセリングを受ける仕組みが体系化されている点に特徴がある[11]。これらの取り組みは，早期離学の予防として位置づく。また，普通学校修了資格（基幹学校修了資格）の取得に向けて，介入もなされている。

　辻野けんま氏と筆者は，ハンブルク市内のReBBZ エアデ（2023年10月26日訪問）とReBBZ ゾンネ（2023年10月27日）を訪問する機会を得た（いずれも特定を避けるため仮称とする）。本章では，ReBBZの先駆け的存在であるReBBZ ゾンネを主に取り上げる。以下では，ReBBZ ゾンネの職員（助言・カウンセリング部局）の方2名を対象に実施したインタビューを中心に，取り組みの詳細をみていく。なおインタビュー引用箇所については，末尾に（インタビュー）と表記した。

● 3-1　運用体制とその地域的特色

　ハンブルクでは，ハンブルク全体を7地区に分け，地区ごとに拠点となるReBBZを設けている。現在13のReBBZがあり，約600名の子どもが籍を置いている。ReBBZの役割は，特別支援に関する専門的な知見から学校に対して助言を行うことと，教育と青少年援助との連携のもと，さまざまな取り組みを行っている点に特色がある。

　以下では，2010年に設立されたReBBZ ゾンネの組織図をみてみよう（図1-3参照）。

　まず，ReBBZは教育部局と助言・カウンセリング部局の2つの部局からなり，取り組みに応じて，各部門に分かれる。教育部局は，保育士，社会的教育士，特別支援教育の養成課程を経た教員から構成されており，A学校あるいはB学校の校舎の一部を利用して特別支援教育が行われている。一方，助言・カウンセリング部局は主に公認心理師から構成されている。助言・カウンセリング部局の中には，難民の子ども専門部門（4名），学校連携コーディネート部門（1名），特別支援教育の診

11）ドイツの学校は教師の権威主義的な風潮が日本よりも強く，これに対して疑問をもつ教師や親も少なからず存在し，オルタナティブ教育の特色をもつ学校（主に私立学校）を作り上げてきた（坂野 2019）。ドイツは私立学校の数は少ないが，私学助成がなされながら，公立・私立含めて公教育として位置づいている。青少年援助については，本書第2章に詳しい。

第1章　予防・介入の取り組みにみるドイツの早期離学対策

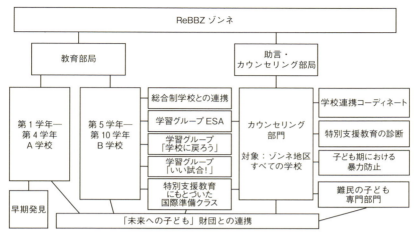

図1-3　ReBBZゾンネ組織図（ReBBZゾンネ訪問時に配付された資料に基づき筆者作成）

断部門（2名），カウンセリング部門（6名），学習グループ部門（1名），事務（1名），助言・カウンセリング部局運営管理者（1名）がおかれている。

　ReBBZゾンネでは，センター内の部局を超えた連携が重視されるとともに，ケースによっては，外部の機関と積極的に連携もとられている。連携先は地域児童保護コーディネーターなど，青少年援助施設との連携が中心となるが，暴力防止相談センター，ハンブルク警察青少年担当（「あなたのための警察（Cop4U）」），中毒予防センター，地域の医療機関（大学病院，小児医療センター）などである。この他に，元プロテニス選手であるシュテファニー・グラフ氏によって，1998年にハンブルクで設立された「未来への子ども」財団との連携は密である。この財団は難民の子どもを専門としたカウンセリングを行っている。

　ReBBZゾンネの管轄下にあるのは，ゾンネ地区内のすべての公立学校及び私立学校である。その数は初等教育段階計12校（公立8校，私立4校），中等教育段階計12校（公立総合制学校3校，公立ギムナジウム5校，私立総合制学校1校，私立ギムナジウム3校）であり，全部で24校である。

　「ReBBZゾンネが位置するゾンネ地区は，港に近く，1980年代まで牛の食肉処理場が位置したため，騒音と匂いから住居の質が低い地域として知られてきた。また貧困と犯罪に特徴づけられてきたエリアとしても知られる。社会的に脆弱な人びとが集住するエリアである。ハンブルクでは，5年おきに社会指標が算出され，公表

25

されているが，ゾンネ地区は社会指標6段階のうち，最も低い区分である社会指標
1もしくは社会指標2に位置づくエリアである。［中略］ただし，社会指標だけをみ
て対応するのは難しい。ニーズが全然違うため，個別の対応を大事にしている。交
通アクセスがよいため，他のエリアに比べて私立学校が多く，広域から通学してい
る生徒が一定数いる」（インタビュー）。

　ゾンネ地区はさまざまな困難を抱える家庭が多く暮らし，同一地区内にReBBZ
が2つ設立されている特色のある地域である。歴史的には1980年代から1990年代
にかけて，ロマの人びとが多く暮らしてきた地域でもある[12]。当時，このエリアで
はロマの子どもたちの就学をめぐる問題を契機に，ハンブルクの児童・青少年援助
分野の取り組みが始まる。1993年秋，ロマの人びとの教育のための調整・相談セン
ターが，旧教員継続教育研究所，現在の教員継続教育および学校開発研究所に設立
された。「ゾンネ地区では学校欠席の問題が，早くから認識されており，歴史的に
はロマの人びとがその対象として位置づいてきた」（インタビュー）。1993年には，
初めてロマルーツの教員が誕生し，その後，初めてロマルーツのソーシャルワーカ
ーも誕生し，相談の体制を構築してきた。以上，ReBBZゾンネの運用体制および
地域の特色を踏まえた上で，早期離学を予防するための取り組みを見ていく。

● 3-2　予防的アプローチとしての子どもや保護者，学校とのかかわり

　ReBBZゾンネでは，「正当な理由のない」欠席が続くことは，早期離学につなが
るとして，子どもや保護者，学校との連携から予防の取り組みを行っている。特に，
ReBBZゾンネではロマルーツの子どもたちの欠席問題を歴史的に扱ってきた。「ロ
マの女の子は学校を欠席しがちで，ヤングケアラーの問題が関係していることが多
い。在籍学校とReBBZゾンネとで連携し，なぜ学校に行かないのか原因を探る。
ロマの子どもたちは社会的な不安を抱えていることもあり，家庭の問題や心理的な
問題に目を向けることを大事にしている。助言やカウンセリングなどのかかわりや
教育的な対応を行う」（インタビュー）。ただし，助言やカウンセリングを続けても，
学校への欠席が続く場合は厳格な措置が取られていることも語られる。「助言やカ
ウンセリングを行っても学校に行かない場合には，過料が保護者に課される。子ど
もが14歳以上の場合は，子どもにも罰金が課される。もし子どもが罰金を支払う
ことができない場合は，労働時間に変換して，罰金を収めることになる」（インタビ

12）歴史的にハンブルクに暮らすロマの人びとは多く，ブルガリアおよびハンガリーのEU加盟以降，
　　増加傾向にある。今日ハンブルク全体で約5万人が暮らしていると推計されている。

第 1 章　予防・介入の取り組みにみるドイツの早期離学対策

ュー）。

　ロマルーツの子どもの他には，ギムナジウムの教師とやりとりが多いことが語られる。「ハンブルクの教育制度上，ギムナジウム第 12 学年もしくは第 13 学年で大学入学資格を取得できるが，ギムナジウムで特に学習や試験への不安を強くもつ子どもが多くいる。一方で，総合制学校ではこうした学習や試験への不安を示す子どもは少ないものの，家庭の問題を抱えている子どもが多い。そうした背景もあって，総合制学校のほうが学校内に社会的教育士も常駐していて，支援が手厚いが，ギムナジウムは学校種として支援は多くない。なので，ギムナジウムのクラス担任とは電話をよくしている。生徒の成績が良くない場合に，親にどう助言をしてくと良いか，教師から相談が寄せられる。こうした教師からの接触を受けて，ReBBZ から親に電話することがある。また生徒自身も自分で ReBBZ に相談をすることができるので，特に上の学年の子どもたちなどは，自分で電話をして，（筆者注：進路や試験の不安などの）相談をしてくることがある」（インタビュー）。

　ReBBZ ゾンネでは，保護者あるいは教師が進路について相談を寄せてきた場合，教師，保護者，生徒それぞれ考えていることや期待が違うので，共通理解を深めることを重視している。3 か月に 1 回，生徒や保護者と面談をし，ReBBZ ゾンネの職員が学校での授業の様子を見学し，特別支援教育的ニーズを必要としているかを判断する。そのうえでもし転校あるいは転籍が必要と判断する場合は，校長と ReBBZ ゾンネで話し合われる。親が納得するのに長い時では 2〜3 年かかることもあり，時間をかけて，診断や助言，カウンセリングが行われている。「ケースによっては，ReBBZ への転籍も選択肢に入るが，選択するのは，親の自由意思による。親が，普通教育学校で修了資格を目指したいと希望し，ReBBZ に行かせないと判断した場合は，親の判断が優先される。ただし，ReBBZ は集中的，少人数で個別支援に特化しているので，親が行かせたくないと判断することは基本的にない」（インタビュー）。

　また学校種の違い，特に総合制学校の存在自体が，予防的であることも語られる。「総合制学校には特別支援教育の養成課程を経た教員や社会的教育士が勤務をしている。また教員免許資格を取得した教員で，その後 2 年間にわたって州の教員研修研究所で，助言に関する専門的な研修を受けた者は，「助言教員」として認定される。参加する教員は非常に意欲的であり，研修を担当する側もやりがいがある。この研究所の研修は ReBBZ も連携があり，かかわっている。助言教員は，学校の中で中核的な存在になっている」（インタビュー）と学校の中に「助言教員」がいること，またそうした助言の専門家を養成することが ReBBZ ゾンネでは重視されているこ

27

とも見えてくる。したがって，今在籍している学校・クラスでの予防が第一に取り組まれている。

　以下では，ReBBZ ゾンネのなかで教育部局と助言・カウンセリング部局が共同で運用しているプロジェクトを２つみていく。どちらも，予防的アプローチでは難しく，特別支援教育の枠組みのもと，原籍学級から ReBBZ ゾンネに（一時的／完全）に転籍する介入の取り組みである。生徒に関する学籍情報は，ハンブルク内での生徒の移動（転籍／引っ越し）であれば，情報が引き継がれるため，きちんと引き継ぎながらかかわりを継続する。

● 3-3　基幹学校修了資格取得のための介入の取り組み

　ReBBZ ゾンネでは「恐れることなく修了資格を取得しよう」という目標のもと，基幹学校修了資格の取得を目指す学習グループ「第一普通教育学校修了資格（Erster allgemeinbildender Schulabschluss: 以下，ESA とする）」が展開している。

　ESA が対象とするのは，ゾンネ地区内の公立・私立の学校に在籍する生徒のうち，不安や抑うつ症状などの心理的問題やいじめを受けた経験があり，ReBBZ での面談やカウンセリング，ケース会議を重ねた結果，通常の学校には通学できないと判断された生徒である。主に学校からの相談で，ReBBZ が保護者・生徒に接触し，面談を行う。ただし，ESA が対象としている学年は限定されており，10 年生のみを受け入れている（例外的に 11 年生も受け入れ可）。

　一般的には第９学年で第一普通教育学校修了試験を受け，資格取得がなされるが，ESA では第 10 学年で受験をするため，１年間時間をかけて学ぶことができる。修了資格取得を目指し，学校と家庭で積極的に学べることが参加条件となっている。また生徒は，必要に応じてカウンセリングや心理療法などを受けることに，事前に同意する必要がある。

　ESA は，１つの学習集団を最大 12 人以内で構成しており，月曜日から金曜日まで，毎日午前中に４時間授業が行われている。午後に，追加的に補習の授業がなされることもあるが，基本的に午前で終わる半日学校形態をとる。ESA で行われる授業は助言・カウンセリング部局が運用する部屋で，特別支援の教員免許資格をもった教師が担当する。静かで，不安なく，安心・信頼できる学習雰囲気を作ることが大事にされている。なお授業は対面で参加することが求められており，オンライン授業は認められていない。出席の管理は厳格になされており，毎日出欠・遅刻が確認されており，出席簿に記載がなされている。

第 1 章　予防・介入の取り組みにみるドイツの早期離学対策

図 1-4　カウンセリングの部屋　　　　図 1-5　ESA の部屋〈筆者撮影：2023 年 10 月〉
　　　〈筆者撮影：2023 年 10 月〉

　ESA では中等学校やギムナジウムなどの上位の教育段階への進学は目指されておらず，資格取得後は職業教育学校への接続が念頭に置かれている。普通教育学校修了試験は，主要科目であるドイツ語，数学，英語の筆記試験（3 月末実施）および数学，地理・歴史，生物，物理・化学の口述試験（6 月実施）から構成されている。そのため，年度の始まりである 8 月から年度の中盤 3 月までは，筆記試験科目であるドイツ語，数学，英語の筆記試験の準備が集中的になされる。3 月末から 6 月にかけては，口述試験科目である数学，地理・歴史，生物，物理・化学の準備が集中的になされる。したがって日々の学習内容は修了試験対策に重点が置かれている。
　通常，普通教育学校修了試験は州で統一された試験問題を同一受験日に一斉に受験するが，ESA の生徒は別日に実施される「外部試験」を受けている。この外部試験は，「公立学校に在籍していない生徒」が受けられる試験種として設定されている。すなわち，私立学校在籍者あるいは，修了資格の取得を目指す成人のみに受験資格がある試験になる。ただし，長期にわたる闘病の影響で，欠席が続く（授業を受けられていない）者については，例外的に試験を受けられる法規定があり（ハンブルク学校法 34 条），ESA 参加者はそれに該当する者として，受験資格が付与される。これまで ReBBZ ゾンネでは，この外部試験に落ちた子どもはいないが，もし不合格となった場合には原則，再度，このコースを受け，第 11 学年で受験することになる。

● 3-4　学校復帰を目指した介入の取り組み

　ReBBZ ゾンネでは，ESA のほかに，「学校に戻ろう」プロジェクトも実施している。最長 2 年間のなかで，通常学校への復帰を目的としたプロジェクトである。このプロジェクトでは，心理的な問題を抱えた生徒に対象を特化している。特に学校不安，抑うつ，心理的な課題および何らかの中毒症状を抱える 7 年生から 10 年生の生徒が対象となる。このプロジェクトへの参加 1 年目は，最大 10 人の定員枠が設けられており，異学年混合で運用されている。基本的に，1 年以内に学校に戻ることが前提とされているが，生徒によっては 2 年目もこのプロジェクトに参加している。2 年目の生徒は，1 年目の生徒とは別で，「再統合段階コース」に参加する。2年目の生徒向けの同コースは，最大 6 名の定員枠が設けられている。

　これら 2 つのコースからなる「学校に戻ろう」プロジェクトでは，カウンセリングを日々受けながら，個別学習計画にのっとって，学習が行われる。教師よりもカウンセラーや社会的教育士が主に生徒にかかわる[13]。その結果，「2 年間の中でほぼすべての生徒が在籍学校へと戻っていく」。「学校に戻ろう」プロジェクトに参加している間は，一時的に ReBBZ ゾンネに籍を置いた形となり，出席が ReBBZ ゾンネで管理される。

● 3-5　まとめ：ReBBZ ゾンネにみる連携

　ReBBZ はセンター内の連携および学校や外部の連携先との関係を密に，予防，介入の取り組みを行っている。ESA や「学校に戻ろう」プロジェクトは，「最もコストのかかる集団である。しかし，システムから一度追い出されると，二度とかれらが戻ってくることはない」（インタビュー），そうした強い危機感のもと，これまでにない，領域を超えた多職種連携が ReBBZ ゾンネという学校外の組織で進められている[14]。「異なる専門性，異なるスキル，異なる職業経験を通じて，チームとしての豊かさを経験し，それぞれが自らの行動に責任をもつことを強化・支援する協力的なスタイルを重視している」（インタビュー）と，さまざまな専門家が連携しながら自律的に働くことが重視されている。しかし，これらの取り組みは少人数制で複数の専門家に

---

13) ReBBZ エアデでも，学校への復帰を目指したプロジェクト（定員 4 名）が実施されている。学校内や青少年援助で手立てがないと判断され，特別措置に対する保護者の受諾を得られた子どもに限って受け入れが可能とされている。カウンセリングを中心に行い，3 か月から 6 か月以内に通常学校に戻ることが目指されている。

14) ReBBZ エアデのインタビューでは，「2013 年から 10 年，取り組みの蓄積があるが，学校と青少年援助との連携は「革命」であった」と語られるほどに，現場においてインパクトがあった。

第 1 章　予防・介入の取り組みにみるドイツの早期離学対策

よるかかわりが必要になるため，コストがかかるだけでなく，専門家の不足も起きており，退職した教員の呼び戻しなどがなされている。特にウクライナ難民を中心に難民が増加しており，スタッフの不足，また設備の不足が課題となっている。

4　おわりに

　ReBBZ ゾンネの ESA および「学校に戻ろう」プロジェクトいずれもカウンセリングを重視し，カウンセリングが日常の中に入りこんでいる。ここでは，教員以外の専門資格をもった固定の専門家が，学校外の公的機関でじっくり話を聞く関係づくりがなされている。カウンセラーは生徒の成績評価を担っていないことから，子どもや保護者にとって，クラス担任や教師には話しづらいことを話せる存在となる。

　日本では保健室登校が増加する中，養護教諭に役割葛藤状態をもたらし，ストレスを生み出していることが指摘されている（関 2021）。学校以外の公的な機関で，継続的・定期的にカウンセリングを受ける仕組みは，日本ではまだ浸透していない。一方でドイツの場合，学校を連続して欠席をしている子ども・生徒は「病気」として捉えられがちゆえに，カウンセリングや治療の対象として位置づいている。ドイツの場合は，就学義務期間中は厳しい制裁措置もあり，学校が嫌になっても決してやめることができない。今後はこうした多職種連携のもと，学校復帰や修了資格取得が強化されることで，子どもにとっての居場所がなくならないのか検討を行いたい。

【引用・参考文献】

小松君代 (2016)．「ドイツにおける学校教育と職業教育」『四国大学経営情報研究所　年報』21，11-19.

坂野慎二 (2019)．「ドイツにおけるオルタナティブ教育運動―その多様性と課題」永田佳之［編］『変容する世界と日本のオルタナティブ教育―生を優先する多様性の方へ』世織書房，314-340.

坂野慎二 (2020)．「学校システムと職業能力・資格の獲得―ドイツの職業教育・訓練システムと高等教育の分析を通して」『玉川大学教育学部紀要』20，29-50.

関由起子 (2021)．「なぜ養護教諭は保健室登校を受け入れるのか―保健室登校の成立過程と養護教諭の葛藤」『埼玉大学紀要教育学部』70(2)，79-91.

辻野けんま・布川あゆみ (2021)．「ドイツの早期離学問題―就学義務の正当性と射程」園山大祐［編］『学校を離れる若者たち―ヨーロッパの教育政策にみる早期離学と進路保障』ナカニシヤ出版，93-111.

辻野けんま・布川あゆみ (2022)．「ドイツ―コロナ禍においても当事者の参加が重視される学校教育」園山大祐・辻野けんま［編］『コロナ禍に世界の学校はどう向き合ったのか―子ども・保護者・学校・教育行政に迫る』東洋館出版社，172-186.

廣澤明（2017）.「ドイツ基本法 7 条 1 項と就学義務」『法律論叢』89（6）, 365-395.

藤田恭子（2020）.「ドイツにおける職業教育の現状と課題―難民の社会統合の視点から」『国際文化研究科論集』28, 31-42.

Behörde für Schule und Berufsbildung （2024）. *Hamburg Richtlinie für den Umgang mit Schulpflichtverletzungen: Handreichung Schulabsentismus.* 〈https://www.hamburg.de/resource/blob/802886/9c494610127a78e60240e1e1c4e5bd01/handreichung-schulabsentismus-2024-data.pdf〉（2024 年 5 月 25 日最終確認）

Bundesministerium für Bildung und Forschung （BMBF）（2023）. *Berufsbildungsbericht 2023.* 〈https://www.bmbf.de/SharedDocs/Downloads/de/2023/berufsbildungsbericht-2023-kabinettfassung.pdf__blob=publicationFile&v=2〉（2024 年 5 月 25 日最終確認）

Eurostat （2023）. Early leavers from education and training. 〈https://ec.europa.eu/eurostat/statistics-explained/SEPDF/cache/1150.pdf〉（2024 年 5 月 25 日最終確認）

Eurostat （2024）. Early leavers from education and training. 〈https://ec.europa.eu/eurostat/databrowser/view/tesem020/default/table?lang=en〉（2024 年 5 月 25 日最終確認）

Kultusminister Konferenz （KMK）（2023）. *Grundstruktur des Bildungswesens in der Bundesrepublik Deutschland Diagramm.* 〈https://www.kmk.org/fileadmin/Dateien/pdf/Dokumentation/de_2023.pdf〉（2024 年 5 月 25 日最終確認）

Kultusminister Konferenz （KMK）（2024）. *Abfrage der geflüchteten Kinder/Jugendlichen aus der Ukraine: April 2024.* 〈https://www.kmk.org/fileadmin/Dateien/pdf/Statistik/Ukraine/2024/AW_ Ukraine_04-24.pdf〉（2024 年 5 月 25 日最終確認）

Leber, U. & Schwengler, B. （2024）. *Aktuelle Trends am deutschen Ausbildungsmarkt: Berufsbildung in turbulenten Zeiten.* 〈https://blog.oecd-berlin.de/wp-content/uploads/2024/03/Impuls_Ausbildung_neu.pdf〉（2024 年 5 月 25 日最終確認）

OECD （2023）. *PISA 2022 Results (Volume I): The State of Learning and Equity in Education.* 〈https://www.oecd-ilibrary.org/education/pisa-2022-results-volume-i_53f23881-en〉（2024 年 5 月 25 日最終確認）

Ricking, H. （2023）. *Schulabsentismus verstehen: Kinder und Jugendliche insbesondere in Risikolagen unterstützen und fördern,* Deutsche Kinder- und Jugendstiftung GmbH.

Statista （2024）. *Gesamtzahl der offiziell gezählten Kriegsflüchtlinge aus der Ukraine in Deutschland von März 2022 bis März 2024.* 〈https://www.de.statista.com/statistik/daten/studie/1294820/umfrage/kriegsfluechtlinge-aus-der-ukraine-in-deutschland/〉（2024 年 5 月 25 日最終確認）

Statistisches Bundesamt （2023a）. *Statistischer Bericht: Allgemeinbildende Schulen Schuljahr 2022/2023.* 〈https://www.destatis.de/DE/Themen/Gesellschaft-Umwelt/Bildung-Forschung-Kultur/Schulen/Publikationen/Downloads-Schulen/statistischer-bericht-allgemeinbildende-schulen-2110100237005.html〉（2024 年 5 月 25 日最終確認）

Statistisches Bundesamt （2023b）. *Absolventen und Abgänger: Deutschland, Schuljahr, Geschlecht, Schulart, Schulabschlüsse.* 〈https://www-genesis. destatis.de/genesis/online?language=de&sequenz=tabelleErgebnis&selectionname=21111-0004#abreadcrumb〉（2024 年 5 月 25 日最終確認）

Stöhr, W., Ricking, H., Schulze, G. C., Tsujino, K. & Fukawa, A. （2024）. Schulabsentismus－Perspektiven aus Japan und Deutschland; Ein Interview mit japanischen Bildungswissenschaftlern, *Zeitschrift für Heilpädagogik, Verband Sonderpädagogik e.V., 08/2024, 371-374.*

第2章 ドイツの不登校・早期離学と学校外の教育機会としてのソーシャルワーク

辻野けんま

1 はじめに

> 学校にいた頃は，日に日にやる気をなくしていきました。自分が歓迎されていない場にいるということに，何の意味も見いだせなかったんです。それに，いつまでたっても自分は意味ある人間にはなれないと思っていたし……。私たちはみんな同じ船に乗っていて，その船は沈んでいくんです。弱者を捨て去ったところで，救われることはありません。たとえ，救われると信じ込んでいる愚か者がいたとしても，救われないんです。……誰も完璧じゃないんです。完璧は存在しません。人はただ，美しいとか完璧だとか醜いとかを決めつけているだけです。でも，そういうのはそもそも見ている人の目の中にあるものなんです。もし私が見る側だったら，私たちはみんな美しいと言います。完璧じゃないけど美しいんです。（Funke & Voigt 2020）

　これは，ドイツのある7年生の生徒が語ったことばである。彼女は，クラスメートからの暴言・嘲笑・無視・流言などを経験し，5年生になったときから学校に通うことが苦痛になり始めた。その彼女の新たな居場所となったのが，自治体が運営する地域の教育およびカウンセリングセンター（ReBBZ：第1章参照）であった。ドイツにおける早期離学や不登校をめぐる問題には，学校外の公的機関の役割がますます大きくなりつつある。

　その際，ヨーロッパで拡がりを見せている「セカンドチャンススクール」は，ドイツでは必ずしも市民権を得ているとはいえない状況にある。たとえば，European Association of Second Chance Schools（E2C Europe）[1]にはドイツの「セカンドチャンススクール」が4校加盟[2]しているが，いずれも学校卒業資格の取得や職業教育

等を行う公的教育機関であり，類似の機関はドイツに数多存在する。学校種として
は夜間実科学校や成人教育学校など多様な形態をとり，教育課程も一般の公立学校
より弾力的であり多様な学習形態がとられている。

　つまり，ドイツには「セカンドチャンススクール」という看板を掲げずに，その
機能を果たしている教育機関が多数存在しているということである。上述した
ReBBZ もその１つである。本章では，いわゆる学校ではなく地域に存在する学校
外の教育アクターに着目する。なお，日本のフリースクールに相当するような私教
育施設としての「セカンドチャンススクール」はドイツにはない[3]。

　私的教育施設は公費が投じられないため有料にせざるをえない。有料の私的教育
施設という点では，技能習得や資格取得を目的にした（たとえばバレエ教室など）が
ドイツにもあるが，学校外ではあるものの公共的な教育機会とは異なる。ここで，
ドイツには伝統的に午後の子どもの生活時間を支えてきた青少年援助（Jugendhilfe）
やソーシャルワークという公的な学校外の教育機会がある。これは日本のフリース
クールのような私的施設ではなく公費運営されているものの，学校のように国家的
な教育課程基準などに準拠せず子どもの自由な生活時間・場所を提供している点が
特徴的である。公共性の高い教育機会であり，その対象も不登校や早期離学の子ど
もに限定されず，広く一般の子どもが利用している。

　そこで，本章では学校外の視点の例としてソーシャルワークに焦点をあて，厳格
な就学義務がもたらす課題と不登校や早期離学に至る手前の予防の可能性について
検討したい。ソーシャルワークである以上，それが福祉であって教育ではないとす
る立場もあるが，本章では子どもの成長に関わる営みとして広義に教育という語を
用いることとする。ただし，ソーシャルワークにおける教育とはナショナル・カリ
キュラムはじめ公的な教育課程基準や教育スタンダード等とは無関係のものである。

---

1) E2C Europe 公式サイト〈https://e2c-europe.org/〉（2020 年 4 月 29 日最終確認）。
2) 4 校は以下（順不同）：① Rahel-Varhnagen Kolleg – Hagen，② Weiterbildungskolleg der
　Bundesstadt Bonn Abendrealschule，③ Volkshochschule Aachen，④ Weiterbildungskolleg
　Linker Niederrhein Abendrealschule u. Abendgymnasium des Kreises Viersen.
3) 筆者ならびに第 1 章担当の布川あゆみ氏が参加しているドイツの不登校・早期離学の研究会
　（AG „Dropout und Absentismus"）では，日本のフリースクールや多様な教育機会確保法への関
　心が寄せられている。ドイツから見ると，教育機会確保法は就学義務を弾力化させる意義がある
　と捉えられる一方で，フリースクールに公費支援がなされず私費利用となっている状況は家庭の
　経済格差や機会均等の原理から理解されにくい状況がある。同研究会にも参加しているハンブル
　ク文部省の P 氏によれば，完全に私的なセカンドチャンススクールというものはドイツには存在
　しないという（2023 年 10 月 26 日聞き取り）。

第 2 章　ドイツの不登校・早期離学と学校外の教育機会としてのソーシャルワーク

そもそも，ソーシャルワークにおいては子どもの成長を外的に規定する「カリキュラム」という考え方はとられておらず，一人ひとりの子どもの内面から出発して，家族や交友，興味，生活環境，生活条件などをエコシステムとして捉えられることが多い。いわば，学校のカリキュラムが子どもの外側から内側へアプローチするのに対して，ソーシャルワークは子どもの内側から外側へアプローチするという違いをもつ。結果，子どもに対して「〇年生だから〜を勉強しなければならない」といった義務的な教育観をとらず，一人ひとりの特性にあわせた働きかけがなされる。

　そこで本章では，早期離学・不登校と深く関わる学校外のアクターとしてソーシャルワークに着目し，そこから照射される学校教育制度の課題を捉えてみたい。以下，まず不登校・早期離学とのかかわりから学校教育制度の特質を概観しつつ，一般的な早期離学・不登校の特徴を現地調査を例に取り上げる（第 2 節）。次に，学校外の教育アクターの事例として，南西部バーデン＝ヴュルテンベルク州（以下，BW州と表記する）A 市の事例を取り上げる（第 3 節：事例 1）。また，民間財団のソーシャルワークが学校―行政と連携する事例として，北西部ニーダーザクセン州（以下，NS 州とする）B 市の事例を取り上げる（第 4 節：事例 2）。最後に，事例を総合的に考察しつつ日本への示唆について言及したい（第 5 節）。

2　ドイツにおける不登校・早期離学と就学義務

　ドイツの義務教育は厳格な就学義務（Schulpflicht）をとる。早期離学（Frühzeitige Schul- und Ausbildungsabbrecher）の問題は，学校卒業資格や職業資格の不保持と結びつく問題である。資格社会であるドイツにおいてこの問題は，若者にとって教育上の課題であるばかりでなく，就職問題にも直結する深刻な課題と認識されてきた。早期離学は，とりわけ，大学進学ではなく職業訓練と就職に接続するハウプトシューレにおいて先鋭化する問題ともいえる[4]。中等教育段階に複数の学校種を擁する「分岐型学校制度」や，二元的な職業教育制度として知られる「デュアルシステム」は，ドイツの早期離学問題をより複雑にしている。

　16 の州（Land）それぞれが教育・文化行政に関する権限をもつ「文化高権（Kulturhoheit）」の原則に基づき，教育政策は州ごとに異なる。しかし，早期離学問題は州をこえた政策課題として認識されており，常設各州文部大臣会議（KMK）[5]が

---

4) ドイツの不登校・早期離学問題の制度・政策的な概要については，辻野・布川（2021）を参照されたい。

積極的に政策提言等を行ってきている。なお，KMK は全国的な教育制度・政策の調整を担うが，これは連邦教育研究省[6]ではなく，あくまでも 16 州それぞれの文部大臣の合議体である点に留意が必要である。

　KMK は 2000 年代に入り早期離学問題を重大なものと捉え，特に移民背景をもつ生徒・若者を「不利な状況にある」対象と明確に位置づけ対策を講じてきた。くわえて早期離学問題は，学校から仕事への移行にも関わる労働問題・経済問題にもつながると捉えられている。そのため，他の一般の教育政策のように州の事項として完結しておらず，連邦の労働政策や経済政策，移民政策ともかかわるものとして，早期離学問題には連邦政府もコミットしている[7]。文化高権の下で連邦レベルでの教育政策が KMK を中心に行われてきた原則からみると，連邦教育省や連邦議会のこの分野での関わりは，早期離学問題がドイツ社会でいかに重大なものと受け止められていたかを物語っている[8]。

　ドイツでは，ひとたび早期離学者となってしまうと，個人情報保護をはじめとする人権ともかかわるため，その実数を捕捉したり追跡したりすることは難しく，教育機関での対応には大きな限界がある。だからこそ，早期離学に至る前の予防の段階として不登校への対応が近年焦眉の政策課題となっている。とりわけ，義務教育制度において厳格な就学義務をとるドイツでは，不登校が就学義務の不履行とみなされるため，就学義務の制度のあり方ともかかわる問題となっている。

　では，ドイツにおける不登校とはどのよう現象なのだろうか。Stamm 他（2009）は学校の校長や教員，生徒などを対象に，不登校に関する大規模な質的・量的調査を実施しているが，その中で生徒が不登校の要因として挙げたのは次のような事由である（上位から下位への順）。

1. 学校へ行く気がしない
2. もっと寝たい

---

5) 正 式 名 称 は「Ständige Konferenz der Kultusminister der Länder in der Bundesrepublik Deutschland」であるが，「KMK」ないし「Kultusministerkonferenz」と略して用いるのが一般的である。本章では「KMK」と表記する。
6) 連邦レベルでの教育の所轄省としては「連邦教育・研究省（Bundesministerium für Bildung und Forschung）」が存在する。本章では，邦語では「連邦教育省」，ドイツ語では「ＢＭＢＦ」と表記する。
7) たとえば，2000 年に連邦議会で超党派の「持続可能戦略」の構築が決議され，2002 年には「ドイツの持続可能戦略」が策定されている。
8) その中心課題は，「外国人とドイツ人との間にある格差の是正」へと向けられていた。

第2章　ドイツの不登校・早期離学と学校外の教育機会としてのソーシャルワーク

3. 授業がつまらない

4. 試験を受けたくない

5. 教職員との関係性の問題

6. 友達も休んでいるから

7. 宿題ができていない

8. 試験勉強のため

9. 脅されたりからかわれたりしたから

10. 親がそうするようにと言ったから

11. お金を稼がないといけない／稼ぎたいから

(Stamm et. al. 2009)

　また，Claßen/ Nießen (2015) は，不登校の形態について，「怠学」「少年犯罪」「ドロップアウト」「学校不安」「学校嫌悪」「明確な理由のない学校からの逃避」「親の意識的な阻止」等に分類している。そのうえで，州や地域ごとの違いはあるものの，就学義務の法的側面としての強制性があることを指摘する。たとえば，ノルトライン＝ヴェストファーレン州のデュッセルドルフ県では，就学義務の履行違反について以下のような罰金が科せられている。

　日本の常識から見ると，こうした状況は驚きをもって捉えられるのではないだろうか。しかも，就学義務の履行違反に対しては，警察や自治体当局者によって子どもを家から強制的に連行し就学させることが認められている。宗教上の理由からホームスクーリングを求めて親が提訴した過去の判例では，実際に1400ユーロの罰

表2-1　欠席対象別の罰金 (デュッセルドルフ県) (Claßen Nießen 2015: 40 より和訳)

満14歳以上の生徒への罰金	10ユーロ
保護者 (教育権者) への罰金	10ユーロ
休日の前後の欠席への罰金	80ユーロ
学校旅行／学校行事の欠席への罰金	25ユーロ
職業学校の生徒による職業訓練以外の教育を欠席した場合の罰金	15ユーロ
職学校の生徒による職業訓練をともなう教育を欠席した場合の罰金	20ユーロ
職業訓練生	50ユーロ

金が科せられたケースや，両親（夫婦）ともに3カ月の禁固刑が執行猶予無しで言い渡されたケースがある（Claßen/ Nießen 2015: 41）。

　一般的に，不登校・早期離学問題は，分岐型学校制度によって複数の進路に分かれていく基礎学校卒業後の中等教育段階において深刻化する。そのため，その予防や介入の取り組みもまた中等教育段階に集中してきた。しかし近年では，予防の重要性が認識されるようになり。初等段階の基礎学校レベルにおける活動も見られるようになっている。ハンブルクの基礎学校に勤務するある教育士（Erzieher：授業外の教育活動を担う）[9] は，学校に来たくない子どもや行かせたくない家庭がある状況を指摘する[10]。週末が近づく金曜日になると「病気欠席」の連絡を親が学校に入れてくるにもかかわらず，同じ親子がバス停で楽しそうに「お出かけ」する光景にでくわすことは珍しくないという（辻野 2022）。子どもが学校を欠席するときには「病気」などの「正当な理由」が必要であり，「お出かけ」では認められない。この問題には，厳格な就学義務だけでなく，休暇や家族の時間を重視するドイツの文化も相まっているのかもしれない。

　ドイツにおいて不登校が就学義務の履行違反とみなされている状況は，学校教員が不登校への対応を自らの職務として認識しにくい風土も生み出している。さらにいえば，教育行政としての学校監督行政にも十分な備えが蓄積されてこなかった。むしろ教育行政の当局ではなく，青少年局や社会福祉行政が関わってきた。近年では，教育行政も地域のセンター設置などの対応に乗り出している。

　ところで，上記の教育士が勤務している基礎学校の校長は，同校の学力成績が高くない状況を説明し，政治や行政からさまざまなプレッシャーを受けていると語る。そして，政治家による「学力」への過度な期待や，学校行政が政治に追随し「政治化」されていっている状況こそ問題であると指摘する。そのうえで，校長として自分がなすべきなのは「子どもに人生の多様なあり方を示すことだ」と熱を込め語った[11]。

　一方，特別支援学校（Förderschule）が，普通教育学校（いわゆる一般校）で不登校を経験した子どもの受け皿になっている側面もある。たとえば，NS州のある特別支援学校は情緒的・社会的発達障害をもつとされる子どもを対象としているが，同校の校長は子どもたちに不登校経験者が少なからずいると語る[12]。そこで同校で

9）ドイツの学校に勤務する教職員の種類や役割については，辻野（2018）を参照されたい。
10）2020年2月17日の訪問調査による。
11）同上。

第 2 章　ドイツの不登校・早期離学と学校外の教育機会としてのソーシャルワーク

は授業の展開を 10 分程度のこきざみなリズムにして参加しやすくしたり，教師—
生徒間のフラットな関係構築に努めているという。ゆるやかで楽しい雰囲気をつく
ることで，同校では不登校の事例は見られないようだ。校長はまた，たとえ不登校
になったとしても過剰に反応するような問題でもないと強調した。

　同校と一般校の両方に勤務する特別支援教員は，一般校ではテストの多さや教師
との関係から子どもがストレスを感じがちであると指摘する。こうした学校間の風
土の大きな違いがあるにもかかわらず，近年「インクルージョン」の名の下に特別
支援学校を統廃合しているのは財政削減策だとして大きな問題があると語った。さ
らに生徒代表を務める 2 人の生徒がインタビューに応じてくれ，一般教育学校との
違いを端的に「（この学校では）先生がフレンドリー」と表現した。2 人の生徒代表
は，「それぞれの子どもが事情をもってこの学校に来るので，自分のニーズを表現
できるようになることが特に重要です」と語ってくれた。一般校との違いを捉えて
いたり，この学校での過ごし方をイメージして他の生徒のニーズを捉えていたりす
る様子は，この学校の教育を象徴しているのかもしれない。

　日本のフリースクールにあたるような一般の学校制度とは異なるオルタナティブ
な教育機会というものは，ドイツにおいては「公認」されることはない。なぜなら
ば，公教育制度が厳格な就学義務と「あらゆる学校制度は国家の監督の下に置かれ
る」とする連邦基本法第 7 条 1 項の原則（国家の学校監督）の下で営まれているから
だ。ドイツにおいて学校に代わるオルタナティブな教育機会というものは，公教育
制度の外で保障されるものではなく，既存の学校教育への批判から生まれた私学の
自由の保障をはじめ，公教育制度の内に制度化されてきた側面もある[13]。

　以上をふまえると，ドイツにおける不登校・早期離学の最前線は狭義の「セカン
ドチャンススクール」のみにあるのではなく，学校および地域の多様なアクターが
連携する数多の教育現場に存すると考えられる。西欧におけるセカンドチャンスス
クールの実質は公営の教育機関であり，その多くは「学校」や教育行政機関が所管
する公的機関となっている。これに対して，日本ではフリースクールなどの私的施

12）2020 年 2 月 18 日の訪問調査による。
13）私学が国家の教育課程に拘束されすぎず，自由な教育を展開できるという私学の自由，ひいて
　　は公教育における私学の位置づけは，学校が国家化された歴史をもつドイツ社会にとって本質的
　　に重要な問題となる。結城（2014）は，「なぜナチス・ドイツは私学制度を全面的に解体したのか。
　　なぜ旧社会主義諸国においては私学が存在」しないのかと問い，私学法制が一国の「基本的人権
　　保障の強度や自由・民主主義の成熟度・定着度を計るバロメーター」になりうると問題提起して
　　いる。

設や子ども食堂などのボランタリーな私的アクターが子どもの居場所づくりに大きく貢献している。近年では不登校特例校などの公的施設が設置されつつあるものの，フリースクールはそれよりも以前から拡大していた。

日本のフリースクールは，西欧の公的なセカンドチャンススクールとも異なり，英米圏に多く見られるようなホームスクーリングとも異なる特異性を備えているとも考えられる[14]。厳格な就学義務をもつドイツでは，ホームスクーリングもフリースクールも公的には認められていない。私的な教育施設という点では，もともとは自由な教育を標榜する私立学校がそうした理念から設置されてきたが，今日の私立学校が公的助成を得ながら公的な教育スタンダード等にも準拠した教育課程を擁している点で，フリースクールのような私的な教育機会とは本質的に異なっている。次に，学校の外の教育機会やアプローチに焦点をあてるため，BW州A市の事例を取り上げる。

3 事例1：新たな青少年援助を展開するBW州A市

ドイツにおいて近年，「Mobile Jugendarbeit」（直訳すれば「移動ソーシャルワーク」，以下「MJA」と表記）と呼ばれるソーシャルワークの形態が拡大を見せている。

Gillich（2003: 7-11）によれば，従来のソーシャルワークにおいてMJAは「消防」ないし「最終手段」と考えられていたものであった。しかし，「新たな」理解としてのMJAは，成長に不可欠な活動であり，社会的な活動を行うメンバーの多様な関心から成り立ち，実践的なものであり，論争喚起的かつ追体験可能であり，さらには検証されなければならないものであるとされる。そして，MJAの活動の発展は組織内外の両面に寄与するものであり，未来志向的であるといった原理に立っている。

Keppeler（1997: 19-20）によれば，BW州におけるMJAの起源は，1960年代に遡る。全国的に都市化が進む中で，若者による問題行動が顕在化し警察とトラブルになることが多発した。そうした中で，1970年に州都シュトゥットガルトに最初のMJAの施設が設立された。その後，1970年代の間にさらにMJAの施設が次第に設置されていった。

---

14) 日本のフリースクールには塾業界参入などの市場化も指摘されているものの，弾力的な教育によって子どもに居場所を提供しうる可能性があることが，すでに多くの実例とともに報告されている。

第 2 章　ドイツの不登校・早期離学と学校外の教育機会としてのソーシャルワーク

　MJA の現状を調査するため，筆者は 2023 年 11 月 2 日に BW 州の A 市の MJA を訪問した。十数名の十代の若者たちがカードゲームをしたり，ひとりで YouTube 動画を観たり，数名で談笑したりしていた。インタビューは若者が帰った後に施設内で行い，施設長，ソーシャルワーカー

図 2-1　MJA の施設内の風景（B 市）（筆者撮影）

（Sozialarbeteir），社会的教育士（Sozialpädagoge）の 3 名が応対してくれた。以下はインタビューから得られた MJA の概要である。

　MJA の「Mobile」に込められているのは，強制施設ではない最後の任意施設であるという理念だ。学校は「Mobile」ではないし，一般的な行政もしかりだ。MJA は，それらに対する新たなアプローチとなるものだ。若者がただ「送られてくる」のを待つのではなく，自分たちスタッフが「出かけていく」から「Mobile」である。路上で若者たちに声をかける活動を重視している。

　1 年で見ると 400〜500 人がこの施設を利用しているが，定期的にやってくるのは 200 人ほどで，あとは不定期（個人差が大きいが，たとえば 1 か月に 1 回など）の利用者だ。施設・設備にかかる費用は市が負担している。MJA の施設に来る若者たちは，言いたくなければ自分の名前さえも言わなくて良いことになっている。学校との連携は，子どもの側が望んだときにだけとるという限定的なものだ。家族との連絡も基本的には同様になっている。子ども・若者のためにある独立した施設であり，そのことを子ども自身が実感できるようにすることに傾注してきた。

　職務として最も重要なのは，個々人がかかえている問題・ケースを解決することで，その対象には罪を犯した若者も含まれる。「遊ぶ」「交流する」「グループで活動する」「一緒に料理を作る」など，実に多様なアプローチが存在する。ここで働く職員は，ソーシャルワークや社会的教育学（Sozialpädagogik）を専門大学（Fachhochschule）で学修した人たちであり，その身分は，公務にあたるために州に契約雇用されている公務被傭者（Angestellte）である。

　MJA の法的根拠は，社会法典 VIII の第 11 条および第 13 条に定める青少年援助にある。第 11 条では，青少年への助言，コミュニティ指向の活動の促進，余暇活動の支援などを任とすることが定められ，青少年にとっての家族・学校・仕事の関わりから生じる問題を解決するための助言・支援を行うとされている。また，MJA は

41

第13条に定める社会的不利益や個人の障害を克服するために支援を受ける若者の社会的統合を促進する青少年ソーシャルワークの一形態とされている[15]。

　ドイツ社会においてソーシャルワークは多くの人が希望する仕事かどうかを尋ねたところ，施設長は「お金を稼ぎたければならない職業です」と応じ，ソーシャルワーカーは「仕事内容に興味があるからやっています」と語った。そのうえで次のように語っている。

　　　施設長：若者に期待しているのです。若い人は大人と違って変わることができます。私は多くの子どもを見てきました。そして，とても誇りをもって生きていく姿を見てきたのです。

　　　ソーシャルワーカー：ここには問題をかかえる子どもが多くいますが，他面では子どものいろいろな良い側面も見ることができます。それを支援したいのです。

　こうした立場から，学校教育がどう映っているのかを尋ねたところ，施設長は以下のように応じた。

　　　施設長：幼稚園や学校がうまく機能していたら（子ども・若者たちは）ここにいません。教員は過剰な期待をしすぎていると思います。（…）ハウプトシューレ修了資格が通用しにくくなっていて，悲しい学校制度の変化が起こっているとも感じています。

　最後に，B市のMJAを利用する若者の近年の変化について，次のような課題が指摘された。現在，利用者の8割以上が難民背景をもつ若者となっている。かつてはドイツ人も利用していたが，次第に移民背景をもつ若者が増え，さらに近年では難民背景をもつ若者が急増している。難民背景をもつ若者が増えている背景には，心理的問題などはもとより経済的問題などの社会構造もある。難民背景をもつ若者がいかに困難な生活をしているかとの指摘である。

　本節では，学校の外にある教育機会としてMJAというソーシャルワークの1つ

---

15) なお，これらの公共サービスは，とりわけ生活や住まいに困窮している若者に対して優先的に提供されるべきとされている（同法第80条）。

第 2 章　ドイツの不登校・早期離学と学校外の教育機会としてのソーシャルワーク

のアプローチを見てきた。次に、より一般的なソーシャルワークの中で、とりわけ学校の外から学校の中へとアプローチする民間財団の取り組みについて取り上げる。

4 事例2：民間財団のソーシャルワークが学校・行政と連携する NS 州 B 市

　NS 州 B 市は、不登校・早期離学問題について市の行政をあげて取り組んできており、特に学校―行政―財団の連携を進めることでこの問題に取り組んできた。不登校・早期離学は学校内に完結した問題ではなく、家庭や地域社会とのかかわりにおいて「問題」とされている事象といえる。この場合、学校の内から外へと働きかけるベクトルと、逆に、学校の外から内へ働きかけるベクトルとに大別される。

　理想的には、学校の内と外の関係が対等に協力し合うものであるべきだが、学校教育のリズムと地域社会のリズムは予定調和するわけではない。前節では学校の外で活動を展開するソーシャルワークとして MJA を取り上げたが、本節では学校の外から内へ働きかけるソーシャルワークに着目する。まず、図 2-2 は A 市の学校においてソーシャルワークが生徒（4 年生と 8 年生）、保護者、教員にどのくらい認知されているかを調べた調査結果である[16]。

　生徒、保護者、教員のいずれも、自分の学校にやってくるソーシャルワーを「知っている」と回答している。しかも、大半が、どうすればソーシャルワーカーに「コンタクトがとれるかを知っている」と回答している。ここで言われているソーシャルワーカーとは、特定の学校に常駐する常勤の職員ではなく、民間財団から派遣されている職員である。日本の学校にも常駐・常勤のソーシャルワーカーは少なく、多くが自治体から派遣され複数校を受けもつが、生徒、保護者、教員からこれだけ認知されているだろうか。これらの結果は驚くべきものといえるのではないだろうか。

　筆者は、2020 年〜2022 年に B 市への調査を 3 度実施した[17]。そこで語られた社会的・経済的基盤に困難を抱える家庭へ向き合う自治体の対応や民間財団による学校へのソーシャルワーカー派遣などの活動について、以下概括する。

　まず、福祉行政や財団のソーシャルワーカーが感じている学校と連携する難しさ

16）この調査は、B 市の委託を受けたエムデン・レール専門大学（Hochschule Emden/Leer）の Knut Tielking 教授および Tim Berthold 氏によるもので、2018 年 3 月 2 日に調査結果報告が行われている（B 市提供資料）。

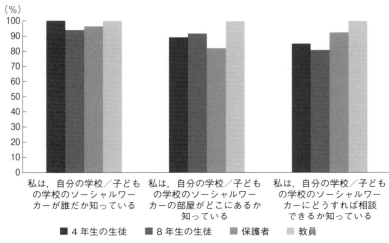

図 2-2　A 市の学校におけるソーシャルワークの認知度と身近さ（A 市提供資料，Knut Tielking & Tim Berthold 作成，一部改変）

として，学校の中には不登校を「家庭の問題」と突き放して考え当事者意識をもって対応しない教員もいる点が指摘された。たとえば，子どもが欠席し家庭からも連絡がない場合，それが続くようであれば遅くとも 3 日目には学校から家庭へ連絡を入れてほしいと働きかけているという。

　無断欠席であれば即日学校から家庭へ連絡を入れるのが通例となっている日本から見れば奇異に映るかもしれないが，ここには厳格な就学義務という制度が投影されている。つまり，ドイツでは義務を履行すべきなのは子どもであり保護者であるとの考え方があり，実際に法令上そのように運用されている。また，教職が主に教科の授業を担う専門職とされていることから，授業以外の活動を職務として捉えにくい事情も重なっていると考えられる。

　一方，インタビューからは，行政内部での縦割りの難しさも指摘された。たとえば学校教育を所管するのは学校監督（Schulaufsicht）であり社会福祉課は直接の権

17）2020 年 2 月 19 日の A 市役所への訪問調査（調査①），2022 年 10 月 20 日のオンライン・インタビュー（調査②），2022 年 10 月 26 日の A 市役所への訪問調査（調査③）の計 3 回。調査①の応対者は，市長，社会福祉課長，社会福祉課職員，青少年援助財団代表，の 4 名，調査②の応対者は，青少年援助財団代表，調査③の応対者は，青少年援助財団の副代表である。なお，調査①は園山大祐氏（本書編者），小原淳一氏（大阪公立大学・特任講師）との共同で行った。

第 2 章　ドイツの不登校・早期離学と学校外の教育機会としてのソーシャルワーク

限をもたないという難しさが語られた。そのことの弊害として，たとえば学校監督
から社会福祉課に生徒の「退学」決定の報告が届くことがあるが，そこに至る前の
状況は知らされないもどかしさがあるという。社会福祉課としては，事後連絡では
なく原因をしっかり解明することで何とか予防につなげたいとの思いをにじませ
た[18]。

　B市の特徴的な施策として，2005年に青少年援助財団を設立し，市と連携しなが
ら独自の学校支援を展開している点が挙げられる[19]。特に，2007年から正式な協定
に基づき学校にソーシャルワーカーを派遣するようになった。ソーシャルワーカー
は学校で観察・助言・対応・カウンセリングなどを行い，予防プロジェクトから介
入的対応までを行っている。具体的なケースとしては，たとえばアルコール依存症
や麻薬依存症，いじめ，暴力などがあるという。

　同財団が重視するのは，学校のあらゆる関係者が問題を共有して協力しあうとい
うことである。当初は，学校の多くが「問題」の火消し役となる「消防車」のよう
な役割をソーシャルワーカーに期待していたといい，それ以外の取り組みは「役に
立たない」と判断され内外連携に消極的（場合によっては否定的）だったという。し
かし，年月をかけて対話を続けたことで，利那的な「火消し」では問題が根本的に
解決されないことが共有認識となってきたと語る。

　なお，財団はドイツにおいて重要な教育アクターとなっており，その設置者も民
間企業から各種団体や教会など多様な形態があり，A市のようになかば公設のもの
はその1つの形態に位置づく。

　B市の事例においても，問題が起きてからの「介入」に先立つ「予防」が特に重
要であると考えられている。ソーシャルワーカーの活動もその目的を重視して展開
されている。なお，教員，ソーシャルワーカー，特別支援教員，教育士，カウンセ
ラーなどの多職が協働するマルチ・プロフェッショナルチームによる支援体制など
も近年整備されつつあるという。市主催のカウンセリングフォーラム，学校支援職
員の増員，関連予算の強化などの措置がとられていることから，市を挙げての取り
組みが展開されている事例と位置づけることができる。

18）ただし，個人情報保護の観点や学校と学校監督との情報授受の難しさも加味すると，学校監督
　　のみの不作為と断じることはできないだろう。
19）2020年2月19日の調査において財団代表は，同財団の特徴を以下のように説明している。①
　　民間設置による財団，②市との公的連携，③市の予防施策を担う，④学校現場への青少年援助の
　　提供，⑤「学校は学習の場のみならず生活の場」との理念，⑥スクールソーシャルワークとは区
　　別されたソーシャルワーク，である。

5 考察課題

　これまで，ドイツにおける学校外の教育機会としての青少年援助やソーシャルワークの事例について述べてきた。学校と距離をおく生徒や若者に居場所を提供する機能を見出すことが可能だろう。伝統的な半日学校から午後にも教育活動を行う終日学校への転換が進む中で，学校外の青少年援助やソーシャルワークの機能は時間的制約が大きくなりつつある。しかし，若者にはなお居場所が必要であり，それは今日では難民背景をもつ子どもや若者に先鋭化していた。事例1で取り上げたMJAは，生徒や若者が「やってくる」のを待つ施設内の青少年援助にとどまらず，施設外に出かけていくいわばストリート・ソーシャルワークであった。若者に積極的に働きかける中で施設に足を運んでもらえるように助言しつつ，施設を利用しても本人の意思で名前を伏せたり学校や家庭にも連絡しないという，利用者を中心とした任意性の高い活動が展開されていた。そこで働く職員は，給与待遇などよりも若者の成長にふれるやりがいを自身の職業選択の理由として挙げていた。そして，学校教育がうまく機能していればMJAのような活動は不要になるはずと，学校教育への厳しい認識をソーシャルワークからの立場として提起した。

　他方，事例2は，不登校・早期離学に関わって，学校の外から内へとアプローチする自治体行政と財団が連携したソーシャルワークについて取り上げた。日本では学校内外の連携というときに，スクールソーシャルワーカーやスクールカウンセラーなどの教員以外の専門職と教員との連携の難しさが指摘されており，学校組織文化にも起因するとされるが，ドイツにおいても学校内外の連携の難しさは存在する。学校組織が教員を中心に構成されているため，他の専門職がしばしば「一人職」のように孤独になりがちにもなる。特に中等教育段階になると教員は教科の専門職として個業性がますます高まり，授業以外の活動の重要性も認識されにくい。日本のように授業外での広範な生徒指導や課外の部活動などはドイツにはないため，教員はもっぱら授業で生徒に向き合うことになるという事情もある。

　一方で，専門職として職務範囲の限界も明確であることから，いったん授業以外の活動の重要性が認識された場合には，教員以外の専門職との連携は相対的にスムーズに移行すると考えられる。表2-2は先述したA市委託によるKnut Tielking教授とTim Berthold氏による調査結果の一部であり，教員が特に重要と考えるソーシャルワークの役割が列挙されている。

　割合が最も高いのは「生徒との定期的な面談／個別支援（28.5%）」であり，次い

第 2 章　ドイツの不登校・早期離学と学校外の教育機会としてのソーシャルワーク

で「生徒への助言（24.4%）」「授業中におけるソーシャル・トレーニング（15.4%）」となっている。教員にとっては「自分が担任をする生徒」に外部から関わる行為ともなるため，ソーシャルワークへの理解が不十分であれば忌避感ももたれがちな領域といえよう。

　逆に，割合が最も低いのは「協力者とのプロジェクトの実施（0.8%）」および「休暇期間に関する協力（0.8%）」であり（同率），次いで「休憩時間に関する協力（1.6%）」となっている。いずれもソーシャルワークの専門性が必要ではない領域であり，教員はソーシャルワーカーを単なる人足として使おうとは考えていないといえる。

　さらに，「サークル活動に関する問題の解決（2.4%）」「子ども同士の問題の解決（7.3%）」の領域はソーシャルワークの専門性に関わるものの，結果の低さからは教員がソーシャルワーカーに「特に重要な」役割であるとは考えていない。火消し役の「消防車」のようになってほしいのではなく，ともに協力する別の専門職であると認識しているのではないだろうか。

　ここには，教員の自らに対する専門職アイデンティティも投影されていると考え

表 2-2　**教員が特に重要と考えるソーシャルワークの役割**（B 市提供資料，Knut Tielking & Tim Berthold 作成，一部改変）

あなたはどの活動が特に重要だと考えますか？		
	人数	%
保護者への助言	12	9.8
生徒への助言	30	24.4
生徒との定期的な面談／個別支援	35	28.5
子ども同士の問題の解決	9	7.3
授業中におけるソーシャル・トレーニング	19	15.4
サークル活動に関する問題の解決	3	2.4
休憩時間に関する協力	2	1.6
午後の授業以外の活動の担当	3	2.4
休暇期間に関する協力	1	0.8
協力者とのプロジェクトの実施	1	0.8
学校の活動への組織的／理念的／具体的な参画	2	1.6
わからない	6	4.9
合　　計	123	100.0

られる。つまり，教員は教科の授業についての専門職である一方，ソーシャルワーカーは生徒の相談にのり，助言を行い，自ら問題解決できるよう社会化を促す専門職であるとの認識である。

　ドイツに比べると日本の教員は「なんでも仕事」と考える傾向が強く，専門性の有無に関わらずすべてをこなすジェネラリストの側面が強い。実際問題として，生徒との間で助言や相談ができる関係をつくることができなければ，日本では一人前の教員とみなされにくい風土もある。しかし，これが転じると，ソーシャルワーカーの力を借りなければ生徒に対応できないという一種の「恥」のような感情を覚えることにもなりかねない。この点では，専門職として自分の仕事を限定的に捉えるドイツにおいて，専門外のことに対応できないのは「恥」ではありえず，むしろ別の専門職と分業したり協力したりする方が生徒にとっても教員自身にとっても問題解決に近づくと考えられている。資格社会ならではの機能的な専門職観が投影されているのかもしれない。

　ただし，これは事例で紹介したような「成功例」の場合に限られる。事実，事例2においても，当初からソーシャルワーカーが学校とうまく連携できたわけではなく，協力しあう体制をつくるために数年の年月を要していた。学校の組織文化が外部の専門職と連携する難しさは，日本もドイツも通底しているとさえ考えられる。ただし，このような連携上の課題を一人ひとりの教員の力量不足として捉えるのは早計に尽きる。たとえば，ソーシャルワーカーの配置が進まなければ，一人のソーシャルワーカーが複数の学校を担当せざるをえなくなり，教員から見れば「たまにしか見ない同僚」として連携しにくいと感じるのは必然でもある。

　学校の内外連携の課題は，教員やソーシャルワーカーなどの人間関係の問題として，ミクロ・レベルで現象化しやすいが，実は，人事行政や法整備，職員雇用の財政措置といった教育行政に関わる問題に根差した，マクロ・レベルの課題であることを指摘しなければならない。日本の教員がジェネラリストであることを求められるのも，それが望ましいからというよりは，無限定な職務や教員不足，大規模学級，教育課程裁量の小ささ，といったマクロ・レベルの課題が放置されている帰結という側面が強い。できるならば，日本の教員ももっと授業の研究をしたいのではないだろうか。

　本章では，学校外の教育機会についても，ドイツの青少年援助を例に検討したが，それは公費によって維持される活動であった。翻って日本では，フリースクールや子ども食堂などの活動は，スタッフの「手弁当」であったり利用者の「私費」によ

第2章　ドイツの不登校・早期離学と学校外の教育機会としてのソーシャルワーク

って維持されている側面が強い。子どもの教育機会や生活機会に関わる公共的な活動について，私的アクターの善意や自助努力に依存している社会制度の脆弱性を指摘しなければならない。

　なお，ドイツの財団も行政の一部ではなく私的アクターと位置づけられるが，公共性をもつ活動に対しては公費助成がなされている。その点では日本の「自己負担」とは大きく異なる。それでも公費で運営されている公的アクターの領域に比べ財政基盤が不安定であることには変わりない。ハンブルクで訪問したヨアヒム・ヘルツ財団は，教育や研究を支援する民間設置の大規模な財団であるが，同財団の理事は，「たとえドイツ全国のあらゆる財団の財産を結集しても，教育制度をたった1日しか維持できない」と語る。学校教育に充てられる教育財政は，民間アクターから見た場合には巨額に映る。それだけに公共的責任が重いということでもある。

　もちろん，あらゆる活動に十分な財政措置を講じるというのは，予算が限られている現実から見れば机上の空論となる。しかし，事例1でMJAの施設長が「稚園や学校がうまく機能していたら（若者たちは）ここにいません」と語ったように，公教育や公行政の機能不全から生起する問題という構造にも目が向けられるべきだろう。不登校・早期離学に関わるような活動は，本来ならば公的な領域から生じた課題でもあり，公的アクターの手が届かない領域を私的アクターが支えているという捉え方も可能である。つまり，「あらゆる活動に十分な財政措置を講じるべき」という机上の空論が主張されているのではなく，活動の「公共性」が問題にされているのだ。

　もし，「公共性」への認識がなければ，学校のような公費で維持される活動は正統とされる一方で，公費が届かない民間の活動は「人が自主的に行っているもの」とみなされ放置されかねず，子どもの居場所をつくり成長を支える活動が周縁化されたままになってしまう。予算の問題である以前に，公的アクターや広く社会が「公共性」への認識をもたなければ，この問題が放置され続けることになってしまう。

6　おわりに

　本章では学校外の教育機会の例としてドイツの青少年援助やソーシャルワークを取り上げた。学校に外からアプローチするソーシャルワークや，地域社会に出かけていくMJAといった特徴をもつものであった。これらは，あくまで学校外に数多

49

拡がっている多様な教育機会のうちの一例に過ぎない。

　学校外の教育機会としては，たとえば図書館，公民館，博物館などの社会教育施設もあり，これらの多くは無料か格安で利用できる社会教育関連施設である。特に，日本の学校は校内生活が時間的にも活動内容的にも広範多岐にわたるため，子どもが社会教育関連施設などを利用できるのは学校がない夕方以降か休日などに限定されることになる。学校の無境界性や教員の職務の無限定性が指摘される中で，多様な学校外の教育機会を生かす方途は考えられないだろうか。

　日本の学校教育は，教科の授業だけではなく，遠足や社会見学，体育祭，文化祭，修学旅行，部活動，などさまざまな活動が充実している。しかし，それらはもっぱら教員の負担に頼るところとなっており，だからこそジェネラリストであることが宿命づけられてしまっている。ここに教員不足に象徴されるような教育行政上のマクロ・レベルの課題が重なっている。たとえば，朝読書，ボランティア体験，芸術鑑賞，と拡がっている学校の教育活動も，図書館，公民館，博物館など学校外の多様な教育機会と連携した方が活動が充実することもあるだろう。

　学校の機能をただ縮小するというのではなく，職務を限定することにより専門化を図るという思考実験でもある。ドイツにおいても，不登校となる理由に「授業がつまらない」というものが挙げられていたが（本章第2節），そもそも魅力ある授業にしたいと考えない教員はいない。しかし，魅力ある授業にするためには，相当の教材研究をし，授業準備をしなければならない。そして現状では，そのような時間が確保されていない。授業研究に専心できる条件整備を行うのは，実は人事や予算に権限をもつ教育行政の責任領域である。ここでもマクロ・レベルの課題が立ちはだかっている。

　不登校特例校や不登校支援センターの設置など介入・補償の段階の政策に力点が置かれがちであるが，日々の学校生活が子どもにとって充実したものとなり，教員にとっても安心して職務に専念できる環境は，多くの教育問題の予防にもつながるものであろう。上述のように，社会教育関連施設など学校外の多様な教育機会との連携を図ろうにも，国が定める学習指導要領（実態はナショナル・カリキュラム）によって授業時数や教育内容が細部にわたり規定されているため，学校レベルでは対応が難しいのも現実である。地方教育行政の支援も必要になるが，多くの自治体ではさらに教育課程の上乗せをしているのも実態であり，ミクロ・レベルの裁量を拡大するためにマクロ・レベルの裁量を後退させるという発想にはなりにくい。

　子どもの生活世界が学校に過度に依存しすぎることなく，学校外の多様な教育機

第 2 章　ドイツの不登校・早期離学と学校外の教育機会としてのソーシャルワーク

会へ拡げることも，学校化された教育社会を脱するために大切なのではないか。そのためにもマクロ・レベルの教育責任も果たされ，「公共性」への認識も深められることを願う。

【引用・参考文献】

坂野慎二（2017）．『統一ドイツ教育の多様性と質保証―日本への示唆』東信堂

辻野けんま（2022）．「不登校・退学にドイツ社会はどう向き合っているか」『季刊教育法』212, 52-53.

辻野けんま・布川あゆみ（2021）．「ドイツの早期離学問題―就学義務の正当性と射程」園山大祐［編］『学校を離れる若者たち―ヨーロッパの教育政策にみる早期離学と進路保障』ナカニシヤ出版，93-111.

辻野けんま（2018）．「ドイツの学校の役割と教職員」藤原文雄［編著］『世界の学校と教職員の働き方―米・英・仏・独・中・韓との比較から考える日本の教職員の働き方改革』学事出版，46-52.

結城忠（2014）．『憲法と私学教育―私学の自由と私学助成』協同出版

lanck, J. M. (2020). *Übergänge nach der Schule als »zweite Chance«? Eine quantitative und qualitative Analyse der Ausbildungschancen von Schülerinnen und Schülern aus Förderschulen »Lernen«,* Beltz Juventa.

Claßen, A., & Nießen, K. (2015). *Was tun bei Schulverweigerung?: Motive erkennen - Schüler erreichen und zurückholen,* Verlag and der Ruhr.

Demel, J., & Schwarz-Jung, S. (2011). Zweite Chance für Weiterbildungswillige; der Zweite Bildungsweg, *iStatistisches Monatsheft Baden-Württemberg,* 10, 19-26.

Deutsches Jugendinstitut (2006). Chancen für Schulmüde, Reader zur Abschlusstagung des Netzwerks Prävention von Schulmündigkeit und Schulverweigerung am Deutschen Jugendinstitut e.V., 16. September 2005 in der GaraGe - Technologiezentrum für Jugendliche gGmbH Leipzig.〈https://www.dji.de/fileadmin/user_upload/bibs/229_6264_Reader_Chancen_fuer_Schulmuede.pdf〉（2020 年 4 月 29 日最終確認）

Dunkake, I. (2010). *Der Einfluss der Familie auf das Schulschwänzen: Theoretische und empirische Analysen unter Anwendung der Theorien abweichenden Verhaltens,* VS Verlag für Sozialwissenschaften.

Funke, N. & Voigt, K. (2020). „Über Bord"- Ausgrenzung und Anders - Sein in der Schule, *SchulVerwaltung spezial,* 20(3), 114-116.

Gillich, S. (Hrsg.) (2003). *Streetwork_Mobile Jugenarbeit; Aktuelle Bestandsaufnahme und Positionen eigenständiger Arbeitsfelder,* TRIGA.

Hennemann, T., Hagen, T., & Hillenbrand, C. (2010). Dropout aus der Schule: Empirisch abgesicherte Risikofaktoren und wirksame pädagogische Maßnahmen, *Empirische Sonderpädagogik,* 2010, Nr. 3, 26-47.

Hillenbrand, C., & Ricking, H. (2011). Schulabbruch: Ursachen-Entwicklung-Prävention, *Zeitschrift für Pädagogik,* 57(2), 153-172.

Keppeler, S. (1997). Mobile Jugendarbeit Baden-Württemberg, iLandesarbeitsgemeinschaft Mobile Jugendarbeit Baden-Württemberg e. V., LAG (Hrsg.), *Praxishandbuch Mobile*

Jugendarbeit, Luchterhand, 19-44.

KMK (2007). Handlungsrahmen zur Reduzierung der Zahl der Schülerinnen und Schüler ohne Schulabschluss, Sicherung der Anschlüsse und Verringerung der Zahl der Ausbildungsabbrecher,

Köck, H. (2012). Die Lage im Raum als Chance oder/und Risiko; Fachliche Operationalisierung und didaktisches Potenzial, *Geographie und Schule*, 34, 4-11.

Ricking, H., & Schulze, G. C. (Hrsg.) (2012). *Schulabbruch - ohne Ticket in die Zukunft*, Klinkhardt.

Ricking, H., & Hagen, T. (2016). *Schulabsentismus und Schulabbruch: Grundlagen - Diagnostik - Prävention*, Kohlhammer, Stuttgart.

Ricking, H. (2006). *Wenn Schüler dem Unterricht fernbleiben: Schulabsentismus als pädagogische Herausforderung*, Klinkhardt.

Schreiber, E. (Hrsg.) (2006). *Chancen für Schulmüde: Reader zur Abschlusstagung des Netzwerkes Prävention von Schulmüdigkeit und Schulverweigerung am Deutschen Jugendinstitut e. V.*, Deutsches Jugendinstitut.

Schulze, G. C., & Ricking, H. (2013). *Disaffection and School Absenteeism, A Life Space Analysis and Preventive Strategies, Symposium on School Alienation*, Istanbul.

Schulze, G. C., & Wittrock, M. (2004). Unterrichtsabsentismus ein pädagogisches Thema im Schnittfeld von Pädagogik, Sonderpädagogik und Sozialpädagogik, *Vierteljahresschrift für Heilpädagogik und ihre Nachbargebiete*, 3, 282-290.

Schulze, G. C., & Wittrock, M. (2005). Wenn Kinder nicht mehr in die Schule wollen. Hilfen für schulaversive Kinder und deren Eltern im Rahmen von allgemeinen Schulen, in: Stephan Ellinger, Manfred Wittrock (Hrsg.) *Sonderpädagogik in der Regelschule; Konzepte-Forschung-Praxis*, Verlag W. Kohlhammer, 121-138.

Stamm, M., Ruckdäschel, C., Templer, F., & Niederhauser, M. (2009), *Schulabsentismus; Ein Phänomen, seine Bedingungen und Folgen*, VS Verlag für Sozialwissenschaften.

Statistisches Bundesamt (2023). *Allgemeinbildende Schulen: Schuljahr 2022/2023.* 〈https://www.destatis.de/DE/Themen/Gesellschaft-Umwelt/Bildung-Forschung-Kultur/Schulen/Publikationen/Downloads-Schulen/statistischer-bericht-allgemeinbildende-schulen-2110100237005.html〉(2024 年 5 月 25 日最終確認)

Wagner, M. (Hrsg.) (2007). *Schulabsentismus: Soziologische Analysen zum Einfluss von Familie, Schule und Freundeskreis*, Juventa Verlag.

第2章　ドイツの不登校・早期離学と学校外の教育機会としてのソーシャルワーク

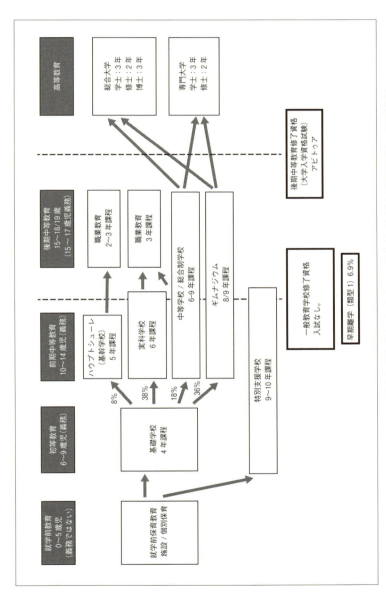

ドイツの教育制度（図）（パーセントは同一年齢に占める比率、2023年度）（Statistisches Bundesamt（2023）より布川あゆみ作成）

※1　州によって（義務教育期間含む）教育制度・学校種・学校名称は多様な傾向にあるため、ここではあくまでも大枠となる教育制度について説明を行う。
※2　類型1：一般教育学校の就学義務を終えていない（ハウプトシューレ修了資格を取得していない）無資格早期離学者。ISCED2を修了していない。

第3章 早期離学の抑制に取り組むイギリスの学校
困難を抱える若者を支える
コンテニュー・プラス・アカデミー

小山晶子・菊地かおり

1 はじめに

　本章では，早期離学の抑制に取り組むイギリス（イングランド）[1]の学校を事例として取り上げ，困難を抱える若者に対してどのような支援を行っているのかを検討する。具体的には，退学や代替教育施設（Alternative Provision: AP）への委託を経験した生徒への効果的な介入アプローチに着目する。

　イングランドにおいて，ニート（あるいは早期離学者）の多くは，社会的養護の背景や退学経験，特別な教育的ニーズをもつ傾向にある。代替教育施設の中でも地方当局が運営する生徒委託機関（Pupil Referral Unit: PRU）に対して，2010年以降の学校運営形態の多様化によりアカデミーやフリースクールの代替教育施設が増加している。これらの学校では，生徒の多様なニーズにどのように対応しつつ学習権を保障しようとしているのか。本章では，フリースクールの代替教育施設の中でも，社会的・情緒的・メンタルヘルス（Social, Emotional, Mental Health: SEMH）の特別な教育的ニーズをもつ生徒に対象を絞って受け入れ及び支援を行っている学校を取り上げたい。

　イギリスにおいては，早期離学を直接的に対象とする政策は存在せず，関連するデータ収集やモニタリングもしていない。その代わりに，ニート等の指標を用いた対応が中心となっている（菊地 2021）。イギリスにおける早期離学とニートの定義は以下の通りである。まず，早期離学は，「18歳から24歳のうち，前期中等教育のみを修了しているか，あるいはそれ以下（中等教育修了一般資格（GCSE）試験の成績がC未満）であり，かつ，教育及び訓練を受けていない者」（HM Government 2014: 20）である。一方で，ニートは，「16歳から24歳のうち，教育，雇用，訓練の

---

1) 本章において，連合王国（UK）全体を指す場合は「イギリス」，連合王国の構成地域の1つであるイングランドを指す場合は，「イングランド」を用いる。

54

状況にない者」（ONS 2013: 1）である。早期離学とニートは，教育・訓練を受けていない／その状況にないということを定義に含めている点で共通している。しかしながら，早期離学が一定の教育水準を達成したかどうかに着目する一方で，ニートは，若者が現在，教育・訓練を受けるか，仕事をしているかどうかに着目している点で両者には相違もみられる。イギリスでは，早期離学ではなく，ニートが政策の対象となっており，このことは労働市場における成果という観点から「問題のある若者」を定義する傾向にあるともいえる（Timmerman & Willems 2014: 23）。

なお，イングランドの義務教育制度は教育義務を採用しており，ホームエデュケーションが認められている。1996年教育法では，教育大臣の義務，地方当局の義務，保護者の義務を定めており，保護者には，義務教育年齢の子どもに効果的な教育を受けさせる義務がある。効果的な教育とは，児童生徒の年齢，能力，適性に適合するような教育や特別な教育的ニーズに応じた教育のことをいう（第7条）。ただし，その方法は「学校に規則的に出席させるか，あるいはその他の方法」とされている。ここで，「その他の方法（otherwise）」という記述があることが，ホームエデュケーションの法的根拠となっている（藤井2002）。

また，イングランドの義務教育年齢は5歳から16歳までである。ただし，近年の教育改革によって教育及び訓練への義務的な参加年齢が，2013年からは16歳から17歳に，2015年からは18歳に引き上げられた。16歳から18歳の場合，教育あるいは訓練の場が保証されることになる（Abusland 2014: 1）。

2 早期離学／ニートの問題へのアプローチ

● 2-1 早期離学の予防・介入・補償に向けた政策や取り組み

次に，イギリスにおける早期離学の予防・介入・補償に向けた政策や取り組みを整理しておきたい。先に述べたように，イギリスにおいては，早期離学を直接的に対象とする政策が存在しないため，先行研究等を参照し，それぞれに該当すると思われる政策や取り組みについてみていく。

まず，予防措置としては，教育及び訓練への参加年齢引き上げ政策が挙げられる。イングランドにおいては，教育及び訓練への参加年齢の引き上げが，早期離学の問題に取り組むための主要な政策と解釈することができるという（Timmerman & Willems 2014: 23）。教育及び訓練への参加年齢引き上げ政策とは，イングランドの義務教育年齢である16歳以降，18歳の誕生日がくるまで教育及び訓練への参加[2)]

が義務づけられるというものである（植田 2016）。2013 年には 16 歳から 17 歳へ，2015 年には，17 歳から 18 歳へと参加年齢が引き上げられた。

　次に，介入措置については，代替教育施設（AP）のひとつである生徒委託機関（PRU）が挙げられる（Nevala & Hawley 2011: 304）。生徒委託機関は，義務教育年齢の若者を対象として，地方当局によって設置及び運営される学校の一種である。地方当局は 1996 年教育法第 19 条に基づき，学校に通えない義務教育年齢の子どもに適切な教育を提供する義務を負っている。生徒委託機関はフルタイムまたはパートタイムの教育を提供できる。提供される教育の最低レベルは，子どもの年齢と生徒委託機関に配置される理由によってさまざまである。退学した若者はフルタイムの教育を受ける必要があり，キーステージ 4 の場合[3]，週 25 時間の学修が必要とされる（Day et al. 2013: Annex Two: 41）。

　生徒委託機関は，行動上の問題を抱えた子どもだけではなく，医学的問題のために学校に通うことができない子ども，10 代の母親や妊娠中の女子生徒，学校恐怖症とされた児童生徒，入学を待つ子どもなど幅広い児童生徒を対象としている。また，退学した生徒に教育を提供し，退学のリスクにさらされている生徒に短期間の教育を提供することもある。ほとんどの生徒にとって，生徒委託機関の主な焦点は，生徒を学校に戻すことにある（Day et al. 2013: Annex Two: 41）。

　最後に，補償措置については，見習い訓練制度が挙げられる（Cedefop 2017）。2012 年の『リチャード報告』において見習い訓練制度の重要性が指摘され（白幡 2014），16 歳から 18 歳はレベル 2，19 歳以上やすでに雇用されている者は，レベル 2〜3 が目指されている（Eurocultura et al. 2016: 103, 113）。しかしながら，失業中の人びとに対する成人教育予算の削減がなされており，国家ではなく，企業が雇用者のスキルアップに責任をもつべきという期待がある（Eurocultura et al. 2016: 126）。

　これらの予防・介入・補償に向けた政策や取り組みのうち，本章では，介入の取り組みに焦点をあてる。その理由は，①ニートとなる若者の背景として，退学を経験している割合が多いこと，そして，②退学した生徒の受け皿となる代替教育施設（AP）が，生徒の早期離学を抑制するために重要な役割を果たすと考えられるから

---

2) ここでいう参加は，フルタイムの教育に限らず，見習い生や訓練生，パートタイムの教育や訓練を受けながら，週 20 時間以上就労するか，あるいは週 20 時間以上ボランティア活動を行ってもよいとされている（GOV.UK. 2015: Appendix 3）。

3) キーステージの区分は以下の通り。キーステージ 1（5 歳〜7 歳／第 1・2 学年），キーステージ 2（7 歳〜11 歳／第 3〜6 学年），キーステージ 3（11 歳〜14 歳／第 7〜9 学年），キーステージ 4（14 歳〜16 歳／第 10・11 学年）。

である。代替教育施設については，特に2010年以降の保守党・自由党連立政権下で推進された学校運営形態の多様化政策が影響を与えていることに着目する。すなわち，学校運営形態の多様化の推進によって，アカデミーやフリースクールの代替教育施設が設置されることになり，このことが困難を抱える生徒のニーズに特化した支援を行うことを可能としているという側面があるからである。

● 2-2　ニートの若者の背景

　教育省の2018年の報告書ではニートの若者の特徴を分析している（DfE 2018）。分析対象となったのは，2010／11年度にキーステージ4を終えた後，2013／14年度の一年間ニートだった若者である。調査対象となった63万7,200人のうち，50万6,500人（79.5%）はその間一度もニートにならなかった。一方で，3万400人（4.8%）が一年間を通じてニートだった。報告書では，この一年間ニートとして過ごした約3万人の若者の背景を分析している。

　各カテゴリは相互に排他的ではない（複数の項目に該当する者もいる）が，社会的養護の背景をもつ者の37%が当該年度にニートとなっていた。続いて，生徒委託機関（PRU）や代替教育施設（AP）を経験した者，中等教育段階（13歳〜16歳）にあたるキーステージ3や4で退学を経験した者は，約25%が当該年度にニートとなっていた。続いて，15歳時点で特別な教育的ニーズをもつ者となっている。

　この分析から，社会的養護の背景をもつ者に対象を絞ったアプローチがニートを解消するためのひとつの方策であることがわかるが，それに加えて，退学を経験した生徒の代替教育施設における学びをいかに支援するかがニートの問題にアプローチするための重要な取り組みとなりうることを示唆している。

● 2-3　退学した生徒と代替教育施設（AP）での受け入れ

　イギリスにおいて，停学・退学の問題は近年大きく顕在化している。2019年の『ティンプソン報告』では，児童生徒の属性（エスニシティや特別な教育的ニーズの特性，ケアの状況）による停学・退学のリスクの違いが指摘され，その中でも停学全体の44.9%，退学全体の46.7%が特別な教育的ニーズのある児童生徒であったという（白幡 2022; 青木 2022）。また，義務教育年齢であるにもかかわらず，虐待／ネグレクト，ジプシー・ロマ・トラベラー，行方不明，新規移民等の理由で学校に登録していない，あるいは学校外で適切な教育を受けていない子どもたちの問題も指摘されるようになっている。

表 3-1　代替教育施設（AP）の種類（白幡（2021: 17）及び Mills & Thomson（2018）を参照し筆者作成）

代替教育施設（AP）	財源	設置主体
生徒委託機関（PRU）	公費運営	地方当局
AP アカデミー	公費運営	アカデミートラスト
AP フリースクール	公費運営	非営利の団体（慈善団体，大学等）
インディペンデント AP	独立運営	独立学校（慈善団体，企業等）
その他の形態の AP（継続教育カレッジ，病院学級等）		

　これらの退学した生徒を受け入れる機関が，代替教育施設（AP）である（表 3-1
参照）。代替教育施設には，地方当局が設置及び運営する生徒委託機関（PRU）と，
アカデミーとして設置及び運営される代替教育施設アカデミー（AP アカデミー）や，
フリースクールとして設置及び運営される代替教育施設フリースクール（AP フリ
ースクール）などがある。また，代替教育施設は，公費運営型と独立運営型の 2 つ
に分けられるが，アカデミーとフリースクールは前者であり，地方当局の運営では
ないが国庫補助金で運営されている（DfE 2013; 白幡 2021）。

　なお，アカデミーやフリースクールといった学校運営形態は，2010 年以降に導入
が推進されたものである。これらの学校は，地方当局の関与を受けずに政府から直
接補助金を受け取って運営されており，ナショナルカリキュラムを履行する義務は
ない。一方で両者にはいくつかの違いもある。アカデミーは，アカデミートラスト
によって設置及び運営される。入学者の受け入れ方針，特別な教育的ニーズ，退学，
試験等については，他の公費維持運営学校と同じ規則に従う必要がある。フリース
クールは，非営利の団体（慈善団体，大学，地域・宗教団体，教師，保護者等）によ
って設置及び運営される。フリースクールは，教職員の給与や労働条件，学期や開校
日を自由に設定できるなどアカデミーよりも大幅な裁量をもつ。入学者の受け入れ
方針も独自のものを策定できる（GOV.UK 2024d）。

　代替教育施設の生徒数については増減がみられるが，学校数については，AP ア
カデミーと AP フリースクールは徐々に増えている一方で，生徒委託機関は 5 年間
で 224 校から 177 校へと減少していることがわかる（表 3-2, 3-3 参照）。

　本章では，新たな学校運営形態である AP フリースクールの取り組みに着目する。
事例とする学校は，イングランドのキダーミンスター市にある学校である。以下，
訪問調査で得たデータを基に学校の取り組みについて詳述する[4]。

58

第 3 章　早期離学の抑制に取り組むイギリスの学校

表 3-2　代替教育施設（AP）の学校数（GOV.UK（2023a）を参照し，筆者作成）

	2018/19	2019/20	2020/21	2021/22	2022/23
生徒委託機関（PRU）	224	204	197	182	177
AP アカデミー	86	98	102	106	107
AP フリースクール	42	47	49	50	51
合計	352	349	348	338	335

表 3-3　代替教育施設（AP）の生徒数（GOV.UK（2023a）を参照し，筆者作成）

	2018/19	2019/20	2020/21	2021/22	2022/23
生徒委託機関（PRU）	10,494	9,602	7,665	6,774	7,470
AP アカデミー	4,521	4,576	3,973	3,731	4,364
AP フリースクール	1,119	1,218	1,147	1,179	1,357
合計	16,134	15,396	12,785	11,684	13,191

3　コンテニュー・プラス・アカデミーの取り組み

● 3-1　コンテニュー・プラス・アカデミーの概要

　コンテニュー・プラス・アカデミー（ContinU Plus Academy，以下，CPA）は，2013 年にバーミンガム近郊のキダーミンスター市に AP フリースクールとして開校した[5]。校長のデヴォ氏は，CPA を立ち上げる前に，バーミンガム市内の公費維持中等教育学校での勤務の後，社会的・情緒的・メンタルヘルスのニーズがある生徒のための特別学校に勤務した経験がある。その際，問題行動を起こす生徒に対して力で抑え込むのではなく，2 年間程度の時間をかけて向き合う必要性を実感したという。在籍している学校から 6 週間程度の停学処分を受けた，あるいは一時的に委託される生徒についても，生徒が抱える問題を解きほぐし，安心して学業に専念させるためには同じような時間が必要であると考えた。このような経験をふまえて，デヴォ氏が手を挙げたことによって CPA は開校した。

　なお，AP フリースクールには，2022／23 年度，51 校に 1,357 名の生徒が在籍し

4）2023 年 9 月 11 日〜13 日の 3 日間学校を訪問し，校長等の管理職チームと授業担当教員への聞き取り及び授業等の観察を行った。

5）学校名にはアカデミーとあるが，学校運営形態はアカデミーではなく，フリースクールに区分される。

ている（GOV. UK 2023a）。51 校ある AP フリースクールのうち，教育水準局の査察
（2018 年〜2023 年）において「特に優れている」と評価された学校は 11 校ある。そ
のうち 11 歳から 17 歳までの前期及び後期中等教育を含む学校は 6 校ある。この 6
校のうち，フルタイムで在籍している生徒数が 50 名を超える学校は 2 校あり，リ
バプールにある学校が最大規模で，CPA は 2 番目の規模である（GOV. UK 2023b）。
CPA は 100 名規模の学校であり，90 名の在籍者のうち 67 名が地域の中等教育学校
出身者である。残りの 23 名は退学を経験しており，地方当局の委託により受け入
れた学生である。社会的・情緒的・メンタルヘルスのニーズを理由に学校に通うこ
とができなかった 90 名の生徒が，CPA では高い出席率（88％）を維持している。
CPA 独自の取り組みについて探ることを，今回の調査の主な目的とした。

　イングランドのフリースクールに通う生徒にみられる傾向は，公費維持運営学校
全体の平均値と比較すると，第一言語が英語以外の生徒の割合が多く，無償給食受
給者の割合が低い（Andrews & Johnes 2017）。しかし，CPA の生徒は，ほぼすべて
の生徒の第一言語が英語であり，無償給食受給者の割合は 80％を超えている
（GOV.UK 2023b）。デヴォ氏によれば，社会経済的に困難な家庭の生徒が多く，生徒
の約 95％が家庭内暴力の経験者であるという。社会経済的な困難を背景に，過去の
厳しい経験から，社会的・情緒的・メンタルヘルスのニーズを抱える生徒に対して
学習権を保障する取り組みに着目したい。

● 3-2　学びを支える環境
①学校生活を支える施設と設備
　現在の校舎は，デヴォ氏をはじめとする設立当初の教職員によって隅々までデザ
インされた。入口を入ると広間があり，その広間からは，廊下の端まで見通すこと
ができる。廊下の右側には教室が並び，教室の向かいには取り出し教室，職員室，
トイレが設置されている。通常の学校では，トイレで生徒間の問題が生じやすいこ
とから，CPA のトイレは個室のみで，鍵は教員が保持している。取り出し教室は，
教室での活動に何らかの理由でついていけない生徒が，補助教員と一緒に自分のペ
ースで学習を進めることができる場となっている。

　そのほか，美術室，調理室，コンピューター室，音楽室など実技系教科に適した
教室が設置されている。授業科目に応じて，生徒は教室を移動する。数学や歴史の
教室も設けられているが，生徒の集中力を維持するため，教室内の掲示物は控えて
いるという。

第 3 章　早期離学の抑制に取り組むイギリスの学校

図 3-1　入口にある広間。色鮮やかな机と椅子が置かれている。（筆者撮影）

　特徴的な場所は，体育館と理美容の練習室である。自分の怒りを抑えられない生徒は，体育館に入り，トランポリンで飛びはね，重量トレーニングをし，ボクシングのグローブをはめてサンドバックを打つことができる。理美容の練習室は，ネイル，髪型，化粧を直すためにいつでも使用できる。たとえば，登校時に身支度が十分ではないと感じた生徒が，髪型や化粧をやり直すという。朝の髪型が決まらずに，一日中不機嫌に過ごすのではなく，5〜10分の間この部屋で身なりを整えてから教室に戻ることで，新たな気持ちで授業に取り組むことができるという。
　在籍している学校から停学処分を受けた生徒を短期間受け入れる教室も設置されている。この教室には別の入り口があり，生徒同士が顔を合わせることはない。停学処分を受けている間，この教室に登校することで，年間の欠席日数を増やさずに済むという。
　入口の広間は，昼食時には食堂となり，生徒と教員が一緒に昼食を取る。通常の学校では，教員は昼食や休憩の時間を職員室で過ごすが，CPAでは教員が職員室にいる時間はほとんどない。昼食は，ポーランド出身の調理師が，学校内の調理場で手作りしており，生徒はいくつかのメニューから選ぶことができる。

②学校生活の1日の流れ
　生徒は，朝8時30分から9時の間に登校し，縦割りグループに分かれて朝の集

61

会を行う。朝と帰宅前に行う縦割りグループでの集会は，異学年の生徒によって構成されている。縦割りの意義は，上級生が下級生にとって模範となることである。たとえば，同じグループの上級生の行動を下級生は観察している。上級生が取らない行動は下級生も取らないという傾向がみられるという。上級生にとっても尊敬される関係性は好ましく，下級生のよき相談相手となっている。

　朝の集会の後，1限（9時25分～10時35分），2限（10時50分～12時），3限（12時10分～13時20分）に授業を受ける。授業は，学齢に合わせたグループに分けられる。各教室の生徒数は5名から最大8名までに限られている。お昼休みは20分と非常に短いが，午前中の授業の合間の10分から15分の休憩時間に軽食や間食を取ることもできる。昼食後は，4限（13時40分～14時50分）が終了次第，縦割りグループの集会が行われる。その後，15時頃から帰宅のためにバスに乗り込む。

③高い出席率と継続的な学びを実現するための施策

　まず，スクールバスでの送迎によって生徒の出席率を保持している。2021年の代替教育施設に通う生徒の出席率の全国平均値は67％であった一方で，CPAの出席率は80％であったという[6]。CPAは出席率85％を目標として掲げており，達成するための施策を講じている。その1つが，スクールバスによる生徒全員の送迎である。5台のスクールバスがすべての生徒の家まで迎えに行き，帰りも送る。その際に，出席管理担当者がバスに同乗する。万が一，生徒が寝坊したとしても，少し遅い時間に他のバスが迎えに行く。出席管理担当者が，朝と夕方に保護者とやり取りをして家庭の状況を把握し，生徒の状態を確認する。その情報は，すべての教職員が集まる朝の会議で共有される。教科担当教員および職員は，生徒の精神的及び身体的な健康状態の変化を確認した上で，授業内で生徒個人に向き合っている。

　次に，肯定的行動管理プログラムの1つとしてポイント制を導入している。生徒は，毎朝登校時に1日の時間割を受け取る。その用紙には，各授業の中で獲得できるポイントと項目が記載されている。ポイントを得られる基準は，教職員をはじめ同級生を尊重すること，学習目標の達成，不適切な言葉遣いをしないこと，自己コントロール，取り組みの姿勢の5つの項目で評価される。1日の終わりに合計得点を確認し，1週間の終わりに8割以上のポイントが取得できた場合には，大手スーパーで使える5ポンド券を手に入れることができる。これを入手するためには，授

---

6) ContinU Plus Academy ウェブサイト 'Attendance at the ContinU Plus Academy' を参照。〈https://continuplus.org.uk/home-2/how-we-behave/attend/〉（2024年6月1日最終確認）

第 3 章　早期離学の抑制に取り組むイギリスの学校

業における積極的な参加姿勢と，高い出席率を維持しなければならない。

　このポイント制は，生徒が授業で前向きに取り組むための動機の 1 つになっている。しかし，5 ポンド券は生徒自身が使える場合と，家族の生活費の一部として期待されている場合がある。したがって，生徒の出席率と学力の向上だけではなく，貧困家庭をサポートするための施策にもなっている。

● 3-3　生徒の学びを支える多様な取り組み

　CPA に転校してくる生徒は，在籍していた学校をたらい回しにされ，また，家庭での難しさを抱えている背景から，大人に対する信用を失くしていることが多い。そこで CPA では，新しく転入した生徒に，教職員に愛されていることを実感させ，継続して通うことができる場を提供することで，生徒との信頼関係を築くことを第一の目標としている。生徒が飲み物や食べ物を欲した際には，決して「ノー」と言わず，お腹を満たすことを優先させている。CPA の職員は，生徒の家族の引越しを手伝い，ベッドを整えるなど生徒の日常の安全確保に介入する。教員によると，ウェルビーイングが満たされていない生徒には教育的効果は見込めないという。CPA において，社会的・情緒的・メンタルヘルスのニーズをもつ生徒が安心して学習を継続することができるように実施している指導方法やその工夫を紹介する。

①アセスメントによる社会的・情緒的・メンタルヘルスのニーズの特定

　CPA は，通常の学校に通うことに何らかの困難を抱えた生徒の転入が大半であるが，その困難のうち，特別な教育的ニーズをもつ生徒全般を対象とした学校ではなく，特に社会的・情緒的・メンタルヘルスのニーズをもつ生徒を受け入れることを目的としている。2023 年 9 月時点で CPA に在籍している 90 人のうち約 80 人がこの困難を抱えている。過去の厳しい経験やトラウマが生徒の日々の言動や行動に影響を与えている場合が多い。注意欠如・多動症（ADHD）と診断される生徒が最も多く，数名の自閉症の生徒や過去には胎児性アルコール依存症の生徒もいた。しかし，CPA に委託される生徒の中には，在籍していた学校で正しいニーズが把握されておらず，診断も間違っている場合があるという。たとえば，専門家による診断に基づいて委託された生徒のうちの何人かは，CPA で対応すべきニーズではなかった。

　そこで，CPA に委託される生徒の情報は，初回の面談前に必ず再確認される。CPA には，特別な教育的ニーズのコーディネーターであり，生徒の安全管理を担

当する教員が，校長の補佐を務めている。この教員が中心となり，メンタルヘルス指導者として訓練を受けた校長と共に，生徒個人の特別な教育的ニーズに関する情報，安全に関する基準など，過去にソーシャル・ワーカーやその他の専門家が関わった記録をすべて確認する。代替教育施設に委託される生徒のなかには一度も診断を受けていない場合もある。生徒が抱える困難の原因に関する診断を委託されている機関も，常に正確な診断ができているわけではないという。したがって，CPAに委託先が決まった後も改めてアセスメントを実施している。新たな診断結果を受けて，適切な学校を探し出すまでに2年近くの時間を要することもあるという。しかし，このアセスメントの過程の中で，学校外の専門家をはじめとする外部機関を巻き込むことができると担当者は話す。

CPAが2023年9月時点で協働している外部機関は，以下の通りである。

・KEMP：家族や親戚など身内との死別を経験した人に対するカウンセリングを提供。
・WMP-Community Liaison Officer：西ミッドランド地区の警察。
・Social Care：ファミリー・フロント・ドアという電話で相談できる窓口など。
・MARAC：性的被害，家庭内暴力に対応する複数の専門家。
・カウンセラー・精神科医：週に1度来校し，カウンセリングを実施。第11学年の生徒は全員受診。
・Umbrella Pathway：特別な教育的ニーズに関する審査を実施。
・GRT Team：ジプシー・ロマ・トラベラーを対象とした支援組織。
・MET Team：医療教育チームが医療学校への転校を判断。
・L.A.C.E.S. Team：社会的養護教育サービス。
・CAMHS：児童成人メンタルヘルスサービス。

その他，学校看護師の訪問，禁煙プログラムや性教育の実施，性に関する健康相談など，多様な外部専門家との連携を築いている。近年では，地域の犯罪者集団に若者が巻き込まれる問題が多発しているため，若者犯罪対策チーム（YOT team）とも連携している。貧困が原因で，安易に金銭を稼ぐことを目的として犯罪者集団に接触し，犯罪に巻き込まれる子どもの年齢は若年化しているという。

第3章　早期離学の抑制に取り組むイギリスの学校

②到達度の伸びをみる学習評価

　CPA に転入後，2回目の面談において，学校と生徒が協力文書に署名をすることで遵守すべきルールについて合意を交わす。さらに，すべての生徒が基礎学力に関するテストを受け，その結果から，読解力，理解力，綴り，数学の学力に応じた学齢を判断する。生徒の指導計画表には，CPA 到着時のテストの結果によって判断された学力が記載される。

　CPA で導入されている学習到達度の伸びを把握するための学習評価の方法を紹介する。CPA に在籍する生徒は，転入後のスタート地点がどのレベルであれ，期待される伸びに対して，どの程度の伸びであったかが評価される。スタート地点が異なるため，到達したレベルで評価するのではなく，想定される到達度の伸びをどの程度加速させることができたかという指標を用いて評価されている。

　個別の指導計画表に，キーステージ2終了時の到達度と，中等教育修了時の第11学年において目標とされる到達レベルを科目ごとに設定したものが記載されている。指導計画表には，学力に関する目標だけではなく，出席状況，生徒の背景と関心事項，課題，読解，数学，学習に必要となる指導が記載されており，生徒個々の指導戦略も記載されている。さらに，生徒が，教育とヘルスケア計画，ピュービルプレミアム，社会的養護，退学経験者などのいずれかに該当する場合，それが色別に判別できるようになっている。

③生徒に合わせた学習課題・資格試験の設定

　キーステージ4の中等教育終了時には，中等教育修了一般資格の取得を目指した試験準備が行われる。フリースクールである CPA は，ナショナルカリキュラムに従う義務はないが，英語，数学，科学，美術，ウェルビーイング，ICT はすべての生徒が履修する中核科目となっている。その他に，3～4科目を選択できる。ウェルビーイングは，CPA の多くの生徒が抱えるニーズへの向き合い方を学ぶことによって資格取得につながるため，科目として設定されている。たとえば，アルコールに関する知識，メンタルヘルス，薬物の誤用，ストレスとの付き合い方，健康的な食生活，認知症などについて学ぶ。ICT の主な授業内容は，雇用につながる ICT スキルの習得となっており，履歴書の書き方，面接スキルの向上，応募用紙の記入方法などについて学ぶ。

　中等教育修了一般資格試験のレベルに達していない生徒に対しては，CPA では異なる資格取得を促しており，生徒が受験可能な入門レベル資格（Entry Level

Certificate）を導入している。当資格のレベルは 3 つに分かれており，問題文は簡潔でわかりやすい説明が多い。その他に，試験ではなく，授業内で取り組む課題によって評価される資格も導入している。これらは生徒の進度に応じて，プレッシャーを感じることなく取り組むことが可能である。また，単元ごとに証明書を受け取ることができるため，生徒の達成感につながっている。2023 年の第 11 学年の生徒のうち 58％が，中等教育修了一般資格のレベル 4 に相当するレベルに合格でき，2022 年と比較すると 6 ポイントの増加がみられたという。

④野外教育・体験活動の重視：週 1 回学校の外へ

代替教育施設では，ボクシングや演劇など特定のカリキュラムを導入している学校もみられる。CPA は，設立当初から身体を動かす野外教育を積極的に導入してきた。野外教育は，キーステージ 3 を対象に行われており，週 1 日 4 単位時間のカリキュラムとして実施されている。その内容は，カヌー，ロック・クライミング，キャンプなどさまざまである。これらの課外活動は，忍耐力，体力づくりと健康維持，チームワーク構築を目指して実施されている。

訪問日には，CPA から 50 キロほど南下したところにある小さな湖で，カヌーの体験授業が行われていた。まず，ウェットスーツを着用し，カヌーは自分で空気を入れて膨らませる。その準備にかなり時間を要してしまう生徒と，素早く水の中へ漕ぎ出す生徒に分かれていた。当日は，肌寒い気温のなか雨が降り続けており，数名の欠席者が出てしまったようだが，出席した生徒たちは悪天候にも臆することなく，指導者の声に耳を傾けていた。カヌーを漕ぐ，カヌーから水中に飛び込む，裏返しにしたカヌーの上に立つなど，初めて体験する生徒には挑戦的な内容であったが，途中で諦めることなく取り組んでいた。課外授業の日は学外で昼食を取り，朝から帰宅時間まで学校外で過ごす。

⑤静かな環境で個人に適したセラピー指導

セラピー指導は，外部の雑音が遮断された森の中の小屋で行われている。CPA は，その小屋を所有者である民間企業から借りて使用している。主な目的は，心的外傷後ストレス障害（PTSD）をもつ生徒をはじめ，精神病を抱える生徒，問題行動がみられる生徒が，CPA の本校舎で授業を受けることができないと判断された場合に，静かな環境で学びを継続することにある。

この小屋の使用は，コロナ感染拡大の直前に開始された。コロナ禍では，小屋の

第3章　早期離学の抑制に取り組むイギリスの学校

周りで屋外活動を実施していた。行動規制が撤廃されると，CPAに移動してきた生徒の中でも，本校舎に適応することが難しい生徒を，まず森の中の小屋で学習させていた。しかし現在は，本校舎での授業を受けることが困難な生徒のみが森の中の小屋で指導を受けている。

　この環境下でないと指導できない生徒に対応する教員やスタッフは，「絶えることなく寛容でなければならない」と話す。なぜなら，小屋で学習する生徒に対応することは，常に勝てない闘いであり，成功することもなく，日々敗北感を味わうからである。限りなく寛容であり続ければ，生徒は緊張を緩和させる。「要するに，こちらが常に柔軟な態度で接すれば，生徒は反抗する必要はなくなり，やがて反抗することを諦める」。それは，「反抗することがつまらないと感じるからだ」。小屋では，1日に取り組むべき科目と課題を生徒にまとめて渡す。教員が，取り組む課題と時間，そしてその分量や進め方を指示しないことで，1日の終わりに，各自が与えられた課題をほぼ終えることができる。生徒たちは，本校舎では到底取り組むことができなかった分量の課題を，この静かな環境で成し遂げている。

　この環境が必要な生徒には，際限ない寛容さと優しさのほかに，退屈さを感じさせる必要を指摘する。つまり，特別なことを生じさせない日常を継続することが，生徒の不安や驚きを回避し，結果として学びの連続につながるという。したがって，普段と異なる外出を行う場合，訪問者が来る場合など，2週間前からその予定を繰

図3-2　小屋の中の様子。教職員と生徒がみんなで机を囲んで課題に取り組んでいた（筆者撮影）

67

り返し伝え，変化に対する心的負荷を軽減している。

● 3-4　困難を抱える家庭を支える取り組み

　2023 年 9 月時点では，24 名の生徒の家庭に学校から食品を毎週届けていた。その他に，学校にフードバンクを設け，教職員が保存食や衛生用品を寄付している。学校で集められた物品を，生徒が必要に応じて家に持ち帰ることができる。

　家庭では満足な食事が取れない生徒のために，朝は，簡単な朝食が準備されている。また，朝食と昼食の間に間食を取ることができ，夕食がない場合には昼食の残りを自宅に持ち帰ることもできる。このような食事提供に関する CPA の制度は，お腹が満たされていないと生徒の学習意欲につながらないと考える方針に基づいている。

　靴を新調できない生徒のために，2 週間ごとに CPA が生徒に新しい靴を買い揃えている。制服は，一般的な中等教育学校の制服のようなジャケット着用ではなく，動きやすいトレーナーとポロシャツである。制服を購入できない生徒のために，中古の制服を保存し，必要に応じて配布している。

　保護者との連絡は，学年主任が電話で行っている。保護者との信頼関係の構築を重視し，生徒に関する話は悪いことだけでなくよいことも伝えるようにしている。CPA の職員は，生徒の学業に関することだけでなく，家族が抱える育児の困難など，あらゆる悩みについて保護者が相談できる機会を設けている。CPA の職員は，保護者から相談される内容に応じて，どの窓口で誰に相談すればよいか，外部機関との連携を通して助言できる体制を整えている。

4　おわりに

　CPA は，地域の 6 つの中等教育学校と連携し，同時に地方当局からの委託による生徒の受け入れも行っている。通常の学校に通うことができない生徒が全国的にも増加傾向にあるなか，キダーミンスター市もその例外ではなく，社会的・情緒的・メンタルヘルスのニーズへの手厚い支援がある CPA を希望する生徒は多く，転入まで一定期間待機する事態が生じている。同時に，委託された生徒についても，正しい診断と審査の結果に基づいて，新たな学校への転出を待っている生徒もいる。CPA のような優れた実践がみられる学校が設置されているにもかかわらず，生徒が抱えるニーズに対して適切な支援を受けられる学校への移籍は，一握りの生徒に

第 3 章　早期離学の抑制に取り組むイギリスの学校

限られている状況が生じている。

　このようにイギリス（イングランド）においては，アカデミーやフリースクールといった学校運営形態の多様化の推進により，困難な状況にある若者の多様なニーズに対応した代替教育施設が生徒の学習権保障において大きな役割を果たしているといえる。しかしながら，その受け入れには限界があり，希望者全員が転入できるわけではないことに留意が必要である。また一方で，退学者が増加するなど，通常の学校から排除されていく生徒の存在も見逃せない。公教育の制度設計全体としてみれば，多様な代替教育施設が制度内に存在することは，多様なニーズをもつ生徒を制度内に包摂し，早期離学を抑制するための重要な取り組みであることに間違いはない。公教育制度内に多様な学校が存在することの意義や役割と通常の学校のあり方の問い直しという双方の視点をもちながら早期離学の介入のあり方について検討する必要があるだろう。

【引用・参考文献】
青木栄治（2022）．「1993 年教育法における代替教育機関（PRU）設置規定の成立過程の分析―特別な教育的ニーズ（SEN）を有する生徒のインクルージョンの観点から」『日英教育研究フォーラム』26，53-67．
植田みどり（2016）．「イギリスにおける「離学年齢」引上げに関する政策の特徴」『国立教育政策研究所紀要』145，59-71．
菊地かおり（2021）．「イギリスにおける早期離学への対応とニートへの支援」園山大祐［編］『学校を離れる若者たち―ヨーロッパの教育政策にみる早期離学と進路保障』ナカニシヤ出版，56-69．
白幡真紀（2014）．「イギリスにおけるスキルと学習の水準向上に関する公的支援の課題―保守党・自由民主党連立政権下の政策動向の分析から」『東北大学大学院教育学研究科研究年報』63(1)，195-219．
白幡真紀（2021）．「困難を抱える若者に対する学習機会と支援提供および教育相談体制―イギリスのオルタナティブ学習支援（Alternative Provision）をめぐる課題から」『東北教育学会研究紀要』24，15-28．
白幡真紀（2022）．「イギリスの中等学校における包摂と排除の考察―義務教育段階の停・退学と支援の必要な生徒に焦点を当てて」『東北教育学会研究紀要』25，15-28．
藤井泰（2002）．「イギリスにおける義務教育制度の動向」『松山大学論集』14(1)，23-49．
Abusland, T. (2014). *Early Leaving from Vocational Education and Training: United Kingdom*, UK NARIC, ECCTIS.
Andrews, J., & Johnes, R. (2017). *Free Schools in England*, Education Policy Institute.
Cedefop (2017). *Leaving Education Early: Putting Vocational Education and Training in Centre Stage: United Kingdom*, Cedefop.
Day, L., Mozuraityte, N., Redgrave, K., & McCoshan, A. (2013). *Preventing Early School Leaving in Europe: Lessons Learned from Second Chance Education: Annex One: Case Study*

69

Compendium, Publications Office.

Department of Education (DfE) (2013). *Alternative Provision: Statutory Guidance for Local Authorities*, DfE.

Department for Education (DfE) (2018). *Characteristics of Young People who are Long-term NEET*, DfE.

Department for Education (DfE) (2023). Schools, Pupils and their Characteristics: January 2023.

Eurocultura, Mazowiecki Kurator Oświaty, Sysco Business Skills Academy, & Sysco Polska. (2016). *Early School Leaving Monitoring and Prevention Solutions: Prevention and Reintegration Methods*.

GOV.UK (2015). Policy paper: 2010 to 2015 government policy: young people. 〈https://www.gov.uk/government/publications/2010-to-2015-government-policy-young-people/2010-to-2015-government-policy-young-people#appendix-3-raising-the-participation-age〉(2024 年 10 月 2 日最終確認)

GOV.UK (2023a). 'School Characteristics' from 'Schools, Pupils and Their Characteristics'. 〈https://explore-education-statistics.service.gov.uk/data-tables/permalink/eab69790-11b4-4571-b784-08dbfa51496d〉(2024 年 10 月 2 日最終確認)

GOV.UK (2023b). Schools, Pupils and Their Characteristics, Academic Year 2022/23. 〈https://explore-education-statistics.service.gov.uk/find-statistics/school-pupils-and-their-characteristics/2022-23〉(2024 年 10 月 2 日最終確認)

GOV.UK (2024a). Key Stage 4 Destination Measures: Academic Year 2021/22. 〈https://explore-education-statistics.service.gov.uk/find-statistics/key-stage-4-destination-measures〉(更新日：2024/02/01)(2024 年 11 月 18 日最終確認)

GOV.UK (2024b). 16-18 Destination Measures: Academic Year 2021/22. 〈https://explore-education-statistics.service.gov.uk/find-statistics/16-18-destination-measures〉(更新日：2024/02/01)(2024 年 11 月 18 日最終確認)

GOV.UK (2024c). NEET Age 16 to 24: Calendar Year 2023 〈https://explore-education-statistics.service.gov.uk/find-statistics/neet-statistics-annual-brief#releaseHeadlines-tables〉(更新日：2024/03/28)(2024 年 11 月 18 日最終確認)

GOV.UK (2024d). Types of School. 〈https://www.gov.uk/types-of-school〉(2024年6月6日最終確認)

HM Government (2014). *Review of the Balance of Competences between the United Kingdom and the European Union: Education, Vocational Training and Youth*. HM Government.

Mills, M., & Thomson, P. (2018). *Investigative Research into Alternative Provision*. DfE.

Nevala, A.-M., & Hawley, J. (2011). *Reducing Early School Leaving in the EU*. European Parliament.

Office for National Statistics (ONS) (2013). *UK Estimate of Young People Not in Education, Employment or Training*. ONS.

Timmerman, C., & Willems, R. (2014). *Policies on Early School Leaving in Nine European Countries: A Comparative Analysis*. Reducing Early School leaving in Europe (RESL).

第3章　早期離学の抑制に取り組むイギリスの学校

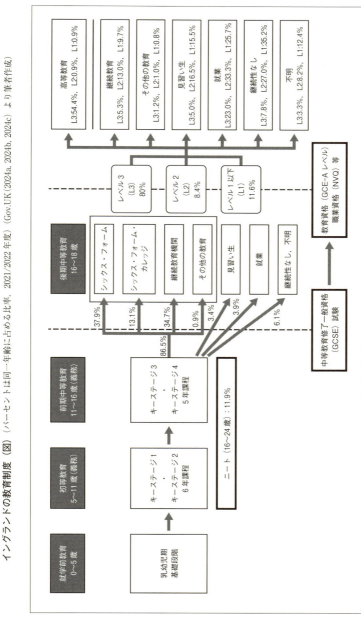

イングランドの教育制度（図）（パーセントは同一年齢に占める比率、2021/2022年度）（Gov.UK(2024a, 2024b, 2024c) より筆者作成）

第4章 ベルギー・ブリュッセル首都圏地域の早期離学対策における「予防」と「介入」戦略

フランス語圏の「AMO」と「SAS」の役割に着目して

見原礼子

1 はじめに

　21世紀以降，ベルギーにおける早期離学率はEU平均を下回る状況で推移してきた。だが，この国の早期離学の要因にかかわる課題の1つとして指摘されてきたのが，原級留置率の高さである（藤井2023: 31）。その割合は長年OECD加盟国の中で最も高い水準が常態化し，2018年のPISA調査結果によれば，初等教育課程から中等教育課程において，1度でも学年を繰り返したことのある生徒の割合は30.8%であった（OECD 2020: 17）。原級留置率は，とりわけフランス語圏のワロニー・ブリュッセル連盟において顕著に高い傾向が続いてきた（Mathys, Véronneau, and Lecocq 2019: 99）。さらに，ベルギーの原級留置は，近隣の西欧諸国と同様，社会経済的に不利な立場にある生徒や移民の背景をもつ生徒のあいだでより起こりやすい傾向がみられることも指摘されてきた（OECD 2023: 138）。その一方で，1983年にいち早く義務教育年齢を18歳に引き上げていたベルギーでは，子ども期の学びを継続可能とするために必要な対策を講じることは，まさに社会的な義務であると捉えられてきたといえる[1]。したがって，早期離学の予防と介入の施策は義務教育の保障という文脈においても重視され，展開されてきた。

　本章では，ベルギーの早期離学をめぐる取り組みについて，とりわけブリュッセル首都圏地域の主要な政策と実践の展開に焦点を当てながら検討する。同地域は，

1）ベルギーは教育費への支出の割合もOECDのなかで高い水準を保っており，最新の国際比較データ（2020年時点）でGDPに対する初等中等教育課程の公財政教育支出の割合はOECD各国平均3.3パーセントを大きく上回る4.2パーセントであった（OECD 2024a）。このことは手厚い教員配置を可能とし，とりわけ中等教育課程の教員1人当たりの生徒数はOECD各国の最低水準の9.1人となっている（OECD 2024b）。

第4章　ベルギー・ブリュッセル首都圏地域の早期離学対策における「予防」と「介入」戦略

長年，失業率が高い状態が続き，社会経済的に不利な状況に置かれた住民も多いことから，教育の課題先進地域であり続けてきた。早期離学率についてみても，ブリュッセル首都圏地域は国内の他地域と比較して顕著に高い状況が続いてきたのである。本章では，草の根運動によって誕生し，現在では早期離学の「予防」と「介入」段階での重要な柱として展開されている取り組みを紹介する。そのうち，とりわけ「介入」段階における教育実践のプログラムとその実践にかかわる教育関係者の語りを詳しく分析することを通じて，学校から離れる，あるいは離れざるをえない子どもたちに寄り添うための模索が続けられている様子を描いていきたい。

2　ベルギーにおける早期離学対策

● 2-1　連邦制のもとでの早期離学問題への対応

連邦国家ベルギーの教育政策の策定・遂行は，3つの言語圏（共同体／communauté）にわかれて行われている。その言語圏とはすなわち，北部のオランダ語圏（フランデレン共同体／Vlaamse Gemeenschap），南部のフランス語圏（ワロニー・ブリュッセル連盟／Fédération Wallonie-Bruxelles)[2]，そして東部のドイツ語圏（ドイツ語共同体／Deutschsprachige Gemeinschaft）である。ブリュッセル首都圏地域は，オランダ語とフランス語が公用語となっており，二言語の教育機関が並立している。2021-2022 年度のブリュッセル首都圏地域の就学者数（幼児教育～中等教育課程）は 26 万 1,124 人で，このうち 79％がフランス語，21％がオランダ語の学校に通っていた[3]。

連邦制に基づくこうした複雑な教育制度は，早期離学をめぐる対応においても多様な影響をもたらしてきた。ジュフトマンらによれば，そもそもベルギーの主要な共同体であるフランス語圏とオランダ語圏の「早期離学」に相当する複数の用語それ自体，言語間でニュアンスの相違が存在するが，その違いは必ずしも国内で認識が共有されてきたわけではないと指摘している（Juchtmans et al. 2018: 14-15）。二言語が公用語となっているブリュッセルでは，この両言語圏における用語が混在し，

2）フランス語共同体（Communauté française）ともいう。

3）ブリュッセル統計分析研究所（L'Institut Bruxellois de Statistique et d'Analyse）のデータより。Projections de population scolaire.〈https://beecole.brussels/fr/be-ecole/panorama-de-lecole-bruxelles/levolution-de-la-population-scolaire-bruxelles/projections-de-population-scolaire〉（2024 年 10 月 2 日最終確認）

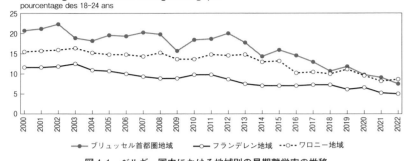

図 4-1　ベルギー国内における地域別の早期離学率の推移
（ベルギー連邦計画局ウェブサイトより（Bureau fédéral du Plan 2023））

これらの用語に基づく政策や実践もまた混在してきた。後述するように，そのことが，ブリュッセルの戦略策定において一貫性のある体系的なアプローチが欠ける原因ともなってきたのである。

　図 4-1 は 2000 年以降のベルギー国内の早期離学率を地域（région）別に示したものである[4]。ここでいう地域とは，北部のフランデレン地域，南部のワロニー地域（ドイツ語共同体を含む），そしてブリュッセル首都圏地域をさす。2010 年代の前半頃までの早期離学率は国内差が非常に大きく，とりわけ低い水準を維持してきたフランデレン地域と高い水準が常態化していたブリュッセル首都圏地域の間には二倍以上の開きが生じた年もあったことがわかる。だが，その差は徐々に縮まり，2012 年に 20.1％ に上っていたブリュッセル首都圏地域の早期離学率は，2022 年には 7.4％ にまで下がり，国内平均 6.4％ に近づいた[5]。これは失業率が低下していく時期と重なっているため，経済的な要因が大きいと考えられるが，2000 年代から本格的に進められてきた予防・介入を含めた早期離学対策が実を結びつつある結果でもあるという見方もあるだろう。次項では，ブリュッセル首都圏地域においてどのよ

---

[4] なお，フランス語圏のワロニー・ブリュッセル連盟で用いられてきた早期離学率の指標は EU の早期離学率の定義とは異なり，15 歳から 22 歳までの若者の割合を基に，翌年の義務教育に再登録されていない中等教育課程 3 年生，4 年生，および 5 年生の割合から導かれている。最新のデータによると，ブリュッセル首都圏地域に居住している生徒のうち，2012/2013 年度の時点で 8％ 近くに上っていたこの割合は，2021/2022 年度の時点で，4.7％ まで低下している（Fédération Wallonie-Bruxelles 2024: 53）。

[5] この数字はベルギー統計局（Statbel）によるものであるが，全対象者への調査ではないことからデータの誤差が比較的大きく出る可能性も指摘されている（RTBF 2024）。

第 4 章　ベルギー・ブリュッセル首都圏地域の早期離学対策における「予防」と「介入」戦略

うな政策が展開されてきたのかを整理するなかで，関連して提起されてきた問題の焦点はどのようなものであったのかも確認していく。

● 2-2　ブリュッセル首都圏地域における主要政策の展開

　フランス語圏とオランダ語圏の学校教育制度が併存しているブリュッセル首都圏地域においては，主として各言語の共同体政府が策定した早期離学対策が展開されてきた。そこで，2010 年代以降の主な包括的政策パッケージやイニシアティブを共同体別に概観することとする。

　まず，オランダ語を公用語とするフランデレン共同体側で展開されてきた「早期離学対策連携行動計画（Actieplan samen tegen schooluitval）以下「行動計画」」は，2016 年春にフランデレン議会の教育委員会が提出した「早期離学に対する共同行動計画（Samen tegen schooluitval)」のコンセプト・ノートが土台となっている。「行動計画」では，①モニタリングと問題の把握，②調整，③予防，④介入，⑤補償の 5 つの領域における 52 の行動計画が提示され，これらを推進していくことが呼びかけられた。このうち，③予防については，いじめ対策，柔軟な進路に関する調査の実施など 22 項目が，④介入については，生徒支援センター（Centrum voor leerlingenbegeleiding（CLB））と学校との連携強化，福祉的なアプローチの導入など 9 項目が盛り込まれた。⑤補償については，義務教育期間を終えた早期離学者を対象とした教育訓練資格認定コース（Onderwijskwalificerende Opleidingstrajecten: OKOT）を通じた支援など 4 項目が盛り込まれた（Vlaamse Regering 2016: 52-55)。

　これらの政策を実施するにあたって，フランデレン共同体の教育訓練省は 6 つの地域別ネットワークを設け，地域政策策定のためのロードマップを作成した。各地域のネットワークは教育，福祉，労働などさまざまな領域のパートナーによって構成されている。このうち，ブリュッセル地域のパートナーは，ブリュッセル地域でオランダ語による教育・訓練を受けるための進路相談センターである Leerwinkel Brussel[6]，生徒支援センター（CLB）ブリュッセル支部などが含まれている（Netwerk Samen tegen Schooluitval Brussel 2022: 17)。

　他方，ワロニー・ブリュッセル連盟側における 2010 年代前半の重要な動きとして挙げられるのは，若者支援（l'Aide à la jeunesse）という福祉セクターと義務教育（l'enseignement obligatoire）という教育セクターの 2 つの行政セクターがプラットフ

---

6) Leerwinkel Brussel 公式ウェブサイト（https://www.leerwinkel.brussels/nl）より（2024 年 10 月 18 日最終確認）。

ォームを構築し，行政横断的に若者の福祉，学校接続，暴力予防，進路指導の支援を推進することを目的とした 2013 年 11 月 21 日デクレを制定したことである。これにより，教育のみならず福祉領域にもまたがる支援の取り組みを学校内外で展開することが可能となった。さらに同年には，職業訓練を組み合わせた就労連動型中等教育（l'enseignement secondaire en alternance）に相当する就労連動型研修・教育センター（Centre d'Education et de formation en Alternance: CEFA）における離学リスクの早期発見，外部の社会的・医療的ケア提供者とのネットワークづくりなどを目指すプロジェクトも立ち上がった（la Commission consultative Formation-Emploi-Enseignement 2014: 9）。

　翌年には「卓越した教育のための協定（Pacte pour un enseignement d'excellence）以下「協定」と呼ばれる教育制度全般の改革に向けた構想が立ち上がり，早期離学をめぐる対策もこのなかに含まれることになった。「協定」の策定に向けた作業は教育関係者によって構成される複数の部会によって進められ，2017 年春までに政府に向けた 3 つの意見書が中央部会より提出された。同年秋より，この意見書を土台とした 2030 年に向けた改革が進められている[7]。このうち 2017 年に提出された第 3 意見書においては，教育制度改革のための 5 つの戦略的な柱のうちの 1 つとして「教育制度全体での多様性と包摂的な学校を促進し，落第，早期離学，および原級留置に対する戦略を開発する」ことが掲げられた。このなかでは，具体的に，「原級留置を減らすこと」など 10 の項目が挙げられ，それぞれの課題に応えるための具体的な提案が盛り込まれていた。

　このように，ブリュッセルにおける各共同体は，それぞれの政策の中で，早期離学をめぐる問題に対応することを試みてきたが，これらの取り組みに加えて，ブリュッセル首都圏地域が 2015 年から進めている経済・雇用対策「ブリュッセルのための戦略 2025」においても，早期離学にかかわる対策が存在する。同戦略の 18 の目標のうち 2 つに，ブリュッセル首都圏地域における若者の雇用支援及び教育プログラムが含まれており，これらの中に早期離学に対抗するための戦略策定が優先事項として定められているのである。先述のように，教育政策そのものは共同体の管轄となるため，この戦略の遂行にあたっては，ブリュッセル首都圏地域政府が両共

---

7) 2019 年には，「協定」を反映させた法律として「初等・中等教育規約の第 1 部と第 2 部および共通コア・カリキュラム導入にかかるデクレ（Décret portant les livres 1er et 2 du Code de l'enseignement fondamental et de l'enseignement secondaire, et mettant en place le tronc commun)」が制定された。

第4章　ベルギー・ブリュッセル首都圏地域の早期離学対策における「予防」と「介入」戦略

同体政府と協力協定を締結することが定められた[8]。

　ここまでみてきたように，ブリュッセル首都圏地域においては政策レベルでも複数の公的機関が早期離学対策に関与していることがわかる。このことは，一方において早期離学をめぐる多様なニーズの特定とそれに対応する策の遂行が可能になるものの，他方においては，すべての活動やイニシアティブを一貫性のある体系的な計画の中に位置づけることができないという問題がある（Juchtmans et.al. 2018: 17）。ジュフトマンらの報告書（Juchtmans et.al. 2018）を参考にしながら，この複雑な関与主体と早期離学の予防と介入にかかわる主要な取り組みを表にまとめたものが表4-1である。

　フランス語圏のワロニー・ブリュッセル連盟，オランダ語圏のフランデレン共同体がそれぞれ共同体レベルでの取り組みをブリュッセル首都圏地域においても実施する一方，ブリュッセル首都圏地域もまた，主に早期離学の予防にかかわる取り組みを遂行している。ここでも，上述の「ブリュッセルのための戦略 2025」の枠組みにより，地域・コミューンの取り組みに加えて，ブリュッセル首都圏地域フランス語共同体委員会（COCOF）によるフランス語によるものとフランデレン共同体委員会（VGC）によるオランダ語によるものとが混在している。

　表4-1に挙げた主要な取り組みとしては，学校内で行われている活動（共同体レベルのみ）と学校外で行われている活動（共同体および地域レベル）にわけて整理している。前者は学校自体によって組織・管理されるもの，後者は学校によって組織・管理されていないものを指す。

　ここからは，前述のとおりブリュッセル首都圏地域の義務教育段階の生徒のうち，約8割がフランス語の学校教育を受けていることを踏まえ，ワロニー・ブリュッセル連盟の取り組みに注目していく。具体的には，表4-1で示されている取り組みのうち，学校外における早期離学「予防」のための代表的な取り組みの1つである「開かれた場での活動（以下，「AMO」）」と「介入」段階での代表的な取り組みである「学校接続機関（以下，「SAS」）」の2つを紹介する。

---

8)「ブリュッセルのための戦略 2025」公式文書より。STRATEGIE 2025 POUR BRUXELLES 〈https://perspective.brussels/sites/default/files/documents/Strategie2025_Axe2_version_finale_11062015.pdf〉（2024 年 10 月 2 日最終確認）

表 4-1　ブリュッセル首都圏地域の早期離学対策に関与する公的機関及び予防と介入の主な活動
(Juchtmans et al. (2018: 106) を加筆修正し筆者作成)

公的機関／主な取り組み	ワロニー・ブリュッセル連盟（フランス語圏）[注1] 教育行政局[注2]	フランデレン共同体（オランダ語圏）教育訓練局[注3]	ブリュッセル首都圏地域（フランス語・オランダ語圏） COCOF[注4]（フランス語圏）	VGC[注5]（オランダ語圏）	地域独自＆コミューン（フランス語・オランダ語圏）
学校内	・学校接続内部システム（DIAS）	・特別配置教員（SES-leerkrachten）			
学校外	・義務教育管理機関（SCOS） ・フランス語圏宿題教室連盟（FFED） ・開かれた場での活動（AMO） ・学校調停（Médiation scolaire） ・移動チーム（Équipes mobiles） ・精神医療社会センター（CPMS） ・学校接続機関（SAS）　　　など	・地域相談プラットフォーム（LOPs） ・切れ目のない柔軟な進路（NAFT） ・生徒支援センター（CLB） ・早期離学に対する共同行動ネットワーク ・Time out モジュール 　　　　　　　など	・社会的結束プロジェクト　　など	・教育センター ・「広域学校」 ・Kans ブリュッセル中央連絡事務所　など	・コミューン早期離学予防サービス ・「ブリュッセル予防と安全」　　　など

注1)　「フランス語圏」と「オランダ語圏」は各公的機関の行政言語を指している。
注2)　フランス語の正式名称は「l'Administration générale de l'Enseignement」。
注3)　オランダ語の正式名称は「Departement Onderwijs en Vorming」。
注4)　ブリュッセル首都圏地域フランス語共同体委員会（La Commission communautaire française de la Région de Bruxelles-Capitale）の略。ブリュッセル首都圏地域において，教育などワロニー・ブリュッセル連盟に帰属する共同体の権限を行使している。
注5)　フランデレン共同体委員会（Vlaamse Gemeenschapscommissie）の略。ブリュッセル首都圏地域において，教育などフランデレン共同体に帰属する共同体の権限を行使している。

3 「予防」と「介入」段階での代表的な取り組み

● 3-1 「予防」：「開かれた場での活動（Actions en milieu ouvert: AMO)」

　AMO は 18 歳未満（一部の施設は 22 歳まで）の若者とその家族を対象とした施設

第 4 章　ベルギー・ブリュッセル首都圏地域の早期離学対策における「予防」と「介入」戦略

で，若者が自らの生活環境の中で教育的な支援を受けることにより，生活環境を改善したり自己の成長へとつなげていくことが目的とされている。AMO の法的枠組みは 1991 年 3 月 4 日付の若者支援に関する政令にまでさかのぼり，30 年以上の歴史を有している。最新のデータベースによれば，ワロニー・ブリュッセル連盟全体で 88 施設が運営されており，このうちブリュッセル首都圏地域に 22 施設が存在する[9]。AMO の施設は非営利団体（Association Sans But Lucratif: ASBL）として設立され，ワロニー・ブリュッセル連盟の若者支援局から認可・財政支援を受けて運営されているため，AMO で提供されるサービスの利用はすべて無料である。AMO の具体的な活動は施設によって異なるが，個別支援，地域振興活動，および必要に応じた集団活動の 3 つのタイプに分けることができる。このうち個別支援は，学校や家族内での問題，社会的な問題の解決の支援，または学業に関連する手続きや進路選択の支援などが含まれる（Juchtmans et.al. 2018: 116）。一般的に，AMO は所在する地区・コミューン固有の文脈や課題を踏まえたうえで，その地域の子どもや家庭のニーズに寄り添いながら多様な支援が行われているところに特徴がある。

　ここで 1 つの事例として，筆者が 2024 年 2 月に訪れたブリュッセル首都圏地域内のモランベーク地区（コミューン）に所在する AMO Atouts Jeunes の活動について概観してみたい。モランベークは，長年ブリュッセル首都圏地域を構成する 19 のコミューンの中でも最も若年失業率が高い地区の 1 つであり，加えて 2015 年のパリ同時テロ事件および 2016 年のブリュッセル同時テロ事件の実行犯が同地区を拠点としていたことから，テロ事件後数年にわたってコミューン全体がスティグマ化された。コミューン再生に向けた取り組みの一環で 2018 年にいくつかの非営利団体によって手掛けられたのが，テロ事件の主犯格が経営していたカフェを改装し，この場を共同で運営することによる住民交流の場の創出であった（見原 2024）。この非営利団体の 1 つが，Atouts Jeunes である。

　現在の Atouts Jeunes の主な活動としては，中等教育課程の生徒を対象とした平日の学習支援（coaching/soutien scolaire），保護者を対象とした支援，毎週土曜日に行われる若者プロジェクト（programme ADO）などがある[10]。2022 年度の活動報告

---

9) ワロニー・ブリュッセル連盟若者支援局の公式データベース（https://saaj-aidealajeunesse.cfwb.
　 be/saaj-service）およびワロニー・ブリュッセル連盟ブリュッセル首都圏地域 AMO の公式デー
　 タベース（https://amobxl.be/）より（2024 年 10 月 18 日最終確認）。
10) 2024 年 2 月 23 日に AMO Atouts Jeunes 所長の Assetou Elabo 氏および同施設職員の Ines
　 Delcominette 氏，Sarah El Bahoudi 氏，Nadia Aarkoubi 氏に対して行ったインタビューより。
　 同施設の 2022 年度活動報告書も参照（AMO Atouts Jeunes 2023）。

図 4-2　モランベークに所在する AMO Atouts Jeunes の活動拠点 (筆者撮影：2024 年 2 月)

書によると，同施設の利用者の全員 (100%) がモランベーク在住であった (AMO Atouts Jeunes 2023: 12)。このことから，同施設が地域密着型の若者支援施設として機能していることがわかる。

● 3-2　「介入」：「学校接続機関 (Service d'accrochage scolaire: SAS)」

次に，ワロニー・ブリュッセル連盟における学校外の早期離学対策のうち，「介入」型の取り組みの代表例である SAS についてみていく。SAS のミッションは，学校教育施設から完全にまたは部分的に切り離された状態にあり，家庭教育も受けていない 13〜18 歳の生徒を受け入れ，家庭や生活環境を支援しながら社会的，教育的な援助を提供することである。組織名に「Accrochage」すなわち「接続」という語が使われていることからも明白なように，最終的な目標は可能な限り早く学校教育システムへ再度復帰させることとされる。SAS に在籍できるのは就学期間全体で 12 か月を超えない範囲である。SAS 在籍中は義務教育を受けているとみなされる。

SAS の歴史は AMO と密接にかかわっている。現在の SAS としての活動は，AMO の枠組みの中で展開され，発展してきたためである。最初のアイディアが立ち上がったのは 1990 年代半ばのことであった。複数の教員が「路上」と学校の間の居場所を作るために 1995 年からパイロットプロジェクトが立ち上げられ，1998

第4章　ベルギー・ブリュッセル首都圏地域の早期離学対策における「予防」と「介入」戦略

年～2000 年の 2 年間，教育行政局が支援するアクション・リサーチが実施された。さらに続く 2000 年～2009 年は，当時ブリュッセル首都圏地域内に存在していた AMO「大衆地区の若者支援（Aide aux jeunes en quartier populaire: AJQP）」とのパートナーシップにより，教育セクターと若者支援セクターが共同出資するかたちで約 10 年間におよぶプロジェクトが展開された[11]。これが後述する現在のブリュッセルにおける 2 つの SAS，すなわち Parenthèse と Bruxelles Midi の原型となる。この間，ブリュッセル首都圏地域内の別の AMO「サマルカンド（Samarcande）」でも同様のプロジェクトが立ち上がり，現在ブリュッセルで運営されるもう 1 つの SAS である Seuil の活動へとつながっていった[12]。

　2009 年 5 月 14 日には「フランス共同体による学校接続機関に関するアレテ（Arrêté du Gouvernement de la Communauté française relatif aux services d'accrochage scolaire）」が制定され，翌 2010 年にはプロジェクト・ベースで運営されていた SAS は組織として独立を遂げた。こうして，SAS はワロニー・ブリュッセル連盟における早期離学対策のための公的な取り組みとして認知されるにいたったのである。前述のセクター横断的に若者支援に取り組むことを目的とした 2013 年 11 月 21 日デクレは，2009 年 5 月 14 日アレテの枠組みを部分的に修正したものである[13]。換言すれば，草の根運動としての SAS 立ち上げの動きが，後に早期離学に対応するためのセクター横断的な法的枠組みを構築したともいえるだろう。

　こうした経緯からも明らかなように，SAS の予算は若者支援を目的とした福祉セクターと教育セクターがそれぞれ半分を分担するかたちで支出されている。このことは，SAS の性格・役割を福祉的な側面と教育的な側面をあわせもつものにしているという点でも重要である。SAS で提供されるサービスの利用はすべて無料であり，教職員の給与は公務員の福祉職の俸給表に基づく額が公費から支払われている。

　現在，ワロニー・ブリュッセル連盟全体で 12 の SAS が運営されており，そのうちブリュッセル首都圏地域内には 3 施設がある。次節では，筆者が 2024 年 2 月下旬に行った 3 施設における現地調査の結果を踏まえつつ，ブリュッセル首都圏地域内の SAS の実践について，より詳しく検討していく。

11）SAS Parenthèse の公式ウェブサイト（https://sas-parenthese.be/wp-content/uploads/2023/09/genese.pdf）より（2024 年 10 月 18 日最終確認）。

12）2024 年 2 月 23 日に筆者が SAS Seuil の施設長 Camille Alarcia 氏に対して行ったインタビューより。

13）SAS Bruxelles Midi の公式ウェブサイト（https://sasbxlmidi.net/service-accrochage-scolaire/）より（2024 年 10 月 18 日最終確認）。

4 「介入」段階における教育実践

● 4-1　SAS におけるプログラムの概要：創る，考える，議論する，行動する

　表 4-2 に示したのは，ブリュッセル首都圏地域に所在する 3 施設の概要である。SAS への入所ルートは多様である。生徒自身あるいはその保護者が SAS に直接連絡する場合もあれば，DIAS や CPMS（表 4-1 参照）または学校などの教育機関からの照会を受けて対応する場合もある。SAS での受け入れの決定にあたっては数度にわたる面談が行われ，非常に慎重かつ丁寧な手続きが踏まれる。これは，SAS が少年司法の枠組みによる強制型のプログラムではなく，あくまでも生徒本人の同意と意思に基づいて実施されるものであることが関係している。つまり，生徒自身が SAS のプログラムを通じて自らの困難と向き合うことに同意できるかどうかが受け入れの大前提となる。

　表 4-2 で示している通り，いずれも生徒の受け入れ定員は 20 名前後と小規模であること，生徒一人当たりの指導員が 3〜4 人と手厚い指導体制が設けられていることは共通している。3 施設のうち①②は集団プログラムと個別プログラムの二種類を設けており，それぞれに定員が存在する。たとえば②の施設では，集団プログラムの定員が最大 16 名，個別プログラムが最大 5 名となっている。個別プログラムとは，主に 15〜16 歳以上を対象としており，個々の職業キャリア形成のために連携先の企業でインターンシップを行う就業型のプログラムである。個別プログラムに登録する生徒は，集団プログラムに登録する生徒との交流や共同活動は行わず，担当指導員とのフォローアップのため週 1 回程度 SAS に通う[14]。一方，③の施設は，

表 4-2　ブリュッセル首都圏地域における SAS の概要
（各施設でのインタビューおよび提供を受けた資料などを基に筆者作成）

	① SAS Parenthèse	② SAS Bruxelles Midi	③ SAS Seuil
生徒の定員（総数）	最大 25 名	最大 21 名	20 名程度
個別プログラム	有（数名）	有（最大 5 名）	無（同一プログラム）
指導員の数	6 人	12 人	7 人
カリキュラム上の特徴	アートなど	アート・演劇など	シチズンシップ

14) 2024 年 2 月 22 日に筆者が SAS Bruxelles Midi の指導員 Jean-Philippe Fontaine 氏に対して行ったインタビューより。

第 4 章　ベルギー・ブリュッセル首都圏地域の早期離学対策における「予防」と「介入」戦略

表 4-3　SAS Bruxelles Midi における集団プログラムのカリキュラム
（2024 年 3 月 4 日に SAS ruxelles Midi の指導員 Jean-Philippe Fontaine 氏より受け取った資料より）

月曜日	火曜日	水曜日	木曜日	金曜日
プラスティック・アート	パペット		音楽	ビデオ制作
サーカス	ダンス	教職員会議	ライティング	都市アート
休憩			休憩	
シチズンシップ	演劇		身体と声	スポーツ

　かつて集団と個別に分離したプログラムを展開していたが，教育上の観点から数年前にプログラムを統一化したため，現在はすべての生徒が同一のプログラムに参加している。ここでは，統一的なプログラムの中に集団的な活動と個別的な活動が含まれる[15]。

　続いて集団的な活動を詳しく検討する。集団プログラムはそれぞれの施設ごとに特徴あるカリキュラムが組まれており，終日制となっている。表 4-3 は SAS Bruxelles Midi におけるある週の集団プログラムのカリキュラムである。教職員会議が開かれる水曜日を除いた週 4 日，毎日 9 時から 15 時 30 分が活動時間となっており，プログラム開始前には生徒がミーティングルームに集合し，その日の活動内容などについてのブリーフィングが行われる。生徒は時間通りに来所することが求められ，遅刻した場合は「遅刻理由書」を提出する必要がある。

　表 4-3 のカリキュラムはすべて，個々の生徒が自らの困難と向き合い，課題を解決するための道筋を発見していくことを目指して組み立てられており，互いに連関してもいる。たとえば月曜日午後の「シチズンシップ」では集団でのラジオ制作を通じて，自らの考えや気持ちを整理し自らの言葉で発信することを目指している（図 4-3 参照）。「演劇」では，身近なテーマからストーリーを構想し，グループで完成させていく。これらの活動による作品や成果は，6 月に開催される成果発表会の場で保護者や関係者に対して披露される。これらの作品の一部は SAS 公式ウェブサイトでも閲覧可能となっている（章末の参考 URL を参照）。

　シチズンシップをカリキュラム上の特徴としている③の施設では，市民としての役割について議論したり実際に活動したりするプログラムが充実している。具体的には，路上生活者への炊き出しなどのボランティア活動，性的マイノリティの権利をめぐる課題をテーマとしたディスカッションなど，さまざまな内容が盛り込まれ

15）2024 年 2 月 23 日に筆者が SAS Seuil の施設長 Camille Alarcia 氏に対して行ったインタビューより。

図 4-3　SAS Seuil におけるラジオ収録のための部屋（筆者撮影：2024 年 2 月）

ている。

　各施設においては，このような集団的活動を重視する傍らで，1人の生徒に1人の担任を置き毎週個人面談を重ねることで，生徒がSASの活動を通して自らの課題とどのように向き合い，成長を遂げているのかを確認する時間も設けている。

● 4-2　SAS の役割と指導員の立場

　以上みてきたように，個々の課題に向き合いながらも，集団で生活を送ることを重視するというカリキュラム構成は，SAS立ち上げ当初から重視されてきたことであった。SASの発足にかかわってきた現 SAS Parenthèse の施設長モーリス・コーニル（Maurice Cornil）氏は，当時を振り返りながら，SASの構想を立ち上げたときの思いを次のように語っている。

　　私はフランス語とスペイン語の教師です。自分のキャリアを続けるなかで，学校へ登校しない 13, 14〜17 歳の生徒がいることを知りました。登校を拒否したり，学校で悪さをして学校から追い出されたり。そうした生徒と一対一で話してみると，彼らは困難を抱えているにもかかわらず多くのポテンシャルをもっていることに気づきました。しかしながら，彼らとかかわったり寄り添ったりする人たちは誰もいなかったのです。ですから，13〜17 歳の子どもたちにとっ

第4章　ベルギー・ブリュッセル首都圏地域の早期離学対策における「予防」と「介入」戦略

て，自分たちに寄り添ってくれる施設があるということを理解してもらえるように，この場所をつくったのです。[中略] 私は教師のひとりとして，生徒たちが1年，2年も家にとじこもったり，通りにいたり，ずっとビデオゲームをしたりする姿を見るのは耐えられなかったのです。私個人としては，それは社会や個人のモデルとしてうまく機能しないと思ったのです。そこで私は大いに闘いました。こうした生徒を教育する方法を見つけるために。そして，生きるための教育をするということも重要だと感じていました。つまりグループを作るということです。[中略] 私としては，学校のように終日，集団生活するというという経験を与えたかったのです。若者の社会化，つまり社会生活について学ぶという目的のためです。[16]

若者一人ひとりに寄り添いながら，同時に集団生活を通じて社会や学校へと再接続していくという福祉的な側面と教育的な側面をあわせもつ SAS の役割がここに明確にみえてくる。当然ながら，このような組織においては生徒と指導員との関係をいかに築くかが何よりも重要になる。SAS Bruxelles Midi の指導員は，最初の面談時において生徒と向き合うときの姿勢について次のように述べた。

　　最初の面談で，互いのことを紹介しあいます。私たちがどんな人間かについても。私自身のプライベートについては語りませんが。心がけているのは，私たちがその辺りの大人ではないということを伝えることです。というのも，彼らはしばしば大人のせいで学校の問題を抱えてきたからです。あるいは大人のせいで家庭での問題を抱えてきたのです。路上においても同様です。ですから，私たちは警察（policier）でも，司法（juge）でも，教師（prof）でも，学校の校長でもありません。私たちはそれ以外のだれかです。そのことを最初に理解してもらうようにしています。[17]

　この指導員の語りにみられるように，SAS に通う若者のなかには，周囲の大人たちから身体的・心理的な暴力や虐待を受けてきた者も多く，特に女性の場合，性的虐待や性暴力を受けた経験を持つ場合もめずらしくない。自宅において安全が確保

---

16) 2024年2月15日に筆者が Maurice Cornil 氏に対して行った zoom インタビューより。
17) 2024年2月22日に筆者が SAS Bruxelles Midi の指導員 Jean-Philippe Fontaine 氏に対して行ったインタビューより。

されない場合には，一時滞在施設や里親家庭などから SAS に通学することもある。
このようななかで，指導員たちが若者にとって信頼できる関係性を築くために努力
を続けることは，SAS での若者たちの生活や学びのプロセスを左右する重要な鍵
となるといっても過言ではない。

　筆者は同施設における成果発表会の予行練習の日に半日の参与観察をする機会を
得た。そこで生徒と指導員のやりとりを観察するなかで，彼ら・彼女らがほかの誰
でもなく，「指導員（animateur/animatrice）」という立場で若者にかかわることに誇
りとやりがいを感じ，日々の業務にあたっているということがみてとれた。

　このように，草の根運動から始まった SAS は，今やベルギーのフランス語圏に
おいて，学校や家庭などの環境において様々な困難を抱えてきた若者たちに寄り添
い，励ましながら，再び学校や社会と接続できるよう支援する場として欠かすこと
のできない重要な役割を果たしている。現在も SAS のニーズは増大し続けており，
SAS の施設数はそのニーズに追い付けていない。待機者リストが 200 人を超える
施設もある[18]。施設数の不足は，今後の課題の一つとして認識されているが，現状
の手厚い支援の枠組みを維持しながら増大するニーズにいかに対応していくのかが
問われている。

5　おわりに

　本章では，ベルギーのブリュッセル首都圏地域における主要な政策のうち，フラ
ンス語圏で展開されてきた早期離学の「予防」と「介入」の取り組みに焦点を当て
ながら，特に AMO と SAS という 2 つの取り組みの概要と特徴を明らかにするこ
とを試みてきた。これらの取り組みは単独で機能しているわけではなく，早期離学
の予防あるいは介入を目的としたフランス語圏の他の活動や制度と密接に連携しな
がら展開されている。その一方で，同じブリュッセル首都圏地域においても，オラ
ンダ語圏との知見の共有や協力関係はあまり見受けられない。紙幅の都合上，本章
ではベルギーにおけるこうした複雑な早期離学政策のより詳細な内実については十
分に論じることができなかったため，いずれ稿を改めて論じることとしたい。

18）2024 年 2 月 15 日に筆者が Maurice Cornil 氏に対して zoom 上で行ったインタビューより。

第4章　ベルギー・ブリュッセル首都圏地域の早期離学対策における「予防」と「介入」戦略

【引用・参考文献】

藤井穂高（2023）.「ベルギーにおける幼児教育の義務化― 2019 年法の立法者意思の検討」『筑波大学教育学系論集』47(2), 29-43.

見原礼子（2024）.「過激主義と向き合うということ―ブリュッセル・モランベークにおけるテロ事件後のコミューン再生に向けた歩み」伊達聖伸・見原礼子［編］『西洋における宗教と世俗の変容2 イスラームの定着と葛藤』勁草書房, 189-213.

AMO Atouts Jeunes (2023). *Rapport d'activité 2022*, AMO Atouts Jeunes.

Baye, A., Chenu, F., Crahay, M., Lafontaine, D., & Monseur, C. (2014). *Le redoublement en Fédération Wallonie-Bruxelles*. Université de Liège.

Bureau fédéral du Plan (2023). Décrochage scolaire(i22) 〈https://indicators.be/fr/i/G04_ESL/#:~:text=En%202022%2C%20la%20part%20de,%C3%A Atre%20ramen%C3%A9%20%C3%A0%20z%C3%A9ro%20pourcent.〉(2024 年 10 月 2 日最終確認)

Fédération Wallonie-Bruxelles/Ministère Administration générale de l'Enseignement (2024). *Les indicateurs de l'enseignement 2023*, 18ᵉ édition, Fédération Wallonie-Bruxelles/Ministère Administration générale de l'Enseignement.

Juchtmans, G., Mazrekaj, D., Meert, C., De Rick, K. & De Witte, K. (2018). *Décrochage scolaire en Région de Bruxelles Capitale: Vers une stratégie coordonnée et partagée de lutte contre le décrochage scolaire en Région de Bruxelles-Capitale*, KU Leuven.

La Commission consultative Formation-Emploi-Enseignement (CCFEE) (2014). *AVIS 115: Pour une stratégie intégrée de prévention du décrochage et de lutte contre l'abandon scolaire précoce (ASP) à Bruxelles*, CCFEE.

Mathys, C., Véronneau, M.-H., & Lecocq, A. (2019). Grade Retention at the Transition to Secondary School: Using Propensity Score Matching to Identify Consequences on Psychosocial Adjustment, *Journal of Early Adolescence*, 39(1), 97-133.

Netwerk Samen tegen Schooluitval Brussel (2022). *Wegen naar je toekomst: Je gids in je zoektocht naar een diploma, opleiding of werk*, Netwerk Samen tegen Schooluitval Brussel.

OECD (2020). PISA 2018 Results (Volume V): Effective Policies, Successful Schools, PISA, OECD Publishing.

OECD (2023). PISA 2022 Results (Volume II): Learning During‐and From‐Disruption, PISA, OECD Publishing.

OECD (2024a). Public spending on education (indicator), OECD Publishing.

OECD (2024b). Students per teaching staff (indicator), OECD Publishing.

RTBF (2024). Seulement 6,2% de décrochage scolaire en Belgique : les chiffres sont-ils sous-estimés? 〈https://www.rtbf.be/article/seulement-62-de-decrochage-scolaire-en-belgique-les-chiffres-sont-ils-sous-estimes-11350681〉(2024 年 10 月 2 日最終確認)

Vlaamse Regering (2016). *Conceptnota: 'Samen tegen Schooluitval*, Vlaamse Regering.

【参考 URL】

SAS Bruxelles midi の生徒が制作したラジオ音源：http://lesasbruxellesmidi.be/radio/
SAS Parenthèse のアトリエの様子をまとめた動画：https://sas-parenthese.be/videos/
SAS Seuil の活動概要を示した写真：https://admin962978.wixsite.com/seuil/actions-citoyennes

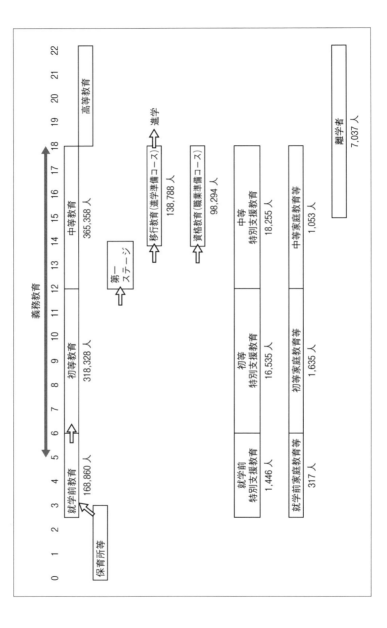

ベルギー・ワロニー・ブリュッセル連盟の教育制度（図）（人数は各教育段階等における該当者数，2021-2022年度）
(Fédération Wallonie-Bruxelles/Ministère Administration générale de l'Enseignement (2024) より筆者作成)

88

第**5**章 オランダにおける早期離学の
予防・介入・補償
ロッテルダムの学校と地域の若者支援
ネットワークを事例に

福田紗耶香

1 はじめに

● 1-1 ロッテルダムの風景

　本章で取り上げるのは，オランダ国内で首都アムステルダムに次いで二番目に人口が多く，世界最大級の貿易港である港を擁するロッテルダムである。第二次世界大戦中の爆撃で歴史的建造物が破壊されたこともあり，街中には近代的な高層ビルが立ち並んでいる。ロッテルダムの中心地を歩いていると，多国籍のレストランがあり，多様なバックグラウンドをもつ市民とすれ違う。オランダでは人口の約 25％が移民背景をもつとされるが，ロッテルダムでは約 53％（35 万 2,405 人）の人が，少なくとも一方の親が外国生まれの背景をもっており，そのうち非西欧系移民の背景をもつ人が約 73％である（CBS 2024）。そして，こうした非西欧系移民背景をもつ人びとの教育達成における不利さは長年の課題とされてきた。新規早期離学者割合の推移をオランダの四大都市で比較すると，ロッテルダムが最も高い（図 5-1）。しかし，翌年も早期離学状態である者の割合を比較すると，他の都市よりも改善があることが予測される（図 5-2）。このため，本章はロッテルダムの事例を取り上げる。

　ロッテルダムの早期離学対策を見ていく前に，オランダの教育制度と早期離学者の定義について概観する。オランダの義務教育は，5 歳から 18 歳までである。より正確には，義務教育法により 5 歳から 16 歳までは就学義務，そして 16 歳から 18 歳までの若者で基礎就業資格をもたない者には資格取得義務が課されている。資格取得義務は，若者の早期離学を防ぐために中央政府が講じた措置の 1 つである。この就学義務や資格取得義務の対象となる青少年が免除の理由なく学校に在籍しない場合，義務教育監督官が事情聴取し就学を促す。

　オランダの早期離学者を捉える上で鍵となるのが基礎就業資格である。労働市場に出るために必要最低限の資格のことを意味し，具体的には，少なくとも MBO

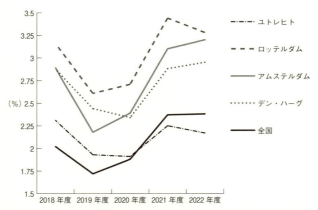

図 5-1　四大都市における新規早期離学者割合の推移（教育・文化・科学省教育行政機構の情報を基に筆者作成。Dashboards voortijdig schoolverlaten（vsv）en jongeren in een kwetsbare positie（jikp）〈https://informatieproducten.duo.rijkscloud.nl/public/dashboardvsvopen/〉（2024 年 5 月 31 日最終確認））

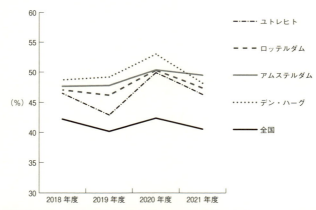

図 5-2　四大都市における翌年も早期離学状態にある者の割合の推移（教育・文化・科学省教育行政機構の情報を基に筆者作成。〈https://informatieproducten.duo.rijkscloud.nl/public/dashboardvsvopen/〉（2024 年 5 月 31 日最終確認））

（中等職業訓練教育）のレベル 2（MBO-2），HAVO（一般中等教育），または VWO（大学準備中等教育）を修了していることが条件となる。この条件の下，基礎就業資格を有することなく教育・訓練を受けていない 12〜23 歳の若者が早期離学者として定義されている[1]。

第5章　オランダにおける早期離学の予防・介入・補償

● 1-2　オランダの早期離学の特徴と政策概要

　Eurostat が発表した 18-24 歳の早期離学率では，2023 年の EU 平均が 9.5% であるのに対しオランダは 6.3% と，EU の目標値である 9% 未満を実現している（Eurostat 2024）。

　1990 年代〜2010 年代に展開された主たる対策は，予防・介入的措置が中心であった。政策編においては，各自治体が独自の早期離学に関する政策を実施できる枠組みが構築されたことや，地域申告・調整機能（RMC）による早期離学者数のデータ化と早期離学者のモニタリングの枠組みが設置された経緯，中等職業教育訓練校の低次レベルや移民背景をもつ集団において特に深刻な早期離学の問題が明らかにされてきた（見原 2021）。図 5-3 に示されるように早期離学者の多くが MBO 学生に集中していることから，オランダの早期離学政策は特に MBO での早期離学予防・介入に重点が置かれてきた。

　では，早期離学対策の現場でこれらの政策はどのように実現されているのだろうか。次節で具体的な事例を基にその実態を把握する。

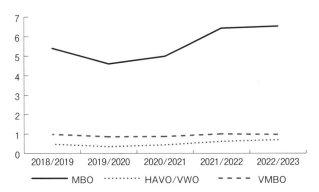

図 5-3　教育機関別新規早期離学者の割合の推移（教育・文化・科学省教育行政機構の情報を基に筆者作成。〈https://informatieproducten.duo.rijkscloud.nl/public/dashboardvsvopen/〉（2024 年 4 月 9 日最終確認））

1）学校体系の詳細については，見原（2021）を参照されたい。

2 本章で扱う事例の予防・介入・補償としての位置づけ

　見原（2021）でも明らかにされたように，オランダでは学校と地域の連携によって早期離学者が追跡されるシステムが成熟している。この連携の要となっているRMCは2023年から「フロースルーポイント」へ改名された。現在，フロースルーポイントは全国に41か所設置されている。各行政区画内で学校と基礎自治体が早期離学対策や脆弱な若者の指導に関する共同協定を結び，地域ごとに異なる対策をとっている。ロッテルダムのフロースルーポイントは，ロッテルダム市庁舎の組織内に位置づけられ，20人のチーム体制で早期離学の若者を支援している。チームの具体的な構造や活動については後述する。

　今回事例として取り上げるロッテルダムでは，学校での介入だけでなく早期離学した後の若者への支援もフロースルーポイントチームによって実施されている。これは欧州委員会の枠組みで見れば補償にあたると考えられる。ロッテルダム地域におけるMBO学校の内部と外部の予防・介入・補償措置を大まかに整理したものが図5-4である。濃グレー部分がMBO学校内での予防・介入措置であり，16歳以上の学生が対象となる。一方，義務教育年齢の18歳未満の学生の早期離学の介入・補償は，薄グレーで示した範囲で，学校内でも外でも義務教育監督官の担当である。そして，18歳を超える若者への対応は黒色で示した部分であり，学校内外でフロースルーポイントチームが対応している。長期欠席の学生及び退学した学生に対するフロースルーポイントや義務教育監督官の対応が補償措置と位置づけられるだろう。

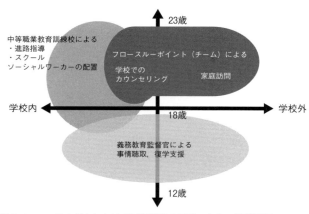

図5-4　ロッテルダムにおける早期離学の予防・介入・補償措置（筆者作成）

第 5 章　オランダにおける早期離学の予防・介入・補償

表 5-1　インタビュー対象者

所属	名前	職位	インタビュー日時
MBO 学校アルベダ	アナリスさん	学校ポリシーアドバイザー	2024 年 2 月 12 日
	ニナさん	スクールソーシャルワーカー	2024 年 2 月 9 日
	エスターさん	教育アドバイザー	2024 年 2 月 12 日
フロースルーポイント	リリーさん	クオリティ・オフィサー	2024 年 2 月 13 日
	チャンタルさん	コーチ（学校担当）	2024 年 2 月 8 日
	ソリマンさん	コーチ（家庭訪問担当）	2024 年 2 月 9 日

　早期離学者とは学校の内と外を移動する存在である。学校内外を移動する対象に
いかにたどり着き，学校と地域はどのように連携しながら若者を支援しているのだ
ろうか。以上の問いを念頭に，本章ではロッテルダムにおける早期離学の予防・介
入・補償の実態について，支援に関わる教員や支援員の視点に着目しながら検討す
る。

　学校内部について把握するため，ラインモント地域に位置する MBO の学校であ
り，早期離学対策としてスクールソーシャルワーカーが活躍しているアルベダで聞
き取り調査と少人数指導の様子の観察を行った。聞き取り調査は，スクールソーシ
ャルワーカーとして勤務するニナさん，学校ポリシーアドバイザーのアナリスさん，
同校の試験や単位に詳しい教育アドバイザーのエスターさんに半構造的インタビュ
ーを行った。次に，学校外部での支援実態の把握のため，ラインモント地域のフロ
ースルーポイントチームの支援実践に参加した他，フロースルーポイントチームの
クオリティ・オフィサーであるリリーさんや，現場で若者に関わっているコーチ 2
名（チャンタルさんとソリマンさん）に半構造的インタビューを行った。

　以下では，予防措置を担う学校の支援の実態と介入・補償措置を担うフロースル
ーポイントの支援の実態を検討する。最後に，学校内外での支援実態を踏まえ，支
援アプローチの共通点や，早期離学問題を通じて明るみになりつつある課題と良い
支援に見られる共通の価値を，教員や支援者の視点から考察する。

3　学校内での早期離学の予防

● 3-1　MBO 学校アルベダの概要

　MBO の学校ともなると，さまざまな職種につながる専門コースを提供しており，

図 5-5　中等職業教育訓練学校「アルベダ」の校舎（筆者撮影：2024 年 2 月）

それぞれの専門に必要な設備もあるためキャンパスがいくつもある。MBO 学校であるアルベダが所有する校舎は 26 あり，そのうち 16 か所が基礎自治体ロッテルダムの中心部に点在している。アルベダは，6 つの異なるカレッジから構成されている。主な分野としては，経済，社会・教育，スタートアップ（言語と統合），福祉，ホスピタリティ，美容・スポーツ・エンターテインメントが提供されている。学校全体の規模としては 2022 年度で約 2 万 1,000 人の学生が在籍している。アルベダのパンフレットには，学校のモットーとして「アルベダがトーン（音調）を決める！」と書かれており，学校の中核目標には安心できる雰囲気の中で人とのつながりを大切にすること，個人の能力を最大限に発揮できる機会を提供すること，約束を実行し行動に責任をもつことが掲げられている。

　アルベダが立地するラインモント地域は，2022 年度の新規早期離学者が 7.75％ と，アムステルダム近隣地域（8.6％）に次いで二番目に早期離学者が多い地域である。教員たちは，「大都市だから他にはないさまざまな深刻な問題がある」と口にする。ラインモント地域の新規早期離学者の割合が多い MBO 学校のトップ 10 の中にアルベダは入っており早期離学対策にも力が入れられている[2]。この学校では，特に困難な MBO レベル 1 とレベル 2 の学生を支援するために，基礎自治体から補助金を受けて，教科科目の教員の他にスクールカウンセラーやスクールソーシャルワーカーを雇用している。彼らは，学生たちの日々の細かな変化にも対応できるようにクラスにいる身近な存在として学校で勤務している。その他にも，入学前から在学中まで相談ができる学習インフォーメーション室や，専門の選択を後悔したり，悩んだりする学生が相談できるスタッフも常駐する。早期離学者が多いだけに，学校内にも相談のハードルを下げる工夫が幾重にもされているのだ。

---

[2] 教育・文化・科学省教育行政機構（Dienst Uitvoering Onderwijs）のデータより。Dashboards voortijdig schoolverlaten（vsv）en jongeren in een kwetsbare positie（jikp）⟨https://informatieproducten.duo.rijkscloud.nl/public/dashboardvsvopen/⟩（2024 年 11 月 26 日最終確認）

第 5 章　オランダにおける早期離学の予防・介入・補償

● 3-2　カリキュラムとディプロマ取得要件

　MBO はレベル１から４まで分かれており，レベル１は主に中等教育の卒業資格をもたない学生にとってのスタート地点となっている。詳しくは見原（2021）を参照されたい。そして，HAVO や VWO に在籍していたとしても，卒業資格をもたずに中退した場合 MBO のレベル１に入学することになるが，基礎就業資格はレベル２以上でなければ得られないため，レベル１の後にレベル２へと進む学生も多い。とはいえ，レベル２の卒業でも安定した職を得ることは難しいようである。アルベダの教員は「レベル２の場合……非常に難しいと思います」と語る。一方でレベル３を卒業すると満足のいく仕事に就けるため，多くの学生がレベル３まででやめることが多いそうである。レベル４を卒業すると高等職業訓練学校（HBO）への進学も可能である。レベル間や分野間の転向も制度上可能だが，編入できる時期が限られているという問題がアルベダでも議論されている。

　アルベダの授業は１コマ 45 分で，１週間の時間数としては，オランダ語，英語，数学などの教科に５時間，職業の理論と実践に 10-12 時間程度，シティズンシップ教育に２時間，進路指導に２時間が割り当てられている。主にディプロマ取得のための指導を行う時間だが，スクールソーシャルワーカー教員が学生たちの様子を観察し相談に乗る時間でもある。筆者が観察した授業はこの進路指導の授業にあたる。

● 3-3　職業教育訓練校における脆弱な若者の支援実態

　アルベダでは，各クラスに１～２人のクラス担任がおり，クラスの外には進路相談室がある。進路相談室にはスクールソーシャルワーカーなどが常駐している。学生が自らここにきてくれることもあるが，多くは一人で悩んでいるため，クラス担任が学生をよく観察してサインを発見したら進路相談室の教員に相談する。しかし，多くの教員が多忙のためそれにも限界がある。したがって，最も早期離学リスクの高いレベル１とレベル２のクラスには，重点的に「ワークショップとしての教室（Klas als Werkplaats）」プロジェクトの教員としてスクールソーシャルワーカーが入り，学生たちの方に歩み寄って変化によく気づけるような体制になっている。

　アルベダが採用しているスクールソーシャルワーカーには教員資格や臨床心理士など特定の資格は必要ない。進路指導の時間にはクラス担任とともにクラスの中に入る。アルベダでは，予防的な働きかけを心掛けており，進路相談室を訪れ，学校内で支援を受けることができるようにしているとアナリスさんは語る。

　このように，学校の内部で早期離学を予防するように努めているが，それが上手

図 5-6　アルベダの校舎 1 階にある進路相談室
（筆者撮影：2024 年 2 月）

くいかない場合は，外部のフロースルーポイントと連携しながら学生が然るべき支援を受けられるところにつなげることになる。学校にとって困難なのは，フロースルーポイントはそれぞれ異なる政策とアプローチをもつため，学生の居住地区によって合意内容が異なるという点である。

　アナリスさんによれば，これまで政府はとにかく学校に戻すことに注力してきたため学校と行政が協力していたが，現在進行中の法改正により今後は労働市場とも協力することになる見込みだ。学校が嫌で中退する学生や深刻な問題状況でどうしようもなく中退する学生もおり，そういった学生はディプロマ未取得のまま不安定な仕事に就くが，そんな若者をいくら学校に戻そうとしても難しいという。したがって，持続可能な就労支援も早期離学対策に新たに加わる見込みである。

● 3-4　進路指導授業の様子

　金曜日の 11 時頃からニナさんが担当するクラスの進路指導授業の様子を見学させてもらった。小規模な教室で，前方にホワイトボードと電子モニターがあり，教室には 13 人の学生が机に向かっている。レベル 2 のクラスで，学生の年齢は 16 歳から 23 歳と幅がある。教室前方のホワイトボードには，インターンシップ中の手続きや，インターンシップ中の試験内容などが書かれていた。

　担任の先生が「この前試験合格の要件をみんなにメールで送ったよね」と話す。そして学生一人ひとりにポストイットを 3 枚ずつ渡し，基礎レベルの実地試験に合格するには，具体的に何ができないといけないかを書かせていた。学生たちは週に 3 日間介護福祉等のインターンシップをしており，月曜と金曜は学校で授業を受けている学生たちだ。インターン中に単位に関わる試験があるため「在庫管理のアシスタント」や「簡単なメンテナンスの実施」について具体的にどんな行動が必要か，学生たちに考えさせていたのである。

　学生たちの様子はというと，イヤホンを付けたままだったり，スマホをさわっていたり，机にはエナジードリンクやお菓子が置かれている。おしゃべりも多く終始

第5章　オランダにおける早期離学の予防・介入・補償

ざわざわしているが，担任の先生は気にも留めず話を進めていく。学生たちも話を聞いていないようでありながら，先生の問いかけには答え，話を聞く様子も垣間見えた。ニナさんは何度か「これだから先生はとても大変なんですよ」「集中するのが難しいんです」とあきれ顔をしていた。たしかによく動き回る様子は見られたが，先生を挑発するような学生はおらず，年頃の若者という印象だ。どちらかというと，先生にかまってほしいような様子で話しかけたり質問する学生も数名いて，クラスの雰囲気も明るく感じられた。クラス担任やスクールソーシャルワーカーとの距離が近いからなのかもしれない。

● 3-5　スクールソーシャルワーカーの役割

　アルベダでは，「ワークショップとしての教室」プロジェクトの一環でスクールソーシャルワーカーのような役割の教員が勤務している。スクールソーシャルワーカーは，クラス担任と明確な役割分担がある。それは，ニナさんの語りにも一貫して表れていた。

　　私たちはロッテルダムに住んでいて，大都会だから問題も多いし，多くの家族が……大家族で経済的な問題もあって……だから学校に行くのが難しいこともあります。クラス担任がすることは教育に関してできることすべてで，スクールソーシャルワーカーは教育とは関係なく，彼らが学校になかなか行けないような問題……たとえば家庭内暴力，経済的問題，うつ病，モチベーションの問題などに関わることです。［中略］問題を抱えているときに学校に行くのはしんどいですから。（ニナさんへの聞き取り調査より）

　見学した進路指導の授業でも，クラス担任がインターン先での実地試験について指導しているのに対し，ニナさんは学生たちの様子を見ながらフォローをする役割にように見えた。ニナさんにスクールソーシャルワーカーとして重要なことを尋ねると，スクールソーシャルワーカーは，よりインタラクティブに学生と密接な関係を築かなければならないという。

　　「あら，元気そうね」とか「今日は調子どう？」「よく眠れた？」「週末はどうだった？」など，些細なこと（問いかけ）の中に彼らの姿が見えるんです。［中略］レベル2の学生たちは，自分が見えていると感じるからこちらに来てくれるの

97

で，それ（気にかけられていると感じること）は大事だと思います。（ニナさんへの聞き取り調査より）

ニナさんの語りから，教育指導を行う担任のクラス担任に対し，スクールソーシャルワーカーは，教育以外のすべての不安や心配事，良いことも悪いこともなんでも話せる心理的距離の近い存在であることが求められていることがわかる。

● 3-6　ロッテルダムの職業教育訓練校が抱える課題

MBO のアルベダでインタビューをする中で，大都市ロッテルダムの職業教育訓練校が抱える課題も見えてきた。

1つ目は，16 歳で職業選択をすることの難しさである。オランダの職業教育訓練校に進学する場合，16 歳でどの職業の訓練を受けるのか選択しなければならない。ニナさんやアナリスさんも 16 歳という若い年齢での職業選択について難しさを感じている。また，若者たちがもつ職業イメージとカリキュラムのギャップが大きい場合もあり，それが早期離学のリスクとしても認識されていた。こうした課題から，アルベダでは入学前から進路相談を受けるスタッフや，在学中に自分の進路選択に違和感を覚えている学生が 5 週間にわたり集中的に自分自身や将来について考えることを支援するようなスタッフも在中している。

次に，転コースやトラック変更において制度的な障壁があることである。アルベダでは，9 月か 2 月に入学が可能だが，すべてのコースで 2 月期入学ができるわけではなく，転コースの際に 9 月まで待たなければならないことが問題視されている。これは転コースだけでなく，アルベダ内でのレベル間（レベル 1 からレベル 4 まで）の移動も同様である。アナリスさんは次のように話している。

本校では多くの人がレベル 1 からレベル 2 に移行していると思います。［中略］でも問題は，レベル 1 が半年しかないことです。もし 3 月に修了したら，9 月まで待たなければなりません。それが問題なのはわかっていますが，まだ解決していません。（アナリスさんへの聞き取り調査より）

進路変更時の待機時間の問題については，ファン・プラーフら（2018）や，政策における指摘とも一致していた。

最後に，地域が抱える問題である。ロッテルダムという大都市であるからこそ，

第 5 章　オランダにおける早期離学の予防・介入・補償

さまざまな深刻な問題があると話す時，アルベダの先生たちの声のトーンが変わる。「問題が多すぎて……本当に学校に集中できないんです」や「問題を抱えているときに学校に行くのはしんどい」など，さまざまな理由で学校に集中できない学生がいることを先生たちが語る時，とても静かなトーンで，どうしてあげたらいいのかわからない，というような葛藤を含んだ雰囲気に変わるのだ。フロースルーポイントのリリーさんも，学校どころではない若者たちの実情について，路上生活や誰かの家を転々としながら，宿題をする心の余裕もなくシャワーを浴びることもできないまま翌朝にまた学校に戻る若者について語ってくれた。学校内外のほとんどすべてのインタビュイーがこのことについて触れており，教育と福祉が絡み合う領域であると痛感させられた。

4　学校外での早期離学の介入

　前節では学校内での支援についてみてきた。本節では，学校と関わりながら学校外の支援がどのように実施されているのかを見ていく。

● 4-1　フロースルーポイントの組織概要と位置づけ

　ラインモント地域を担当する「フロースルーポイント」は，ロッテルダム市庁舎の組織内に位置づけられる。さまざまな部署と連携しているが，社会開発部の中にある学習権・支援課に属している。これは就学義務と関係する。理由なく長期欠席する場合はこの課の職員から連絡があり，それでもなお欠席が続く場合は家庭裁判所で話し合うことになる。こうした役割の一部をフロースルーポイントが担っているため学習権・支援課に主に属しているのである。5歳から18歳までは義務教育監督官，18歳から23歳までがフロースルーポイントの担当である。2025年からは法律の改正により18歳から27歳までに拡大されるという。フロースルーポイントの職員は公務員である。

　ラインモント地域のフロースルーポイントは20人で1チームを作っており，そのうち13人のコーチは学校を回り，6人のコーチが家庭訪問を担当する。コーチにはHBO以上のディプロマが必要だがその他の資格は必要ない。「より重要なことは，人とうまくやれる人」だとリリーさんは強調する。そして，コーチに求められる資質として，今できることできないことや得意不得意は問題ではなく，自分について自覚的で，自分自身を振り返り見つめる勇気があり，学び上手であることが重要だ

と話す。

　このような条件下でチームの一員になったコーチたちは，どのように若者と向き合っているのだろうか。実際に行われる学校内支援や家庭訪問について説明する。

● 4-2　学校内支援

　フロースルーポイントへ学生がつながる機会の1つは学校内である。学校を中退するリスクのある18歳以上の学生がその対象だ。18歳未満の場合，各学校を担当する義務教育監督官が対応する。フロースルーポイントのコーチとして学校で働くチャンタルさんはもともと市役所で義務教育監督官として5年間勤めた。義務不履行の若者たちを最終的に家庭裁判所まで連れ出さなければならない状況を辛いと感じ，フロースルーポイントのコーチとして働くようになった。

　チャンタルさんはラインモント地域のいくつかの3つの学校を掛け持ちし，基本的に週に1回ずつこれらの学校に常駐し，いつでもチャンタルさんに相談ができるような体制になっている。これは学校職員も学生もどちらも相談可能だ。学校に定期的にいることにより，コーチとして何かできないか見守る役割でもある。

　ラインモント地域では，学生の無断欠席が続くようになった場合，「教育・文化・科学省教育行政機構（DUO)[3]」のシステムの中にあるフロースルーポイントの介入措置登録に学校が学生を登録することになっている。無断欠席についての登録があると，チャンタルさんはその学校に行き，「無断欠席の登録をされたようですが，この学生について詳しく話を聞かせてもらえますか？」と尋ねるそうだ。そして，その学校の教員たちにできる限り詳しく無断欠席の理由などを聞く。教員の見立てを聞いた後，当該学生に会って話をすることもある。教員チームに対し，無断欠席者が出た場合のラインモント地域での取り決めやプロトコルについて情報共有することもあるという。各地域によってフロースルーポイントの取り決めは異なるが，ラインモント地域における非公認の無断欠席者に対する取り決めは，図5-7の通り5段階に分けられている。

　このような無断欠席者への対応の取り決めは，学校と地域の協議の下，合意されている。学校の内と外で移動する若者に切れ目なく対応できるシステムとなっているが，フロースルーポイントの職員はそこに限界も感じている。フロースルーポイントは18歳以上の学校を退学した学生を本来対象としているため，ストリートに

---

3) DUOは，奨学金を提供したり，ディプロマの認定，試験実施をする機関である。

第5章　オランダにおける早期離学の予防・介入・補償

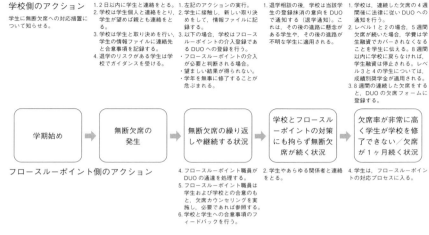

図5-7　ラインモント地域における学校とフロースルーポイントの長期欠席者対応手順
（チャンタルさんからの提供資料を基に筆者作成）

いる見えない早期離学者たちを発見したいと考えているが，現状としては予防策として学校への配置が多くなっている。しかも，学校内で「若者たちについて」学校職員と話すことが多く，「若者と」話す機会が非常に少なく，学校とのより良い協働関係を構築するために多大な労力と時間がかかってしまっていることをリリーさんは指摘する。そして，フロースルーポイントの本質的な役割についてもチーム内で再考されつつあるようだ。

> フロースルーポイントの本来の役割として，早期離学者とつながり続けることを大切にしたいんです。すぐに会えて，落ち着くまで見守り続けたいのに，今の状態では家庭訪問担当が少なく一人ひとりにかけることが出来る時間が短すぎるんです。（リリーさんへの聞き取り調査より）

● 4-3　家庭訪問

次に，学校を離れた18歳以上の若者に対する対応を見てみよう。
法的枠組み上，フロースルーポイントの役割は基礎就業資格を取得せずに学校の外に出た若者の支援がメインとなっている。このため，18歳以上の早期離学者の家を一軒ずつ回る家庭訪問によるアプローチも，ラインモント地域のフロースルーポ

イントの重要な仕事だ。筆者は，金曜日の午前中に家庭訪問担当のコーチであるソリマンさんとロッテルダム市庁舎で待ち合わせをした。ロッテルダム市の公用車に乗って，早速家庭訪問先に向かった。ロッテルダムで生まれ育ったソリマンさんは生粋のロッテルダム人で，ハガキに書かれた住所を見るとナビもつけずに迷いなく運転していった。

　社会福祉の勉強をしたソリマンさんは，10年にわたって青少年関係の仕事をしている男性だ。前職は保護観察所職員であり，2年前からコーチとして働いている。なぜコーチになったのか，その理由を尋ねると迷いなく「学校の存在を信じてるから」と答えてくれた。保護観察所で働く中で，予防が大事だと考えるようになったそうだ。「犯罪を犯す若者たちは，学校中退を経験していることが多く，学校に戻して基礎就業資格を取ることが大事だった。でも，そもそも中退を防ぐことができれば，犯罪に巻き込まれることもないと思うんだよね」とソリマンさんは語ってくれた。犯罪との関わりがいまいち理解できなかった筆者に対し，ソリマンさんはさらに説明をしてくれた。「(MBOの)レベル2以上のディプロマを取らないと基礎就業資格が得られず，これを取らずに中退する若者は本格的な仕事に就くことができないんだよ。基礎就業資格がなくても働くことはできるけど，給料が低かったり条件が悪かったりするのでよくない。そして基礎就業資格なしで犯罪に巻き込まれる若者も多い」だからこそ「対処より予防が大事だ」とソリマンさんは強調する。

　ソリマンさんによれば，家庭訪問の仕事内容は，主に①状況を確認すること（どこにいるのか，何をしているのか，どんなことで困っているのか，働いているのかなど）と，②「何か手伝うことができるか」探り，専門家につなげることであるという。問題を解決することではなく，あくまでも若者に心を開いてもらい，寄り添い，助けが必要であればしかるべき人や組織につなげることがフロースルーポイントコーチの役割である。これは，ソリマンさんもリリーさんも話していたことである。フロースルーポイントは18歳以上の若者を対象にしていることも大きく関わる。成人であるから本人に決定権があるというのが前提だ。選択するのは本人だが，いつでも相談できる相手となり，何かやりたいことや困ったことがあればすぐに手を差し伸べることができるようにするのがコーチの役割なのである。

　最初の訪問先までの道中「家庭訪問は毎回驚きがある」と少年のようにわくわくした顔でソリマンさんは話していた。「みんな違うんだよ，見た目もそうだし暮らしぶりも」と続ける。最初に訪問した若者は，学校を中退したものの別の勉強をしたいと希望しており連絡を取り合っていたものの，連絡が途絶えたので家庭訪問に

第5章　オランダにおける早期離学の予防・介入・補償

至ったケースだ。訪問先のアパートに着くと，ソリマンさんは迷いなくインターホンを押し，「ヘイ，ソリマンだよ！　元気？　中に入れてくれる？」と気軽な感じで話しかけていた。コーチが公務員であることは後から知ったのだが，終始行政職員らしからぬフレンドリーな雰囲気である。ドアの近くで本人と対面し，whatsappでメッセージ送ったんだけど返事がなかったから来たとソリマンさんが伝えると，若者は「ごめんなさい！」と申し訳なさそうに謝っていた。この若者は自分なりに今後のスケジュールを決めていることがわかったため，ソリマンさんは「学校に戻るときは連絡してね，手伝えるから」と声をかけていた。車内に戻ると，ソリマンさんは「○○さんはすでに専門的な支援につながっているから大丈夫だ。学校に戻ることになればまた自分がその手伝いをすればいい」と話していた。

　家庭訪問はすごくプライベートな領域であるし，特にオランダ社会にはなじみがないように思われた。難しくないのかとソリマンさんに尋ねると，「難しいよ，でも好きなんだ」と笑顔で答えてくれた。

　次の訪問先では，対象となっている若者本人が不在でその家族しかいなかったため，何も話すことはできなかった。アパートのエレベーターから車に戻るまでの間にソリマンさんは，「本人じゃないと話せない」とプライバシー保護規則について話してくれた。「相手が話してくれる分にはいいんだけどね，本人の話はできないんだ」というソリマンさんに対し，筆者が「親でも？」と聞くと，「そう，親でもだめ。18歳以上は成人だから本人が自分で決めることができるし，プライバシーも守られるんだよ」と話してくれた。

　車で市庁舎に戻り，車の中でインタビューを続けていると，先ほど訪問した若者からソリマンさんに電話がかかってきた。その若者は現在就労しており，今後の計画を話していた。その際，学校や就職以外の話も気軽にしているのが印象的だった。相手の旅行の話についても聞いたりしながら会話が弾み，最後には「学校申請するときいろいろ手伝えるから連絡してよね！」とソリマンさんが声をかけていた。

　家庭訪問の後にインタビューを続ける中で，ソリマンさんのコーチとしての信念についても見えてきた。コーチとして何が重要だと思うか尋ねた質問に対し，ソリマンさんは「本当であること（偽らないこと）」と強調して答えた。それによって信頼してもらうこと，安心を感じてもらうことが大事だと話す。これはアルベダのニナさんの話と一致していて驚いた。さらにソリマンさんは，相手を気に掛ける態度が一番大事だと話す。早期離学者のほとんどが学校でネガティブな経験をしているとソリマンさんは感じているという。そんな若者たちには「誰かが必要で……その

人に愛を与えてくれる誰かを見つけたい」と語っていた。しかし，そのための十分な時間がないことにもソリマンさんは葛藤を覚えている。また，早期離学リスクのある若者の中には質問したり対話する方法を学ばないといけない若者も多く，対話を手助けしてあげることで，若者がすっきりしたり前向きに未来に向かえるときソリマンさんはやりがいを感じるそうだ。

● 4-4　支援員の語りに見るフロースルーポイントの自律性

　フロースルーポイントのチームとして働くコーチたちから話を聞く中で共通して見えてきた価値観がある。それは「本物の関係」へのこだわりである。行政職員という立場上，若者からは，「また行政か，どうせ何もしてくれないんでしょ」と距離を置かれることも多い。だからこそ，フロースルーポイントのコーチたちは本気で若者に接することが求められている。

　　コーチたちは自分自身がオープンになることでそうする（安心感を与える）のですが，毎回，若者と［中略］本当にコンタクトを取るんです。［中略］そして，いつも驚かされるのですが［中略］若者たちに電話をかけたり，玄関の前に立ったりすると，その人はすぐに自分の話を全部してしまうんです。私は「私のこと全然知らないのに，どうして？」と思ってしまいます。［中略］若者たちにとって（コーチは）鏡になっているんですね。そして若者たちが「本当に私がどうしているか知りたいんだ」と感じたら，そう，彼らは心を開いてくれるんです。それはちょっと名誉なことだといつも思います。［中略］彼ら（コーチたち）は，若者たちがどんな人か，何に悩んでいるか，どんな選択を迫られているか，そしてどこをサポートできるか，一緒に考えることができるか，あるいは導いてくれる他の誰かを紹介できるか，知りたいと思っています。私たちは若者を助けるわけではないんです。彼らは自立した若者で，自分で決断します。だから，私たちは，若者に何をすべきか言うようなことはしません。私たちは若者の最も近くに寄り添い，若者たちが自分で次のステップをどうするのか決断するんです。そのために必要なのは，若者と本当に心を通わせることです。若者たちに，自分たちが本当に彼らに興味があって，彼らのことを知りたくて，そばにコーチがいるということを感じてもらうことなんです。（リリーさんへの聞き取り調査より）

第5章　オランダにおける早期離学の予防・介入・補償

フロースルーポイントの職員の間で，たびたび「本物の」という言葉が聞き取られた。若者に本気で向き合う，つまり，若者一人ひとりに対し，市役所職員としてではなく，自分自身として向き合い，本当に若者の希望を叶え，より良い方向につなげたいという価値観がチームで共有されていることが感じられた。

また，一貫した態度やその根底にある価値観がチーム内で共有されているだけでなく，このチームのヴィジョンは基礎自治体内の組織をも変えるものになりつつある。市庁舎内では通常トップダウン的に政策が決められるが，ラインモント地域のフロースルーポイントチームは，現場での経験が何よりも意味をもつと考えており，コーチ経験のある人材でチームが構成されている。そして，チーム全員で自分たちの使命と本当に必要な行動方針は何なのか話し合って決めている。若者支援の現場経験に基づいて，政策をより実現可能かつ「本物」にしよう，とコーチ経験者によるボトムアップの自律的な政策立案，組織マネジメントが行われているのだ。

5 切れ目ない早期離学者支援ネットワークの構築はいかにして実現可能か

ここまで，早期離学の予防・介入・補償措置として，学校内と学校外に分けてロッテルダムの事例を見てきた。先行研究（Keskiner & Crul 2018）に照らせば，オランダの学校内での予防・介入措置に当たる，早期警報システム，社会情緒・行動的支援，進路指導，早期離学予防のコンテクスト要因として，学生・教師間の支援的な関係性，包括的・多層的な専門的アプローチが見られた。アルベダでは，スクールソーシャルワーカーが示す，自分を気にかけてくれているという態度や親しみやすさ，相談しやすい環境づくり，教室の中で早期離学リスクを早期に発見する教職員のチーム体制を通じて早期離学が予防されているといえよう。また，フロースルーポイントコーチも学内に配属されており，学校と連携しながら早期離学の介入のためのカウンセリングをしたり，退学する場合は補償として切れ目なく就職や復学につながるように支援をしたりしている。先行研究に照らせば，カウンセリングや進路指導，教師と学生の支援的関係性はリスク因子を回避することに一定の役割を果たしていると考えられる。

一方，学校外ではフロースルーポイントチームが家庭訪問を通じてアプローチする方法がとられている。これは，学校外での補償措置といえる。家庭訪問の様子からは，若者自身の決定を尊重しつつ，助けが必要な時や新しい環境に踏み出す時は

いつでも助けを求めることができるような心理的距離を保つ努力がなされていることがわかった。そして，成人となった若者自身の決定を尊重するコーチらの姿勢から，基礎就業資格がないからと学校の内と外の間に若者を留めるのではなく，就労という選択によっても社会に包摂しうるという考えも見えてきた。

　このようにして見ていくと，オランダの早期離学予防・介入・補償においては，フロースルーポイントと呼ばれる行政内のチームが学校の内と外をつなぐネットワーキングの役割を果たしているように見える。しかし，このネットワークづくりには，学生の無断欠席情報や退学情報の登録を行う DUO の早期離学者登録システムが整備されていることが大きく寄与している。このシステムがあることで，学校内の教員と学校外のフロースルーポイントコーチが移動する若者たちを発見し，学校の内から外へ出る際に切れ目ない対応が取れるようになっているといえよう。

　以上を踏まえ，学校内外を移動する対象にいかにたどりつき，どのような支援を提供することが可能か，ロッテルダムの事例から考察してみたい。

　ロッテルダムの事例からは学校内外の切れ目ない支援ネットワークがあることが早期離学の予防・介入・補償策の実態として見えてきた。この切れ目ない支援のネットワークは，制度レベルと個人レベルで分けられる。制度レベルでは，無断欠席者や早期離学者の登録システムというツールによって若者の情報を共有できる状態が作られていることに加え，学校内での進路指導の充実や教員の役割分担などを通じて早期離学リスクを早期に発見できる体制ができている。また，学校外では行政内に設置されたフロースルーポイントチームの関与により早期離学者が放置され社会で孤立していくリスクが予防されている。そして，学校とフロースルーポイントチームが早期離学者対応のプロトコルに互いに合意し，協力体制を作っていることにより，移動する若者への支援が途切れない制度になっている。他方で，個人レベルで見れば，早期離学のリスクがある若者，あるいは早期離学者に関わる教員やコーチには共通する特徴がみられた。それは，フロースルーポイントコーチの語りに見られた「本物の関係」づくりである。アルベダのスクールソーシャルワーカーとフロースルーポイントのコーチたちの語りの中で，自己開示をしながら，本当にあなたのことが知りたいんだ，本当にあなたのことを考えている，という態度が重要であるという共通する考え方が読み取れた。そして，こうした態度が組織内だけでなく，学校の内と外で一貫しているのである。彼らは臨床心理士などの資格をもっているわけではない。ロッテルダムの早期離学対策に携わる者として資格やスキルよりも重視されているのは，シンプルだが，「人とうまくやれる人」であることも興味深い。

第5章　オランダにおける早期離学の予防・介入・補償

昨今の学校現場での課題解決をめぐっては，専門性や専門家の関与が重視され，その専門も細分化しているところであるが，オランダでおそらく最もしんどい地域の1つであるロッテルダムでは専門性よりも人間味が求められているのである。

　ロッテルダムの事例は学校内外をつなぐ切れ目ないネットワークの制度的，個人的要件として示唆に富むものであるが，日本への示唆を考える上では，もう1つ重要な要件がある。それは，学校内外の役割分担の重要性である。ワークライフバランスの模範のように見られるオランダでも，教師は多忙である。教科担当の教師たちは一人ひとりの学生たちの小さな変化に気づくには忙しすぎるし，退学した学生一人ひとりの家を回って状況を尋ねることは不可能だ。だからこそ，学生情報のデータ化システムが構築され，学校内では教科担当教師とスクールソーシャルワーカーに役割が明確に分けられ，そして学校内外をつなぐ行政の役割も明確化されている。こうした役割分担なしには，切れ目ない早期離学支援のネットワークを維持することは不可能だろう。

【引用・参考文献】
末岡加奈子（2019).「オランダ　ロッテルダムの未来を担う子どもたち」, 志水宏吉［監修］・ハヤシザキカズヒコ・園山大祐・シム チュン キャット［編著］『世界のしんどい学校―東アジアとヨーロッパにみる学力格差是正の取り組み』明石書店, 125-141.

見原礼子（2021)「オランダにおける早期離学の現状と課題」園山大祐［編］『学校を離れる若者たち―ヨーロッパの教育政策にみる早期離学と進路保障』ナカニシヤ出版, 112-125.

Centraal Bureau voor de Statistiek（CBS）（2022）. Vo en vso; doorstroom en uitstroom, achtergrondkenmerken 2012/'13-2020/'21. 〈https://opendata.cbs.nl/#/CBS/nl/dataset/84754NED/table?ts=1720418288320〉（2024年11月17日最終確認）

Centraal Bureau voor de Statistiek（CBS）（2024）. Regionale kerncijfers Nederland.〈https://opendata.cbs.nl/#/CBS/nl/dataset/70072ned/table?searchKeywords=rotterdam%20bevolkingsopbouw〉（2024年4月9日最終確認）

Eurostat（2024）. Early leavers from education and training by sex and labour status.〈https://ec.europa.eu/eurostat/databrowser/view/edat_lfse_14/default/line?lang=en〉（2024年5月30日最終確認）

Keskiner, E., & Crul, M.（2018）. Conclusion: Lessons learned from the RESL. eu project: main findings and policy advice. In: Van Praag, L., Nouwen, W., Van Caudenberg, R., Clycq, N., & Timmerman, C.（eds.）, *Comparative perspectives on early school leaving in the European Union*, Routledge, 230-245.

van Praag, L., Keskiner, E., Van Caudenberg, R., Nouwen, W., Stam, T., Clycq, N., Crul, M.（2018）. Switching practices in vocational education: A comparative case study in Flanders（Belgium）and the Netherlands. In: Van Praag, L., Nouwen, W., Van Caudenberg, R., Clycq, N., & Timmerman, C.（eds.）, *Comparative perspectives on early school leaving in the European Union*, Routledge, 135-148.

オランダの教育制度（図）（パーセントは同一学年に占める比率、2020年度）
(Centraal Bureau voor de Statistiek (CBS) (2022), 末冨 (2019) より福田紗耶香作成)

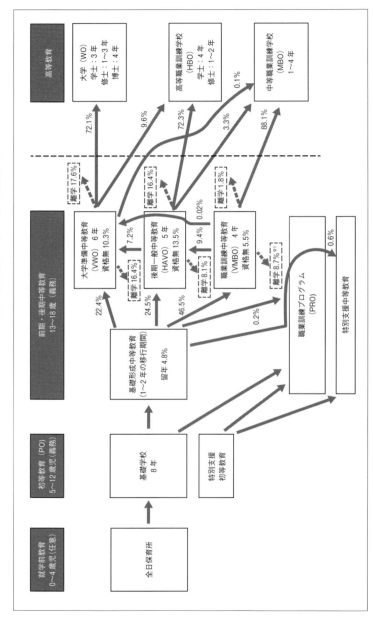

※ 中等教育への移行については、2020年度の基礎形成中等教育の第2学年在籍者が2021年度にどの教育機関に在籍しているかを計算している。高等教育への移行は2020年度のWO第6学年、HAVO第5学年、VMBO第4学年でディプロマを取得した者が2021年度にどの教育機関に在籍しているかを計算している。なお、成人教育への進学者数を除いていることに加え、データが暫定値であるため合計が100%にならない。

第 II 部
補償の実践例

第6章 スペインにおけるセカンドチャンススクールの「補償」的役割

公立バサウリ基礎職業訓練学校の事例から

有江ディアナ

1 はじめに

　本章では，早期離学対策の1つとして，スペインにおける「セカンドチャンススクール」が担っている「補償」的役割について検討する。

　スペインの25歳未満の若者の失業率は28.6％となっており，欧州連合（以下，EU）諸国の平均14.9％の弱2倍であり，EUの中でも高いことで知られる（Eurostat 2024）。このようなスペインの高い若年失業率の原因として，教育制度の問題や早期離学に起因する若年者の低技能や低資格の問題が指摘されている。そんなスペインの早期離学率は13.7％と下がり続けているが，EUの平均よりは高い。

　スペインの学校教育制度では，早期離学問題の改善に向けて，セカンドチャンス教育的プログラム等によって，学校教育から離れた子どもや若者に対する予防・介入・補償といった観点から，さまざまな施策が行われてきた。近年，スペイン政府は，若年層の教育水準の向上が，早期離学を減らすための鍵としており，特に職業訓練に力を入れている。しかし，これらの対応は，学校教育制度の枠内で実施されることから，「学校」教育に再度戻ることが困難な場合もある（有江 2021: 147）。スペインでは学校教育制度外において，これらの若者の受け皿となり，支援を提供しているセカンドチャンススクールが存在する。セカンドチャンススクールの多くは市民団体が運営するが，公立のものもあり，地域の基盤産業や若者が求めるニーズに対応しながら，職業訓練資格を得るための柔軟なカリキュラムを組んでいる。

　セカンドチャンス教育に関連した先行研究においては，職業訓練を通じた教育，若者の学校への再編入や就労に導くプログラムが注目されており（Paniagua Rodríguez 2022），その可能性を広げるセカンドチャンススクールについての研究も進んでおり（García Redondo et al, 2018; Prieto Toraño 2015; Corchuelo Fernández

第6章　スペインにおけるセカンドチャンススクールの「補償」的役割

2016），代替教育としての可能性についても論じられている（Arredondo Quijada et al, 2020; Barrientos Soto 2022）。しかし，早期離学する若者が1割以上存在することから，スペインの若者の高い失業率と早期離学の問題を解消するためにセカンドチャンススクールが果たしている役割，また，再編入や労働市場への参入を補償する際に担っている役割は，明らかにされていない。

　そこで，本章では，以上の問題意識から，早期離学対策の1つとして，スペインのセカンドチャンススクールが担う役割について，特に補償の観点から検討を行う。

2　スペインにおけるセカンドチャンス教育

● 2-1　早期離学問題と教育政策の変遷

　現在，スペインでは早期離学の対策として職業訓練に力を入れているが，従来の職業訓練は，学業不振，学業失敗により学校から離れる若者たちの進路選択とみなされ，一般的に低い評価を受けてきた。歴史的にみると，20世紀当初の職業訓練は，工業化に対応するためのもので，労働省の管轄下に置かれていた。フランコの独裁政権下の1930年代末から1940年代は，内戦の影響により，カトリック教の教えやナショナリズムを教えることの重要性の高まりから，中等教育に力が注がれた。ようやく，1955年の「職業訓練に関する法」によって職業訓練が位置づけられるようになった（Gómez 1992: 347）。

　1970年の「教育に関する一般法（LGE）」の制定により，8年間の義務教育が明記されるとともに，一般教育と職業訓練は顕著に区別されるようになった（表6-1適宜参照されたい）。当時は，8年間の一般基礎教育を修了した者は一般基礎教育修了証を得ることができ，中等教育または職業訓練2（FP2）に進み，修了した場合には高等教育または上級の学校への進学が可能となった。他方，一般基礎教育を修了しない者は，就学証明書を得て職業訓練1（FP1）に進む可能性が残されていた。しかし，義務教育が終了する14歳から就労最低年齢である16歳までの期間に何もしない若者が出現し，これらの若者を受け入れる目的で一部市民団体が支援をするようになる。これが後の2015年以降のセカンドチャンススクールにつながるため，第3節で詳述する。

　民主化後及び教育の中央集権から自治州への権力の移譲が進むと共に，1990年の「教育制度基本法（LOGSE）」は最低就労年齢とされる16歳にあわせて10年間の義務教育に延長する改革を実現させ，一般教育として職業訓練も含まれた。また，当時の特徴として，学業不振等の理由から中等義務教育段階において教育目標に達

表 6-1　スペインの法枠組みにおける早期離学問題と職業訓練（筆者作成）

西暦 （政権）	法令の名称	法令の内容 1 （早期離学との関連）	法令の内容 2 （職業訓練との関連）
1938-75 （フランコ 政権）	教育に関する一般法：LGE（1970）【廃止】	一般基礎教育：8 年間の義務教育（6-14 歳）後は，学校修了証又は就学証明書を取得できた。学校修了証の取得によって上の教育段階に進学できた。	職業訓練 1（FP1）：理論・実践をあわせた特定職種・専攻の技師助手の資格。職業訓練 2（FP2）：専門技師資格。職業訓練 3（FP3）：上級技師の学位。
1977-1982 （民主中道 連合）	スペイン憲法：CE（1978）	第 27 条に何人も，教育に対する権利を有することを明文化。	義務教育終了後の上級教育の保障が憲法制定へ。
1982-1996 （社会労働 党）	教育に対する権利を規定する組織法：LODE（1985） 教育制度基本法：LOGSE（1990）【廃止】	LODE：憲法を具体化し，基礎教育の権利の享有と上級教育の機会を明文化。 LOGSE：8 年間から 10 年間の義務教育（初等教育 6 年・前期中等義務教育 4 年）に延長。	LODE：教育機会の均等（外国人も含め），教育行政の責任の明文化。 LOGSE：地方分権化が進む（2000 まで徐々に移行）。学習困難生徒向けの社会保障的プログラムの実施。
1996-2004 （国民党）	公教育の質に関する組織法：LOCE（2002）【廃止】／資格及び職業訓練に関する組織法：LOCFP（2002）【廃止】	LOCE：学習到達度の向上，評価による良質な教育の追求。	LOCFP：国家のカタログにある 26 の職種（専攻）から細分化される職業資格の設置。
2004-2011 （社会労働 党）	教育に関する組織法：LOE（2006）	多様性の尊重と包摂，補償教育に言及。前期中等義務教育の多様化カリキュラム設置，進級の容易化，留年制度の緩和，学習に特別な困難がみられる生徒のための支援。	初期職業資格プログラムの導入，資格レベル 1（その職種の助手相当）。対象者は 15 歳以上の，前期中等義務教育 2 年生以上で，進級が困難な生徒。
2011-2018 （国民党）	教育の質の向上のための組織法：LOMCE（2013）【廃止】	基礎職業訓練課程の設置，学習及び成績改善プログラム，各教育課程修了時の最終評価試験。	基礎職業訓練課程は，外国型（ドイツ版）のデュアルシステムを導入。
2018-2024 （社会労働党⇒連立党⇒社会労働党）	教育に関する組織法を改正する法：LOMLOE（2020）／職業訓練の組織化と統合に関する組織法（2022）／職業訓練の組織化と統合に関する組織法の施行計画に関する政令 278/2023 号（2023）／職業訓練制度の組織を発展させる政令 659/2023 号（2023）	LOMLOE：留年制度の緩和，最終評価試験の廃止，基礎職業資格及び前期中等義務教育修了資格の取得の保証。2021 年度より段階的に施行（2021 年度：学校体制，2022 年度：奇数学年・2023 年度：偶数学年カリキュラム）。	FP 新法第 38 条・44 条・71 条・78 条においてセカンドチャンスの職業訓練施設について言及。2023 年政令（659/2023 号）第 206 条においてセカンドチャンスの訓練施設の基準等を詳述。

成できなかった生徒に対する，特定の社会保障プログラムが実施されることになった。具体的には，地方行政当局と教育行政が協力しながら，特定の労働市場への参入または学業の継続を可能にする特別プログラムの提供を義務付けた。この措置により，スペインはEU諸国の学校教育年数と肩を並べることになった。短い就学期間と就労志向が生み出す社会的不平等の再生産を抑制することが目指されたが，教室における多様性の増大は，包摂の限界を浮き彫りにした（Merino 2006: 83）。なぜなら，社会保障プログラムは，中等義務教育段階を修了していない16歳以上の若者のために，1年相当の職業訓練を提供するものであったが，教育制度への再編入を可能にするような資格認定の付与は想定されていなかった（Merino 2006: 84）。

2000年代に突入すると，スペインの早期離学率は30％を超えていたが，2006年の「教育に関する組織法（LOE）」において，成人教育を規定し，生涯学習の促進を基本原則とした。同法は，前期中等義務教育3年次と4年次における多様化カリキュラムプログラムと16歳以上の前期中等義務教育修了資格を取得していない生徒を対象に，初期職業資格プログラムを設けた。多様化カリキュラムプログラムは，生徒に合わせた柔軟なカリキュラムにより，修了した場合には資格を取得できたため，現場の教員の評価が高かった（有江 2021: 137）。

そして，現行制度につながることになった2013年の「教育の質の向上のための組織法（LOMCE）」の基礎職業訓練の新設は，それまでの初期職業資格プログラムに代わるものであったが，基礎職業訓練課程を修了すると基礎職業訓練資格が授与されるという特徴があった。この資格は，教育制度において，上級学校への進学を可能にした。また，同法の施行当初は，最終試験の合格によって前期中等義務教育修了資格（以下，GESO）の取得が可能であった（有江 2021: 139）。次項では，現行法に基づいた，これら若者に対するセカンドチャンス教育について概観する。

● 2-2　セカンドチャンス教育

現行法である2020年の「教育に関する組織法を改正する法（LOMLOE）」に基づき，基礎職業訓練課程の修了によって基礎技師資格のみならず，成績の総合評価によってGESOも取得できるようになった[1]。また，教育制度全体としては，留年制度の緩和も図られた。さらに冒頭でも述べたように，職業訓練に対する世間的な見

---

1) Ley Orgánica 3/2020, de 29 de diciembre, por la que se modifica la Ley Orgánica 2/2006, de 3 de mayo, de Educación. 基礎職業訓練課程の詳細は主要参考文献を参照されたい（有江 2021）。

方を変え，より魅力的でアクセスしやすいように，20年ぶりの大きな改革が行われた。2022年の「職業訓練の組織化と統合に関する組織法」及び2023年の「職業訓練の組織化と統合に関する組織法の試行計画に関する政令278／2023号」によって，基礎，中級，上級の職業訓練課程のような2年間や3年間の長期間の職業訓練のみならず，短期間の職業訓練によって習得した技能の単元や単位等を個々で評価し，5段階の専門資格が付与されることになり，労働市場で使える能力として評価される仕組みができた[2]。

　スペインの現行制度において，図6-1で示しているように，GESOを取得できなかった場合，あるいは，何ら資格を得ずに一度学校から離れた若者が教育機関に再編入するためのセカンドチャンス教育の方法がいくつかある。①成人教育は，18歳以上の成人であれば，GESOの取得を目指すこともできる。また，②基礎職業訓練課程は本来，前期中等義務教育段階の最終学年である4年次から編入することができるが，前期中等義務教育を終えたにもかかわらずGESOを得られなかった場合も，進むことが可能である。ここでは，基礎技師資格とGESOの取得を目指す。このほか，③中級段階の職業訓練課程に進むためのコースの受講や④試験に合格することで，教育機関に再編入できる。他方，図6-1において記している専門資格は，旧制度（2002年以降）の第1級～第3級の専門資格として，教育的，学術的専門性のない資格とされており教育制度と切り離されていた。現在は，2022年の「職業訓練の組織化と統合に関する組織法」及び2023年の同法の施行計画に関する政令によって改変され，レベルAからレベルEの五段階の専門資格が新設された。旧制度では，無資格の場合は，専門資格第1級から職業のための訓練に進むことが可能であった。他方，現行法では，無資格の場合には，専門資格レベルAから始めることができるだけでなく，資格はないが，すでに何らかの専攻のコースを受講し，一部の単元を取得している場合には，それらは評価の対象となり，認定された場合には単位として認められ専門資格レベルBになり，これらが集まることで専門資格レベルCとなり，中級レベル以上の資格の受講にもアクセスできるような仕組みとなっている（Instituto Nacional de las Cualificaciones 2022）。

　以上のように，公的な制度においてセカンドチャンス教育が行われている。他方，これらの制度枠外で，これまで実施されてきた若者への支援については，ある一定

---

2) Ley Orgánica 3/2022, de 31 de marzo de ordenación e integración de la Formación Profesional. Real Decreto 278/2023, de 11 de abril, por el que se establece el calendario de implantación del Sistema de Formación Profesional.

第 6 章　スペインにおけるセカンドチャンススクールの「補償」的役割

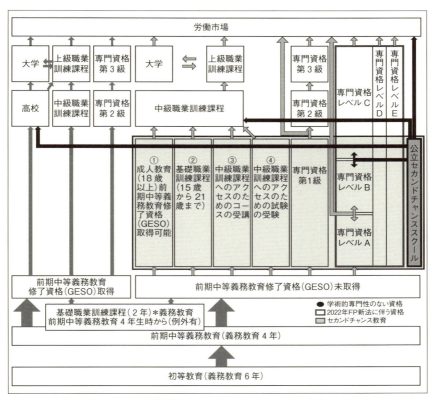

図 6-1　スペインの公的制度上におけるセカンドチャンス教育（筆者作成）

の条件を満たした良質な職業訓練を提供するセカンドチャンススクールもまた，これらの資格の提供を行う。2022年の「職業訓練の組織化と統合に関する組織法」において，地方行政とそのほかのアクター，とりわけ社会事業が提供するセカンドチャンススクールについて触れている。たとえば，「職業訓練の組織と統合に関する組織法」第44条8項では，基礎職業訓練段階において，セカンドチャンス施設を含む複数のアクターの連携と協働に言及し，特に地元企業，職業団体，非政府組織，その他の企業や労働組合等，周囲の社会的主体，機関，団体の支援，協力，参加の促進を求めている。この他，同法第71条2項と第78条2項（d）においては，職業訓練を提供できる機関として，セカンドチャンススクールが挙げられている。また，7月の「職業訓練制度の組織を発展させる政令659/2023号」第38条1項は，

地方行政及びその他の行政組織の参加について，管轄行政機関は，地方行政，労働市場参入のために，第3セクターの社会事業等において，専門資格レベルA，レベルB，レベルC，レベルDを提供するセカンドチャンス施設の協力と参加の促進を規定している。加えて，2項では義務教育の尊重を強調すると共に，16歳からの若年者の受け入れについては，一部の条件を満たせば可能であるとしている。さらに，セカンドチャンス施設は，職業訓練の提供に際し，関連する公式カリキュラムを尊重しながら個別化を図り，若者の社会的及び職業的な参加を促進する特定カリキュラム編成を行うことができることに加え，若者のニーズに対応できるよう，カリキュラムを通常の2倍まで柔軟に設定することができるとされている[3]。

　他方，同政令第206条1項においては，職業訓練制度におけるセカンドチャンス施設とは，「公的または民間の非営利団体であり，職業訓練制度を提供し，学業や職業訓練の進路について困難を抱える若者や労働市場，社会的排除に陥るおそれのある若者を対象とした柔軟な性質の職業訓練を行っている機関」と定義されている。また，同2項の1つ目の段落では，特に16歳から29歳までの職業資格をもたず失業中の若者，早期離学者や特別な教育的困難により配慮が必要な若者を対象としているとされている。他方，2段落目では配慮を必要とした若者で，早期離学するリスクの高い学齢期の15歳となる若者については，例外的に，当局が判断した場合に限り，セカンドチャンス施設に通うことが認められると規定されている。

　以上の職業訓練に関する新たな法令におけるセカンドチャンススクールに求められる要件は，すでにスペインの一部のネットワークを構築したセカンドチャンススクールが実施するものと一致する。次節以降で詳述する。

3 セカンドチャンススクールの取り組み

● 3-1　スペインのセカンドチャンススクール

　前述したように，スペインのセカンドチャンススクールは，1970年末以降の民主化と共に発展し，特に社会的排除や貧困により脆弱な状況におかれた人びとへの支援を行う宗教系の市民団体（財団，協同組合等）がネットワークを構築し，全国的に拡大したのち，その一部が教育機関として発展したのである。その多くは，8年か

---

3) Real Decreto 659/2023, de 18 de julio, por el que se desarrolla la ordenación del Sistema de Formación Profesional. 同政令の第35条，第38条，第48条，第89条，第193条，第206条，第207条，第209条においても，セカンドチャンススクールに言及している。

第 6 章　スペインにおけるセカンドチャンススクールの「補償」的役割

ら 10 年への義務教育の延長を果たした 1990 年「教育制度基本法（LOGSE）」の改革によって，学校に馴染めず，学校から排除された子どもや若者らの教育を支援してきた。また，EU レベルでは，1990 年代後半に欧州委員会は，学業失敗や早期離学の指標の増加により若者と労働市場の間にあった大きな乖離に懸念を示し，欧州の経済状況の悪化を回避する目的，かつ，基本的な権利の保護のために，欧州委員会の下でパイロット的プロジェクトとしてスペインのカタルーニャ自治州とバスク自治州を含め 11 か国においてセカンドチャンススクールが設置された。1995 年の欧州委員会の『教育と職業訓練白書』によると，これらの目的は，社会的に排除された若者の統合の促進，学校教育制度外の学習，教育，訓練を通じた若者の教育，職業訓練，労働生活へのアクセスの保障，これらの若者の教育を受ける場から労働市場への移行を支援，学校教育制度上，支援しきれない部分については，教育行政が積極的に市民団体や非営利団体に協力を得ること，と明記されていた（European Commission 1995）。

　スペインでは，このセカンドチャンススクールプロジェクトは継続しなかったが，各々の市民団体は独自の活動として，子どもや若者への支援を継続した。そして，2008 年以降の長引く不況と若者の高い失業率を背景に，民主化後に発展してきた市民団体が一致団結し，2015 年 11 月にセカンドチャンススクールスペイン協会（以下，2CS 協会）を創設し，2016 年から活動を開始した。同協会は社会的及び労働市場から排除されるリスクにある 15 歳から 29 歳の若者を受け入れ対象としており，同協会の下記 5 つの原則に沿った運営要件を満たす 47 校がある（2024 年 10 月時点）[4]。5 つの原則とは，①地方及び自治州行政の承認，②学校教育制度外にいる失業中の若者の永続的な専門的及び社会的統合を促進すること，③社会的及び専門的スキルの開発，④企業と協力，⑤ネットワーク構築である。また，これらの原則及び同協会の基準を満たすことで教育の質も確保され，2CS 協会のセカンドチャンススクールとして認証を受けられる。独立機関である Eduqatia（エドゥカティア）は，2CS 協会の基準のもと，認証を希望する学校がセカンドチャンススクールの要件を満たす学校であるか否かを調査する[5]。認証を希望する教育機関は，協会に申請し，

─────────

4）スペインでは，セカンドチャンススクール（Escuelas de Segunda Oportunidad）は「E2O」と省略されるが，本章では便宜上「2CS」と表記する。協会については，Escuelas de Segunda Oportunidad（E2O）.〈https://www.e2oespana.org/unidades-acreditadas/〉（2024 年 10 月 19 日最終確認）

5）認証については la Asociación Española de Escuelas de Segunda Oportunidad（2022）に詳しい。

117

Eduqatia の調査員による視察と調査を受ける必要があり，その報告書を受けた同協会委員会はその報告書を基に判断する。基準を満たした教育機関は認証を付与されるが，更新は 4 年に 1 度あるため，その都度再調査を受ける必要がある。

● 3-2　スペインの多様なセカンドチャンススクール

　セカンドチャンススクールは，スペインの教育制度上，法的な位置づけはこれまでされてこなかったが，2022 年と 2023 年の法令に言及されたように自治体との協力関係が求められ，従来から助成を受け，教育行政との連携から学習支援が必要な生徒について委託されることもある。また，一部自治体では，公立でありながら実質的な運営は市民団体が行う。たとえば，バルセロナ市立セカンドチャンススクール（Escola Municipal de Segones Oportunitats）はその一例である[6]。

　2CS 協会の認証を受けている機関では，原則 15 歳から 29 歳の若者を受け入れており，1 教室には最大で 15 名と少人数制で，企業での実習を含め 2 年間の課程であり，カリキュラムは柔軟で個別カリキュラムが用いられる点が共通している。他方，機関の規模や地域の産業基盤の特徴によって，提供される職業訓練コースが異なる。また，地域が独自に抱える課題に対し，従来から市民団体として進めてきた事業や取り組みに加える形で，セカンドチャンススクールとしての認証を受けて取り組んでいるところが多くみられる。

　たとえば，スペインの第二の都市で，観光産業で知られるカタルーニャ自治州のバルセロナでは，コムタル財団（Fundació Comtal Barcelona）が，離学した 14 歳から 21 歳の若者を対象にセカンドチャンススクールを開いている[7]。職業訓練及び統合プログラムは，GESO をもたない若者で，進学や職業に就くために職業訓練を開始したい人のほか，教育行政から委託された離学のリスクがある生徒を対象とする。この場合，一クラスは，7 人から 8 人となり，対象年齢は 14 歳から 16 歳と比較的低年齢層である。もう 1 つのグループは，親や保護者の同伴がない外国人，特にアフリカ出身の 17 歳以上の若者を対象に，2 年から 3 年のプログラムの中で，語学教育，識字教育と就労指導が行われる。バルセロナの市街地にある規模の小さい施設

---

6) Escuela Municipal de Segundas Oportunidades.〈https://ajuntament.barcelona.cat/educacio/es/mas-de-16-anos/educacion-lo-largo-de-la-vida/escuela-municipal-de-segundas-oportunidades〉（2024 年 10 月 3 日最終確認）

7) Escuela de Segunda Oportunidad.〈https://comtal.org/es/que-hacemos/escolarizacion-y-formacion/〉（2024 年 10 月 3 日最終確認）

第6章　スペインにおけるセカンドチャンススクールの「補償」的役割

であるため，職業訓練の専攻は，ホテルケータリングアシスタントのみであるが，観光業，飲食，サービス業に活かせる資格を得ることができる。

　同じカタルーニャ自治州であるが，リンダル財団（Fundación El Llindar）では，「新たなチャンスの学校」と称し，3つの活動を中心に実施している[8]。代替カリキュラムでは，14歳から18歳を対象とし，基本的な学習能力と職業訓練の中級レベルにアクセスできるための能力を養う。早期離学リスクの高い生徒向けの基礎職業訓練準備・中級職業訓練課程の準備コースは16歳から21歳が対象で，職業訓練課程として美容，飲食，自動車修理工とデジタル製造の専攻があり，18歳から25歳を対象としたデュアルシスムを取り入れている。

　他方，最も早期離学率が高い地域である南のアンダルシア自治州には，この地域で広く活動するドンボスコ財団（Fundación Don Bosco）がある[9]。認証を受ける6校のうち，コルドバ（Córdoba）校は小規模のため，学校教育からの委託で14歳から16歳の生徒を年間15名，週35時間受け入れている。GESOを取得するための通信教育，前期中等義務教育学校二重在籍生徒への学習支援，若者専用の宿泊所も提供する。

　そして，スペインの中では比較的に早期離学率が低いバスク自治州は，1970年代末以降に職業訓練に力を入れてきた[10]。ペニャスカル協同組合（Peñascal Kooperatiba Bilbao）は，大規模な職業訓練施設をもつ。洋裁，配管メンテナンス，観光業，レストラン，ケータリング，鉄製品製造，木工製品製造等のプログラムの中で，15歳から20歳の基礎職業訓練課程があるほか，中級職業訓練課程も提供する。この他，起業促進計画により9社を起業し，一部の修了生は契約を得ている。

　次節で取り上げる公立バサウリ基礎職業訓練学校を運営するアッシス財団（Fundación Adsis）は，1960年代のキリスト教共同体の運動から発展してきた。社

---

8) Innovación Pedagógica. 〈https://www.elllindar.org/es/innovacion-pedagogica/〉（2024年10月3日最終確認）

9) 2022 memoria anual. 〈https://fundaciondonbosco.es/wp-content/uploads/2023/05/Memoria-Fundacion-Generica_2022_vbaja.pdf〉（2024年10月3日最終確認）

10) 右の文献に詳しい。Aintzane Rodríguez Poza（2022）. Itinerarios Edecativos de Jóvenes egresados del Sistema de Protección a la Infancia y a la Adolecencia: El Caso de las Escuelas de Segunda Oportunidad de la CAPV, pp.172-174. 〈https://addi.ehu.es/handle/10810/57427〉（2024年10月3日最終確認）。バスク自治州の1994年の早期離学率は，17.8%（スペイン全体36.4%）（Eustat 2024）。2022年度は，5.6%（スペイン全体13.7%）。La tasa de abandono escolar prematuro en Euskadi es del 5.6%. 〈https://www.euskadi.eus/noticia/2023/la-tasa-de-abandono-escolar-prematuro-en-euskadi-es-del-5-6/web01-ejeduki/es/〉（2024年11月7日最終確認）

119

会的に排除されている人びとの状況を改善するためのさまざまなプログラムを推進し，主に若い世代の特に社会的弱者に居場所と機会を提供することを目的とし，慈善と福祉の性質をもつ非営利社会団体として 1996 年に設立された[11]。

4 事例：公立バサウリ基礎職業訓練学校

● 4-1　学校の概要と学校運営

　バスク自治州のバサウリ（Basauri）市が設置する公立バサウリ基礎職業訓練学校は，財源が公的資金で賄われているが，学校運営は市民団体であるアッシス財団が担っている[12]。財源は，バスク自治州とバサウリ市が主に負担するが，一部の財源補助を隣のエチェバリ（Etxebarri）市が行う[13]。バサウリ市の設置によって同市の自治体が建物や設備の提供と光熱費や清掃費等の日常運営に必要な経費を負担する。他方，自治州政府からの財源は，同市を通じて運営交付金としてアッシス財団に交付することで，職員の給与や運営のために必要な消耗品等の日常経費に使用することができる。同校の運営については，4 年に一度の公募が行われており，アッシス財団は 30 年以上運営している。財団の運営ノウハウのみならず，2018 年に 2CS 協会の認証を受けたことによって，教育の質が担保されている学校として，行政に良いアピールとなっている。

　同校は，美容科，調理科，グラフィックデザイン科，配管メンテナンス科，情報システム科の 5 つの職業訓練専攻の基礎職業訓練課程を設置する。全校生徒数は 2学年で 150 人であり，各クラスは少人数制で 15 人である。市民団体が運営するセカンドチャンススクールの多くは，その学校独自の基準に基づきながら，受け入れる生徒の選考を行うが，公立であるバサウリ校の生徒の受け入れのための選考は，バスク自治州の教育行政が実施する[14]。そのため，生徒のバックグランドや必要とするニーズは年度によって変動するが，生徒の年齢は 16 歳以上からと比較的に低

11）Fundación Adsis HP を参照。Quiénes somos.〈https://www.fundacionadsis.org/es/quienes-somos〉（2024 年 10 月 3 日最終確認）

12）バサウリ校には 2020 年 3 月（学校長へのインタビュー），2023 年 2 月に（一部の専攻の実習を参与観察），2024 年 1 月 25 日〜1 月 31 日に各専攻の両学年の参与観察と関係者への聞き取りを行った。

13）同校における全生徒数に対するエチェバリ市の生徒数の割合によって助成金額が決まる。

14）バサウリ校はオープンスクールを 3 月に実施し，5 月頃には希望者は登録申請を教育行政に提出する。10 校以上と多くの志望校を記入することができる。同校を希望した場合，年齢，留年状況等の幾つかの条件を満たす必要がある。

第6章　スペインにおけるセカンドチャンススクールの「補償」的役割

図6-2　スペイン バサウリ校外観（筆者撮影）

図6-3　調理科の実習室（筆者撮影）

図6-4　美容科の実習室（筆者撮影）

年齢である。また，1クラスにおいて，移民のバックグランドをもつ生徒は2人から3人，また何らかの特別な教育的ニーズを必要とする生徒は全体の3割程度である。

　一方，教員については，各専攻には2人または3人が担当する。1人は前期中等義務教育主要教科（社会科，理科，スペイン文学及び自治州公用語（バスク語），外国語（英語），数学）を教えると同時に学習指導及び進路指導を行う担任教員である。もう1人または2人は，その専攻の職業訓練（VET）教科を教えるVET教員である。教室と実習室とで分けられている。これらの教員は専攻に関連する学位または資格をもち，実務経験もある。この学校では11人の教員の他，スクールカウンセラーが1人，外部とのイベント開催や協力について調整する担当者1人，学校長1人と事務職員1人がいる。担任は学士号のほか，教員の修士号（Máster en Formación del Profesorado）が必須である[15]。一方のスクールカウンセラーは心理学系の学士号の

121

ほか，スクールカウンセラーの修士号（Máster Universitario en Orientación Educativa）が必要である[16]。同校の人事については自治体が採用するのではなく，学校側（校長）が選び雇用する。

● 4-2　カリキュラムと成績評価

　9月の新学年が開始するまでには，教育関連の法律等に加えて，バスク自治州の政令を基に各専攻で扱う単元や時間数を教員が決定する。その上で，生徒のニーズに合わせた個別カリキュラムが作成される。生徒の得意分野と不得意分野を考慮しながら，各単元の進捗状況を確認し，必要な調整が行われる。テキストや教材は，教員が作成することもある[17]。同校の時間割では，1日を2部に分けて主要教科の授業と職業訓練教科の実習にそれぞれ取り組む。1年生は，8時から14時のうち，実習の時間は午前中で，休憩後の午後は主要教科の授業を受ける。逆に2年生は，8：55から14：55の間で，先に主要教科の授業を受け，休憩後の午後は職業訓練教科の実習の時間となっている。

　評価方法は厳格であり，同校では，出席管理はオンライン上でシステム化されており，各専攻の2人（または3人）の担当教員がいつでもアクセスできる。1年生が進級するには，出席率は80％以上でなければならず，6月までの成績の総合評価で進級が決まる。科目によって落としている単位がある場合は，出席率が80％を超えている場合のみ，その年度のうちに受験資格を得ることができる（80％に満たない場合は翌年度にもち越しになる）。2年生は，4月から6月初旬までに企業での実習が始まるため，3月には成績の総合評価が出される。修了するためには，出席率80％を満たす必要がある。出席率を満たしている場合は，企業での実習が認められ，落としている単位の試験も受験することができ，6月には企業の所見を踏まえた最終評価が行われる。他方，出席率が80％に満たない場合には，企業の実習が翌年度になり，その間6月の最終評価までには落としている単位の試験を受けて合格点を目指す。第2節でも触れたように，修了が認められた場合，専攻の基礎職業訓練課程

---

15) Máster Universitario en Formación del Profesorado de Educación Secundaria Obligatoria, Bachillerato, Formación Profesional y Enseñanza de Idiomas.〈https://www.universidadviu.com/es/master-profesorado-secundaria-cap〉（2024 年 10 月 3 日最終確認）

16) Máster Universitario en Orientación Educativa.〈https://www.unileon.es/estudiantes/oferta-academica/masteres/mu-orientacion-educativa〉（2024 年 10 月 3 日最終確認）

17) 美容科と調理科の VET 教科の教科書は担当者が作成し，各生徒は適宜内容を確認する。スペイン文学では担当の教員が使用するテキストを選定し，授業中に内容を読んでその中身を確認する。

第6章　スペインにおけるセカンドチャンススクールの「補償」的役割

の修了資格が付与されるだけでなく，GESO も付与される。修了生の多くは進学し，一部は就職する。また，ドロップアウトする生徒も僅かにいるが，長期休暇後に戻らない生徒がいることや2年生から戻っても休みがちになるとして，制度上の長期休暇を懸念視する声もある。

● 4-3　生徒との関係性と生徒への手厚いサポート

　スペインの小学校や中学校では，通常，教員は生徒から「○○先生」と呼ばれるのだが，同校において，「先生」という言葉は用いずに，名前で呼んでいる。この点は，他のセカンドチャンススクールを訪問しても共通していることであり，近い関係を築いていることがわかる。教員は良き相談相手や話を聴いてくれる大人である一方，生徒がルールを守らないときは必要な注意を行う。同校で実施した5日間の参与観察の中では，生徒同士のトラブルを何度か見かけた。教員は，生徒たちがお互いに思っていることを言い合うのを見守りつつ，止めるタイミングを見計らっていた。特に不適切な言葉（身体的特徴，障害や性的少数者に対する蔑称語等），他の生徒を傷つけるような発言があったときは，教員は止めに入るが，いきなり怒鳴るのではなく，どうしてそのようなことになったのか，なぜその発言をしたのかを聴いていた。あるクラスの生徒が一時的な感情で相手の生徒を侮辱する発言をしてしまったことから，教員から注意を受けて直ぐに，クラスメイトに謝る場面もあった。生徒同士の価値観や正義感，またジェンダーに関連した意見については，クラス全体で議論をする場面もあった。多様性の観点から視野を広げ，考えを改めた方が良いこともあり，教員が促す場面もあるが，このようなときでも，その生徒の考えを聴く。生徒たちは，自分の考えに対し上から押し付けられるのではないため，意見を言える安心感があるようだ。多様な生徒が集まる学校であり，色んな生徒が安心して通えるようにするためにも，教員は生徒らの言動に敏感である。

　また，担任以外では，学習向上と生徒自身の内面の成長につながるよう働きかけるスクールカウンセラーは常駐しており，特に生徒に寄り添う。教員からの依頼があった場合，特定の生徒と面談することがあるが，生徒が直接相談したい場合は，部屋を尋ねることができる。また，全生徒の状況を把握しているため，教室に入って気になる生徒に話しかけることがある。必要な場合には生徒と面談を行い，特別な教育的ニーズをもつ若者の場合や家庭等の事情により学校内で解決できないことがあれば，自治体行政のソーシャルワーカーにつなげる。また，生徒のみならず，スクールカウンセラーは，月に1回は，各専攻の教員とミーティングを行っている。

123

具体的に，生徒が帰った後には，まず専攻の教員同士で打ち合わせを行ってから，スクールカウンセラーと全体や特定の生徒の学習進捗，気になる問題等について話す場を設けている。専攻ごとに職員室があるため，日常的に教員はそれぞれの休憩時間や放課後を使ってその日の出来事，情報を共有している。昼食時間は食堂に全教員が集まり，生徒の話等を共有する。

　教員と親の面談は，新学期が始まる直前には保護者を集めて，各専攻や授業の進め方やルールについて会議が開かれる。さらに，三者面談は1年生の時には3月と6月の成績評価，2年生は最終評価の6月に行う。この他，生徒との二者面談は，入学して間もない9月から10月にかけて，全生徒との面談が実施されるほか，必要に応じて，日常的に適宜行われる。欠席が多い，家庭の問題がある等の問題を抱える生徒を優先的に，平日の空いた時間（1年生は8時から9時の間，2年生は14時から15時の間）に専攻の担任が行う。

　以上のように，第3節と本節で見た一部のスペインのセカンドチャンススクールとバサウリ校の実践を概観することによって，いくつかの特質や役割が見えてきた。次節において，スペインのセカンドチャンススクールの補償的役割を検討する。

5　セカンドチャンススクールの「補償」的役割の考察

● 5-1　スペインのセカンドチャンススクールの特質

　スペインのセカンドチャンススクールは，学校から離れた若者に，社会統合と労働市場への参入ができるように新たな機会を提供している。特に，2CS協会の認証を受けている学校は，次の共通点がある。①生徒のニーズに合わせながら資格を得るための個別カリキュラムを組み，②少人数制クラスにより生徒が教員との関係性を身近に感じながら，手厚い支援を受けることができ，③生徒自身が規律の遵守をはじめ，多様性と多様な価値観を尊重し，グループワークを通じて人間力の構築を図れるよう取り組んでいる。

①カリキュラム及び教授方法

　運営する市民団体は地域社会と密着していることから，その地域の産業基盤の変化，求められるニーズに合わせ，提供する職業訓練コースが異なる。また，学校教育から離脱した生徒や若者がこれらの学校で受け入れられるための要件や対象者の範囲，さらには最終目標までの生活指導や進路指導の方法もまた各学校によって異

第 6 章　スペインにおけるセカンドチャンススクールの「補償」的役割

なる。他方，学校から離れた生徒に対し，生徒のニーズに合わせた個別のカリキュラムが設けられ，指導者と生徒との対話の必要性から 1 クラスは最大 15 人の少人数制と共通している。また，職業訓練の各コースで必要な知識を確保しながらも，生徒の特性や状況の変化に合わせて時間数等を調整する。企業実習に際し，企業担当者には，その生徒が何が得意で，何が不得意であるかをあらかじめ VET 教員が伝え，窓口となって，企業での生徒の取り組み方に関して定期的に報告を受ける。

②手厚い支援

　学習面のみならずこれらの生徒は何らかの生活面における困難を抱えている。欠席や遅刻が多く，態度に問題がある等については，家庭の問題を含めその生徒が抱える困難を取り除く必要がある。抱えている問題を取り払うことで，学校の授業や企業での実習に集中することができ，生徒らの最終目標である資格取得を経て，次のステップである進学や就労を目指すことができる。一般の学校と異なり，学習指導，進路指導のみならず生活指導を行うが，自立した生活を見据えて，職業訓練を通じて将来的な就職先につながるよう，生活習慣については厳しく指導している。最終的な目標は，生徒たちがキャリアパスとして資格を得て，自立した社会の構成員として生活を送ることである。常駐のスクールカウンセラーを置くことで問題が生じたときに，教員または生徒からの相談に対し，学校内で解決を図りつつも必要であれば，他の機関（たとえば，行政や福祉）につなげる場合もある。

③人間力の構築

　柔軟で個別のカリキュラムを採用するが，前節の事例のように，スペインのセカンドチャンススクールは欠席や遅刻に対して厳格に管理している。また，これらの学校の最終目標は，若者らの社会統合や労働市場への参入であるため，若者らの今の状況の改善を行いつつ，将来的に自立できるように，キャリア形成に向けた人間力の構築に取り組む。労働市場に参入できるよう，マナーとして遅刻や無断欠席に厳格に対応することはもちろんだが，多様性を尊重し，多様な価値観を認め合うこと，さらには，個人のプロジェクト課題に取り組むだけでなく，グループで協力しながらプロジェクトを進めていく。職業訓練に必要なスキルはもちろんのこと，これらキャリア形成のための人間関係構築に力を入れている。

　このように，スペインのセカンドチャンススクールは，学校から離れた若者，かつ，労働市場に参入できておらず，社会から排除されるリスクにある若者に，それ

までの学校教育と異なった，新たな機会，第二のチャンスを提供している。次項では，その役割について言及するとともに，補償としての役割について検討する。

● 5-2 「補償」的役割の重要性

　スペインの学校教育制度及び教育政策において，早期離学の（あるいはそのリスクにある）子どもや若者に対する予防・介入・補償といった観点から，さまざまな施策が行われてきたが，学校教育制度の枠内で実施されることから，学校教育制度の枠外による支援もまた必要である（有江 2021: 145-147）。学校から離れることがそもそも問題であるのか否かは，学校の役割を踏まえて改めて検討する必要があるが，少なくともスペインにおいては，早期離学，特に GESO や同等の資格を得られずに学校から離れるということは，失業や労働市場に参入できず，不安定な生活を送りながら社会的排除等のリスクを負うことになり，その人の人生に大きな影響を与え得る。したがって，学習到達度が低く学校に適応できない生徒の状況を自己責任論として片付けるのではなく，早期離学した若者らは，度重なる教育改革にともなう学校現場の混乱（抗議デモ，ストライキ等），地域格差，多様な生徒のニーズへの対応不足といった，学校教育制度が抱える従来の課題によって学校を離れた若者らであると捉え，「補償」という観点から，セカンドチャンススクールが提供できる支援とその役割について注目することが重要である。

　第3節でも触れた 2CS 協会のように独自の基準に基づき，良質な教育の担保に努めるセカンドチャンススクールもある。政権が変わるたびに法改正がなされ，制度とその中身が変わるといったことがないため安定しており，4年に一度は認証更新が必要なため，教育の質も確保される。また，これらのセカンドチャンススクールの母体が市民団体であることから，地域に密着しており，その地域性に合わせた支援が行われていることが多く，必要な支援を組み合わせながら，生徒のニーズに必要な社会的支援を提供することが容易である。社会階層が低く，移民が多い地域，保護者から離れて一人で暮らす若者に対し，ネットワークを通じて，現物給付，語学教育，宿泊施設の提供等のサポートが可能となっている。

　伝統的な学校では生徒は適応することを求められるが，本来は，多様な生徒のニーズへの対応に対し，スペインの教育制度上の補償教育の概念や多様性の尊重の観点からみても，学校側がその障壁を取り除いてあげなければならない。しかし，現実では1教室あたりの生徒数，教員と補助教員の確保，教授方法等と問題が多い。セカンドチャンススクールは伝統的な学校と同じような手法を用いずに少人数制を

第6章　スペインにおけるセカンドチャンススクールの「補償」的役割

採用していることを活かし，1人1人に時間をかけて手厚い対応が可能である。多様な生徒のバックグランドを踏まえて，生徒が何を学びたいか，どのような職業訓練したいかを聴き，個別カリキュラムを組み，進めながら必要な調整を柔軟に行っている。

　以上のことを踏まえると，セカンドチャンススクールは，学校教育制度には難しい多様な生徒の学習指導及び進路指導と生活指導，新たな可能性を見出す教育の場，代替教育としての期待を担うと同時に，学校教育の学習権保障のために補完する役割を担っている。また，地域に密着し，弱い立場におかれた人びとへの支援を行うセカンドチャンススクールの母体となる市民団体をもつことから，長期的支援が期待でき，進学後や労働市場に出た後も安定した生活ができるまで追跡することができ，ライフステージによって直面する困難を相談できる居場所としての役割も担っている。さらに，子どもや若者らが学業失敗や早期離学といった経験をしたとしても，「再起・再帰」ができる場所，「補償」的役割としてセカンドチャンススクールが大きな役割を担っている。

　子ども（後に若者）らにとって，学校という場は，家族以外の人と最初に関わる場であり，社会性が身につく場でもある。もちろん，公園での遊びや地域のスポーツクラブでの練習を通じて社会性を身につけることもできるが，これらは趣味や習い事として似たような目的をもった人の集まりであり，学校に比べ短時間である。他方，学校は，多様な子どもが集まり，学校という小さな社会の中で，人間関係や学習に関連した問題を乗り越える必要がある。最初から問題に直面せず，自分のニーズに応えてくれる学校で教育を受けることが理想的であるが，そのような学校でも途中で合わないと感じることもあり得る，何らかの外的要因によりドロップアウトし，「失敗」を経験することもあり得る。ただ，そのような場合でも「再起・再帰」を図れる場所，新たな機会の提供を「補償」してくれる場所が必要であり，セカンドチャンススクールはそのような役割を担っているといえる。

18）2022年開催の第6回セカンドチャンススクール全体会議において，現教育相が参加し，早期離学した若者に新たな機会を提供するセカンドチャンススクールの活動を「素晴らしい教育的，社会的活動」と評価した。特に，若者の3人に2人が，教育制度に編入，あるいは仕事に就いているとの調査結果に言及したうえで，関係者の努力を高く評価した。

6 おわりに

セカンドチャンススクールは教育制度上，明確な法的な位置づけはないが，2019年に前教育相が，2022年には現教育相が2CS協会の全体会合に参加し，その活動を讃えていた。中央政府が注目してきたこともあり，2022年法と2023年の法令の制定によって，セカンドチャンススクールは法令で言及されるようになり，教育行政が，これらのセカンドチャンススクールと協力していくことが推奨されている。

近年の教育行政の動きをみても，スペインにおいては，資格取得と学校への再編入によって，社会統合と労働市場への参入を目指す取り組みに加え，手厚い支援と親しみのある関係構築を心掛けるセカンドチャンススクールは今後も拡大していくだろう。課題としては，これだけ多様な生徒に手厚い対応をしているにもかかわらず，約3割は，途中でドロップアウトする現実がある[18]。また，1人ひとりに対応する必要があるため，教員側は，全員のところを回りながら，作業の確認やそれぞれの持ち場での注意を促すことを要するため，教員の負担が大きいといえる。これらについては，2CS協会と現地の大学による定期的な調査と分析が実施されており，何らかの改善策が導き出されることを期待したい。

他方，他のEU諸国にあるような芸術を通じた精神面でのサポートを主とする学校はスペインにはまだ僅かであるが，このようなサポートは，より多くのニーズが必要な生徒の受け入れを可能にするだろう。この点については，本章では扱っておらず本研究の課題でもある。本章では，若者の失業率というスペインの主要な課題と早期離学の関係から，労働市場に参入できるための必要なスキルの獲得と資格取得のためのセカンドチャンススクールの補償的取り組みに焦点を当てたが，精神面でのサポートを必要とする，より困難な状況に置かれている若者のためのセカンドチャンス教育の動向についても注視していきたい。

【謝辞】
最後に，本研究の進行と本章の執筆にあたり，快くインタビューと参与観察に協力してくださった，公立バサウリ基礎職業訓練学校の学校長をはじめ関係者の皆様に深く御礼を申し上げる。また，2020年から2023年の間に1度，2度の訪問に応じて下さった本章第3節で紹介したセカンドチャンススクール及びその団体と独立機関Eduqatiaの関係者の皆様にも感謝を申し上げたい。

第6章　スペインにおけるセカンドチャンススクールの「補償」的役割

【引用・参考文献】

有江ディアナ（2021）．「スペインにおける早期離学問題に対する教育制度上の対策と限界」園山大祐［編］『学校を離れる若者たち—ヨーロッパの教育政策にみる早期離学と進路保障』ナカニシヤ出版，130-151.

Arredondo Quijada, R., et al.（2020）. Fracaso escolar y abandono educativo temprano. Las escuelas de segunda oportunidad como alternativa, *RUMBOS TS*, 23, 63-79.

Barrientos Soto, A.（2022）. Revisión crítica de la historia y desarrollo de la educación alternativa y las escuelas de segunda oportunidad, *Revista de Humanidades*, 45, 171-196.

Corchuelo Fernández, C.（2016）. Al borde del precipicio: las Escuelas de Segunda Oportunidad, promotoras de inserción social y educativa, *International Journal of Educational Research and Innovation (UERI)*, 6, 95-109.

European Commission（1995）. *White paper on education and training: Teaching and Learning: Towards the Learning Society*, 40-42.

Eurostat（2024）. Euro area unemployment at 6.4%. 〈https://ec.europa.eu/eurostat/web/products-euro-indicators/w/3-01032024-bp#:~:text=stable%20at%206.0%25-, Overview, from%206.1%25%20in%20January%202023.〉（2024 年 10 月 2 日最終確認）

Eustat（2024）. Educación. 〈https://www.eustat.eus/estadisticas/tema_279/opt_0/tipo_1/ti_Educacion/temas.html〉（2024 年 10 月 3 日最終確認）

García Redondo, E., et al.（2018）. Aportaciones político-educativas de las Escuelas de Segunda Oportunidad（E2C）en Europa. El éxito del fracaso, *XVI Congreso Nacional Educacion Comparada Tenerife*, 625-630.

Gómez, F.（1991）. La Formación Profesional en España del estatuto de 1928 a la LOGSE, *Revista Española de Pedagogía*, 50(192), 341-352.

Instituto Nacional de las Cualificaciones（2022）. El Catálogo Nacional de Cualificaciones Profesionales. 〈https://incual.educacion.gob.es/bdc〉（2024 年 10 月 2 日最終確認）

La Asociación Española de Escuelas de Segunda Oportunidad（2022）. Proceso de adhesión como entidad socia candidata E2O. 〈https://www.e2oespana.org/wp-content/uploads/2023/06/Acreditacion-E2O-15112022_vdef.pdf〉（2024 年 10 月 3 日最終確認）

Merino, R., et al.（2006）. De los Programas de Garantía Social a los Programas de Cualificación Profesional Inicial. Sobre perfiles y dispositivos locales, *Revista de Educación*, 341. Septiembre-diciembre 2006, 81-98.

Ministerio de Educación y Formación Profecional（2023）. *Las Cifras de la Educación en España: Estadísticas e Indicadores. Edición 2023*.

Paniagua Rodríguez, A.（2022）. Programas de segunda oportunidad. ¿Qué funciona para mejorar el retorno educativo y las transiciones al trabajo de las y los jóvenes?, I valua ¿Qué funciona en educación? *Evidencias para la mejora educativa*, 20, 1-32.

Prieto Toraño, B.（2015）. El Camino desde la Vulnerabilidad Escolar Hacia el Desenganche Educativo. El Papel de las Escuelas de Segunda Oportunidad en la Estrategia contra el Abandono Educativo, *Profesorado*, 19(3), 110-125.

【参考 URL】

バサウリ校 HP：https://www.fundacionadsis.org/es/proyectos/formacion-profesional-basica-basauri
バサウリ校，学校紹介動画：https://www.youtube.com/watch?v=kMVXshNMYyA

スペインの教育制度（図）（パーセントは 2020/2021 年度に占める比率、早期離学率 (2023) を除く）
(Ministerio de Educación y Formación Profecional (2023) より筆者作成)

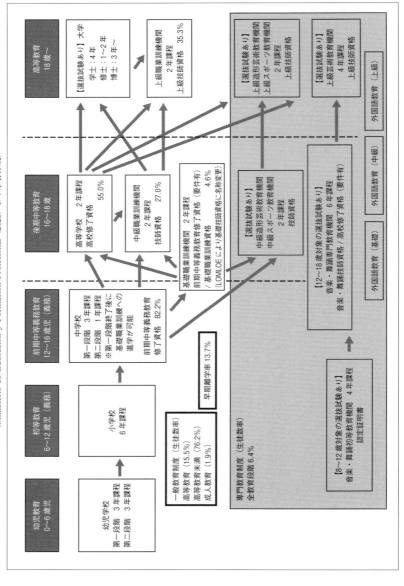

| コラム **1** | フランスのセカンドチャンススクール (2CS) |

　　　　　本校は，協会立学校として，雇用労働省と自治体が支援して設置したものである。1994 年に設立されたこの協会は，マルセイユ市を皮切りに，2022 年現在 55 校の学校が存在する。全国 12 地方（64 県）および 5 大都市圏に置かれ，毎年約 1 万 5 千人の研修生を受け入れている。2007 年から 2011 年にかけて生徒数の拡大期を迎えてから，2012 年以降は安定期に入っている。2CS は，当時 EU 科学研究開発担当を務めていた E. クレッソンが白書『教授と学習』のなかで発案し，1995 年にマルセイユ市にヨーロッパで最初の学校を設立したのが始まりである。クレッソンは後に協会長を務める。2011 年にはフランス国家が認定した憲章もあり，全国共通の質が保証され，教育機関への編入あるいは雇用時の共通認識が形成されている（教育法典第 L. 214–14 条）。1 人あたり年間約 100 万円（6,117 ユーロ）の経費が投入されており，全体の予算規模は約 145 億円（88.4M ユーロ）で，内訳は地方が 30%，国が 30%，EU の欧州社会基金（ESF）が 16%，市町村が 11%，見習い訓練税が 4% である（2020 年）。このフランスの事例をモデルに，本書のスペインやポルトガルにも広まり，ヨーロッパ内の 2CS のネットワークも構築されている。ただ，フランスの 2CS は，公教育外のセカンドチャンスの機関である。学校という名はついているが，学校外の施設であり，雇用へのつなぎの役割を担う。

　2CS の特徴は 3 つある。1 つはおよそ 6 ヶ月の基礎コンピテンシーの定着に向けた講義，2 つに 10 日間の企業研修を平均 5 回経験，3 つに職業参入（後）への伴走型支援にある。約 1 年未満の伴走型支援によって 8 割が就職につながっている。年間 6 万 4,000 件の企業研修を通じて 6 割が就職ないし，職業訓練機関に登録できている。

　66% の卒業生のうち 24% が職業訓練機関に進路選択をし，そのうち 87% が何らかの資格を取得する。12% は交互教育に参加し，6 割は見習い訓練生として，4 割が職業契約を結ぶ。うち 23% は無期限雇用契約，17% は 6 ヶ月以上の雇用契約である。主な就職先は，ホテル，レストラン業と介護職が最も多い。

■ 2CS パリ校の特徴

　2019 年 3 月の調査では，パリ校の以下のような特徴が確認された。2011 年頃から職業参入を目的にし，企業研修に力を入れている。過去の履歴を基に就きたい職業について話し合いながら，本人の能力と社会経済状況に応じた現実的な進路選択を一緒に探すようにしている。自ら主体的に職業を選ぶことが重要となるため，研修先をいくつか経験し，自分にあった職場，職業を選ばせる。平均 3 つの異なった企業研修を通じて最終的な進路を決定する。企業研修は平

均 4 回ほど受け，6 ヶ月かける。自身で企業研修先を見つけ，受け入れてもらう。最終企業先においても，本校では職業資格が取得できるわけではないため，就職後に改めて資格を獲得するか，就職せずに職業訓練校に進学する道を選ぶ。研修生の生活状況や，保護者の家庭事情によっても進路は変わってくる。特に既婚・離婚者の子連れの事例では，生活環境と職業参入ないし職業資格の勉学の均衡における現実的な可能性が重要となる。

　もう 1 つ重視している点は，市民としての社会統合にある。2CS における講義では，フランス語の書く力と，話す力に重点がおかれている。学校の授業とは異なり，成人教育として仕事や生活に必要な語学力，コミュニケーション力を個々の性格に応じて対応している。2CS の教員（ここでは coach と呼ばれ，社会教育の専門家が多い）は，国民教育省ではなく雇用労働省の管轄，または協会団体であるため，各学校で独自に人事権があり採用している。

　毎週火曜日に入学希望者の面談を実施し，1 年間いつからでも入学できる。面談では，志望動機を尋ねて，本人の就きたい職業とこれまでの学校歴と職業経験を確認する。入学すると，法定労働時間の週 35 時間拘束されることを確認する。面談結果は木曜日には通知され，翌週の月曜日から入学する。

■ 2CS リヨン校の特徴

　他方，2023 年 2 月に訪問したリヨン市に新たに 2021 年に設置された 2CS では，若干異なる様子がみられた。全国平均とは異なる点が 3 つある。それは，18 歳未満が半数を占める点（2021 年時点では，全国平均年齢は 20 歳で，18 歳未満は 24%），85% が外国籍（同 19%），15% が障害者（同 5%）である点である。そのほかの社会的な特徴については，3 割の困難都市地区出身者，45% が女性，9 割弱が職業未経験など，ほぼ全国平均と一緒である。特に未成年が多い点は，今後の特徴となる可能性がある。なぜなら，2019 年の新教育基本法において，学齢期後の 16 歳から 18 歳の若者に対して，NEET の状況にある者への教育と訓練を義務化したからである。全国平均の数値が前年度のため，教育法改正の影響によるものなのか，リヨン市の特徴なのかは定かではない。さらに，同調査時に訪問した職業高校の校長のインタビューにおいても気になる発言があった。校長の話では，職業高校生は，年間授業時数の半分を企業にて研修を受けることになるが，特にサービス業，レストラン業，ホテル業などでは人手不足が COVID-19 後において顕在化しているため，研修中に生徒が高校を退学して，雇用されることがあると言う。無資格で非正規雇用に就く若者が増えることは，決して喜べることではない。数年後に資格の取り直しに再チャレンジする若者を増やす可能性を否定できないからである。今後の動向を注視する必要がある。

　フランスにおける 2CS は，あくまでも学校や訓練校から労働までの移行期間中の受け皿となる。雇用労働省が管轄しているため，いわゆる NEET 対策といえる。（園山大祐）

第7章 ノルウェーにおける早期離学者への支援
オスロにおける補償教育の事例

中田麗子

1 はじめに

　ノルウェーの早期離学問題は，欧州の他国に比べて比較的大きい。国内では，狭義の中退だけでなく，高校を一定期間以内に修了できない未修了の問題として政策課題とされてきた。90年代以降，高校改革をはじめとして，未修了と離学を防ぐためのさまざまな施策が実施され，現在では修了率は向上しつつある。しかし，予防と介入の施策は比較的充実しているものの，離学した若者へのオルタナティブな教育・訓練の機会や補償教育が不十分だという課題がある。

　本章では，ノルウェーの数少ない補償教育を取り上げ，若者支援の最前線における実践と，支援にかかわる大人の取り組みを描出する。そこには熱意をもって若者と関わる大人と，ケアの実践があった。

　まず，ノルウェーの早期離学の状況と対応を概観し（2節），首都オスロにおける公立高校のフォローアップサービス（OT）の事例（3節），そして高校外のオルタナティブな教育の事例（4節）を取り上げる。最後に，これらの事例の共通点を描出し，示唆を挙げる（5節）。

2 早期離学の状況と対策

　欧州委員会では，18歳から24歳の若者のうち，最終学歴が中学校で，調査前4週間以内に教育・訓練を受けていない人を早期離学者と定義している。ノルウェーの早期離学率は2011年には16.6％だったが，2020年には9.9％まで減少し，10％という欧州のベンチマークを達成した（Donlevy et al. 2019）。しかし，2021年に集計方法の変更があったこともあり，その後この数値は上昇した。2023年現在は12.5％で，北欧ではアイスランドに次いで高い（Eurostat 2024）。

133

一方，ノルウェー国内では，欧州委員会の定義する早期離学率ではなく，高校修了率のデータが離学の指標として重視されている。これは，ある年に高校に入学した生徒のうち，5〜6年後に高校を修了している生徒がどのくらいいるかを示す指標である。ノルウェーの高校では進学準備科が3年間，職業科が通常4年間の課程だが，この規定年数以内，あるいはそれに2年を加えた5〜6年以内に修了できない生徒が多い。2022年現在では，5〜6年以内修了率は81％で，残りの約2割，つまり5人に1人は高校修了資格がないまま中退・卒業していたり，引き続き高校に在学している（SSB 2022）。なお，未修了問題は進学準備科よりも職業科において，女子よりも男子において，また移民背景をもつ生徒においてより大きい。

　国レベルでは，1994年に高校改革が行われ，職業科の再編や，離学した若者を支援するためのフォローアップサービスの導入などが行われた。2010年からは，修了率向上プロジェクトが2期にわたって実施された。また，2012年には職業科の見習い訓練の場を確保するための施策，2016年には生徒の欠席に歯止めをかけるための欠席制限ルールが導入された（中田 2021）。

　現在では，「高校教育を受ける権利（3〜4年の期限付き）」を，「高校を修了する権利」に拡充する大がかりな高校改革が行われている。これにともない，さまざまな制度が整備される予定だ。たとえば，新しい試験・評価方法の試行や，成人のためのモジュール化された課程の作成などである（Utdanningsdirektoratet 2024）。

　これらの施策を，欧州委員会の「予防」「介入」「補償」の枠組で整理すると，表7-1のようになる。「予防」や「介入」の取り組みは多岐にわたるが，若者に対する公的な「補償」の施策はフォローアップサービス以外に見られないことがわかる。フォローアップサービス（Oppfølgingstjenesten，以下 OT）は法律により県に義務付けられた施策で，16歳から21歳のニートの若者を支援する取り組みである。通常，OT担当者が若者に連絡をとって，教育機関に戻ったり，就職したりするための支援を提供する。この施策は離学対策の要であるはずだが，支援の程度は県によって異なり，しばしば不十分であると指摘されている（Riksrevisjonen 2016）。また，高校以外のオルタナティブな教育機関は数少ない。

　それでは，補償教育の現場では，実際にどのような取り組みが行われているのだろうか。以下では，フォローアップサービス（OT）と，オルタナティブな教育の事例を取り上げる。いずれも首都オスロの取り組みだ[1]。

第 7 章　ノルウェーにおける早期離学者への支援

表 7-1　ノルウェーにおける離学対策の分類（中田（2021），Donlevy et al.（2019），Kunnskapsdepartementet（2023），Utdanningsdirektoratet（2024），ノルウェーの教育法および規則を参考に筆者作成。下線は現在進行中の改革）

予防	・職業科再編 ・進路に関する助言機能強化 ・職業科から進学準備科に移動するための追加課程導入 ・見習い訓練の場の確保のための取り決め締結 ・欠席制限ルールの導入・改定 ・中学 3 年生への補習 ・統計データ整備 ・進学準備科における評価方法の再考 ・職業科における新しい試験方法の検討 ・すべての生徒にとって楽しく学習できる場としての高校
介入	・学校と専門機関（児童福祉，教育心理，学校保健等）との協働 ・リスクのある生徒の特定と支援 ・進路や社会的側面に関する助言を受ける権利
補償	・成人教育 ・成人のためのモジュール化された高校教育課程の整備 ・離学した若者を対象としたフォローアップサービス

3 高校におけるフォローアップサービス（OT）

● 3-1　ノルウェーの高校制度とフォローアップサービス（OT）

　事例の紹介に先立って，ノルウェーの高校とフォローアップサービス（OT）の概要を示す。

　ノルウェーの高校には入試がない。高校進学率は約 97％で，ほぼ全員が進学する。進学準備科と職業科があり，それぞれ複数のコースがある。通常，進学準備科は 3 年間，職業科は 4 年間（学校で 2 年間，職場での見習い訓練を 2 年間受ける「2 ＋ 2 モデル」）の課程で，それぞれ修了すると「進学資格」あるいは「職業資格」が得られる。コース間の変更は 1 度に限り認められる。また，職業科で 1 年間の追加課程を受けることで「進学資格」を取得したり，「進学資格」と「職業資格」を並行して取得するための特別なコースもある。

---

1) オスロはノルウェーの首都であり，基礎自治体（市）であると同時に広域自治体（県）でもある。人口は約 70 万人で（SSB 2024a），移民背景をもつ住民は約 35％と多い（SSB 2024b）。高校の修了率は 80％を超えており，国内では比較的高い一方で，16 歳〜25 歳の高校教育を修了していない若者のうち，就業しているのは 5.1％である。これは全国平均よりやや少ない（SSB 2024a; SSB 2024b; Utdanningsdirektoratet 2023a）。

高校教育を受ける権利は，24歳になるまでの3年間（職業科では4年間）有効である[2]。この権利を有しているにもかかわらず，教育を受けておらず，仕事にもついていないいわばニートの場合，県がフォローアップサービス（OT）を提供する。具体的には，高校進学を希望しなかった人，中退した人，入学を辞退した人，見習い訓練の場が見つからなかった人，予防的措置でOTを受ける人などが対象である（Riksrevisjon 2016）。OTをどのように実施するかは県に任されているが，通常はOT担当者を地域の学校やキャリアセンターに配置し，若者をフォローする。

　オスロは，市内の7つの高校においてOT対象者（ニートの若者）を受け入れるという独自のOT施策を実施している（表7-2）。対象者は主に1年次に入学し，小規模クラスや個別計画に応じて密なフォローを受け，進級を目指す。オスロ教育局の担当者によると，高校を修了していない若者が就ける職はほとんどなく，高校以外のオルタナティブな教育・訓練の場もほとんどないため，高校に戻ってもらうことが最も現実的なのだという[3]。以下で取り上げるキューベン高校は，オスロで最大規模の公立高校（在校生約1700人）で，OT対象者を最も多く受け入れている。

● 3-2　キューベン高校のフォローアップサービス（OT）

　キューベン高校は，職業専門学校や建設業学習センターなどが入る「キューベン職業アリーナ」の一角に設置されており，職業科に力を入れている高校だ。2023年から2024年にかけて，職業科の授業参観と，アドバイザーへのインタビューを実施した[4]。

　同校では，新学期（8月）が始まって少したった9月から翌1月にかけて職業科でOTの生徒を受け入れる[5]。OTの生徒のみでクラスが編成される場合と，通常クラスに配属される場合とがある。加えて，職業選択に迷っている生徒のために，1年次の共通教科（英語，数学，理科，体育）の学習と職業実習を組み合わせたコース，

2）25歳以上は成人として高校教育を受ける権利がある。
3）オスロ教育局のEivind Svennar氏へのオンラインインタビュー（2024年1月16日）より。
4）キューベン高校では，「技術・工業生産コース」の1年生の専門科目の授業参観（2023年10月19日），「保健・育成コース」の1年生の専門科目の授業参観（2024年1月25日），「技術・工業生産コース」のアドバイザーØyvind Mettenes氏への対面インタビュー（2023年4月20日），同氏および「情報技術・メディア制作コース」のアドバイザーMartine Lunde Sørensen氏への対面インタビュー（2023年10月19日），英語教員であるTomoko Shingai Jørgensen氏への対面インタビュー（2023年10月19日）を行った。
5）ここには特別支援ニーズがある生徒や，ノルウェーに移住して間もない若者は含まれない。

136

第 7 章　ノルウェーにおける早期離学者への支援

表 7-2　オスロで OT を提供している高校（オスロ教育局のウェブサイトおよび各高校のウェブサイトを基に筆者作成。Skoletilbud fra Oppfølgingstjenesten.〈https://www.oslo.kommune.no/skole-og-utdanning/videregaende-skole/soke-videregaende-skole/utdannings-og-yrkesveiledning/oppfolgingstjenesten/skoletilbud-fra-oppfolgingstjenesten/〉（2024 年 10 月 3 日最終確認））

高校名	OT 枠があるコースと年次（期間），受け入れ人数，クラス編成など （S が進学準備科，Y が職業科）
Kuben 高校	・情報技術・メディア制作（Y），1 年次，通常クラスに配属 ・健康・育成（Y），1 年次，通常クラスに配属 ・建設・設備（Y），1 年次，OT クラス ・共通教科と職業実習，OT クラス ・基礎，小中学校の補習，OT クラス ※上記に加えて，技術・工業生産（Y）と電気（Y）でもフォローアップが必要な生徒を受け入れる場合がある。
Hellerud 高校	・学術特化（S），1 年次，16 人 ・メディア・コミュニケーション（S），1 年次，16〜24 人（6〜12 人グループに編成）
Bjørnholt 高校	・学術特化（S） ・情報技術・メディア制作（Y） ・電気（Y） ※通常クラスに配属，各コース 1 人まで，1 年間
Etterstad 高校	・レストラン・調理（Y），8〜12 人，1 年間
Persbråten 高校	・スポーツ／野外活動（S），15 人，個別計画
Valle Hovin 高校	・学術特化（S），1 年次，27 人 ・進学準備科の教科（S），3 年次（2 年次の教科含む），18 人 ※上記を 2 年間通して受けることで修了資格を得られる。
Nydalen 高校	・基礎，15 人，小中学校の補習

そして主に小中学校の補習を提供する基礎コースも提供している。

　OT の生徒は，アドバイザー（Rådgiver），環境支援員（Miljøarbeider, Miljøterapeut），そして教員から密な支援が受けられる。アドバイザーは，進路や就職に関する助言，生徒の社会的・個人的・感情的な困りごとに対する支援をする専門家で，ノルウェーの高校には必ず配置されている。キューベン高校では 8 つのコースに合計 9 名が配置されている（Kuben videregående skole 2023）。アドバイザーは，OT の生徒だけでなく，自分が受けもつコースや学年のすべての生徒を担当している。インタビューをした 2 人のアドバイザーはそれぞれ 200 人ほどの生徒を受けもっていた。

　環境支援員は，児童福祉や社会福祉の専門家で，さまざまな事情を抱える生徒が日々をスムーズに過ごせるように働きかける。教室や廊下をまわって生徒たちと知

り合い，声をかけ，一緒に活動したりする。同校では，OT の生徒を受け入れることで，追加の環境支援員を雇用する予算を確保している。また，支援にあたっては担任や教科担当の教員との協働も欠かせない。

　OT は主に離学した生徒への補償教育であるが，キューベン高校のアドバイザーは，「私たちは OT を予防的な活動だと考えている」と話してくれた。OT の生徒が通常クラスに配置されている場合もあるし，OT 以外にもさまざまなニーズを抱えた生徒がいるからだ。たとえば，技術・工業生産コースの 1 年生 13 人のクラスでは，OT の生徒が 1 人，特別なニーズを抱える生徒が数人いるとのことだった。アドバイザーは全員の状況を把握していた。また，追加の環境支援員は授業前後や授業中に生徒の様子を見にきていた。教員・アドバイザー・環境支援員のチームで生徒全員を見守っている様子がうかがえた。

　以下では，生徒支援の実践を，「就業準備」「社会的行動能力」「柔軟性」というキーワードで紹介する。

①生徒の「就業準備」を目指す

　キューベン高校の職業科の先生たちが大事にしているのは，生徒を「就業準備ができている状態」にすることだ。そのため，各教科において，仕事を具体的にイメージした知識・スキルを取り扱う。

　たとえば，自動車整備士などの資格を目指せる技術・工業生産コースでは，1 年生が小型モーターを分解し組み立てる課題に取り組んでいた。担当の先生は，作業台をまわりながら，生徒に問いかけ，説明する。やりとりは，部品や工具の知識，作業のスキル，そしてプロの整備士になるための心構えなど多岐にわたっていたが，どれも具体的だった。「油を手にこぼしたらどうなる？　皮膚も呼吸しているから手袋は必須だ。作業着の予備ももってきておくこと」「どちらに回すとネジがとれるか，忘れたときはペットボトルを思い出して。（実際のペットボトルを手に）横にしたときは，どっちに回すと蓋があく？」「早くやることが重要なのではない。正しくやることだ」。

　先生は，どこにあった部品なのかを忘れないように，メモを書くことも助言していた。アドバイザーによると，ほとんど書くことができない生徒もいるという。特別なニーズへの配慮として，中学校で筆記試験が免除される場合もあるからだ。しかし，アドバイザーは，「書くことに取り組ませないのは，子どもに対する権利侵害だ」と語った。仕事に就くことを考えると，メモをとる程度の書く能力は必要だ

第7章　ノルウェーにおける早期離学者への支援

図7-1　キューベン高校の技術・工業生産コースの授業。右端が先生。

からだ。

　健康・育成コースの生徒は，保育施設や介護施設で働くアシスタントやヘルパーの資格を目指す。ある日の授業のテーマは，職場で欠かせない他職種との協働だった。車いすに乗った少年が，さまざまな専門家の支援を受けて1日を過ごすビデオを見たあとで「なぜ専門職同士の協働が必要なのか」を2～4人のグループで話し合い，レポートを書く。グループは先生が決め，3週間固定にして，クラスのさまざまな人と議論ができるようにしているという。先生は，机をまわって問いかけ，相槌を打ち，話し合いを促していた。

　このように，各コースの専門科目を中心に，日々の授業で，職場で使う知識・スキル・心構えに直結するような内容が扱われている。また，英語の授業でモーターに関する機械や工具など専門用語の英語名称を扱うといったように，共通教科でも就業準備を意識した工夫がされている場合もある。

② 「社会的行動能力」を重視した支援

　アドバイザーと環境支援員は，生徒の社会的な側面への支援を通して，就業準備を目指す。そのために，同校では「帰結のペダゴジー」というアプローチを用いている。これは，生徒の「社会的行動能力」に焦点を当て，責任をもって自分の行動を選択することを目指すものである[6]。生徒が，自分の行動の帰結，すなわち，自分の行動が周囲の人にどのように捉えられるかを理解し，行動を変えることによって，帰結が変えられることを学ぶ。

139

たとえば，生徒は，朝起きられなかったり，毎日遅刻してきたり，電話に出なかったりする。しかし職場ではそのようなことは許されない。職場に行かないという行動の帰結は，職場の人の信用を失い，職を失うことだ。そのため，仕事に就くためには，そのような行動を変えなければならない。

　アドバイザーや環境支援員は，生徒と知り合い，信頼関係を作り，行動を自ら変えることを手助けする。生徒との話が数時間におよぶこともある。朝の集合時間や時間割などを個別に設定し，「時間通りに来る」「メッセージに返事をする」「報告をする」「助けを求める」といったことを練習したりもする。特に環境支援員は学校内での支援にとどまらず，外で一緒にランチをしたり，家に迎えに行ったりもするし，心理カウンセラーや医師のところについて行ったり，お店で買い物をすることを教えたりもするという。いわば「教科指導以外はすべてやる」のだという。

　「帰結のペダゴジー」で重要なのは，生徒が問題を自分事として捉え，自分の意志をもって生活を変えようとすることである。その点について，アドバイザーは「厳しく」対応するという。たとえば，睡眠障害の診断があり，頻繁に遅刻をする生徒がいた。医師の診断書もあるため，特別対応で2年次はなんとか修了させられそうだった。しかし，アドバイザーは，「このままだと仕事にはつけない。職場は，あなたに睡眠障害の診断があるかどうかは関係なく，仕事に遅れてくる人は雇用しないだろう」と，はっきり生徒と保護者に伝えたという。自分たちの問題として認識してもらうためだ。生徒自身が問題解決したいと思って，初めて一緒に解決策を模索できる。

　生徒が問題をどのように捉えているかを引き出すのもアドバイザーの役割だ。毎日のように遅刻をしてくる生徒がいたが，話を聞くと「遅刻は自分の責任ではない。バスが毎日遅れて，教室が最上階にあってエレベーターが混んでいるからだ」と考えていたことがわかった。そこで初めて，彼が遅刻しつづける理由がわかったという。

　アドバイザーによると，中学校までは，周りが一方的に支援を提供し，本人の意志が問われないことも多いという。しかし，高校は義務ではないため，登校するかどうかも自分で決めなければならない。多くの生徒にとって，この転換は大変で，

6）「帰結のペダゴジー（Konsekvenspedagogikk）」はデンマークのイェンス・ベイが提唱しているペダゴジー（教育方法）で，生徒を患者とみなして治療を行う心理学的な見方へのオルタナティブとして開発された（Bay 2005）。本章では，原書を参考にしながら，主にキューベン高校のアドバイザーの理解と表現を通して説明する。

140

第7章　ノルウェーにおける早期離学者への支援

「彼らを動機づけること，自分から何かをしたいと思わせること」が難しいところ
だという。

　多くの教員は，生徒が遅刻し続けたり，授業でやる気を見せなかったりすること
にフラストレーションを抱え困惑するが，アドバイザーは，生徒自身が何を考えて
いるかを聞き出し，そこから始めることが重要だと考える。うまくいかないとわか
っているときも，生徒自身が問題に直面して助けを求めるまで待つ。遅刻してきた
生徒が校内に入るのを迷っているときに，しばらく様子を見て，タイミングを見て
声をかけ，教室につきそう。辛抱強く生徒の様子を見守り，ここぞという時に支援
の手を差し伸べるのである。

③柔軟性

　社会的な側面については，時に「厳しく」対応するアドバイザーだが，教科学習
の困難については，規則の枠内で最大限柔軟に対応する。

　たとえば，英語学習に困難を抱えた生徒には少人数の特別授業が提供されるのだ
が，それでも合格点がつかない場合は，成績免除を申請することができる。教科で
成績がつかなくても，最終的に職業資格が得られる場合があるためだ。アドバイザ
ーは，必要な書類を心理専門職に作成してもらったり，担当教員と協力して生徒が
できることを探し，最低合格点の「2」をつけたりする。

　「教科の成績がつかないことは，それほど問題ではない」という認識の背景には，
たとえ「英語が不合格であっても，良い大工になることはできる」という就業準備
の観点がある。同時に，それでも高校は修了しなければならないという状況がある。
高校を修了せずに学校を離れ，「誰も拾ってくれなかったらどうなるか，私たちは
知っているから」とアドバイザーは話してくれた。

　あるOTの生徒は，家庭の問題，健康の問題，感情的な問題など「フルパッケー
ジ」の課題を抱えていた。彼は学校を欠席しがちだったが，ゲームやプログラミン
グの高い能力をもっていることがわかったため，アドバイザーたちは彼との信頼関
係をつくり，家庭や担任の先生，医師との協力関係をつくった。そして時間割や評
価の個別対応を行い，彼の得意分野で学校外の活動に参加させ，高校を修了させて
職場に送り出した。彼は今，驚くほど職場に順応し，生き生きと働いているそうだ。
彼自身もアドバイザーも，「OTのような制度がなかったら高校修了はできなかっ
ただろう」と考えている。

4 ダーレオーエン・アカデミーにおける教育プログラム

　ノルウェーでは，正規の高校教育を離れた場合のオルタナティブな選択肢があまりないという。そうしたオルタナティブな教育機関の1つに，非営利財団であるダーレオーエン・アカデミー（以下，アカデミー）がある。15歳から20歳までの中学校を卒業した若者を受け入れている。全国に3つあるアカデミーの1つがオスロにある[7]。

　アカデミーは，10月中旬ごろから翌年6月までの約8か月のプログラムを提供している。平日の9時から14時半まで，毎日活動がある。学校暦に沿って活動するが，学校のように教科や時間割があるわけではない。オスロ校では，クライミングやパドリング，ランニングや山登り，キャンプなどの野外活動を行う。活動を通して目指しているのは，「資質」の形成だ。アカデミーのスローガンは，「私たちは成績（karakter）をつけない，資質（karakter）をつくる」[8]というものだ。参加費用は8万クローナ（日本円で約120万円）と高額だが，全額あるいは一部奨学金を申請することもできる。2023年度は15歳から19歳の7人の若者がオスロ校に入学した。

　8か月のプログラムを受けることで，何らかの公的な資格が得られるわけではない。しかし，若者が自分の「資質」を育て，自信をつけ，参加者同士で高めあう経験を通して，次の一歩を踏み出すことを支援する。プログラムを終えたあと，参加者の多くが高校に入学したり，仕事についたりしているという。

　以下では，オスロの活動を率いるスタッフへのインタビューと，ある日の乗馬活動への参加，アカデミーの教育プログラムの責任者へのインタビューを基に，アカデミーにおける若者支援の在り方を「資質の形成」「他者への貢献」というキーワードで紹介する[9]。

①資質の形成

　アカデミーの教育プログラムは，11の資質の形成を目標とする。11の資質は「責任」「勇気」「協働」「自己主張」などで，21世紀スキルなどを参考にアカデミー

---

7) Dale Oen Experience のHPを参照。Academy.〈https://www.daleoen.com/dale-oen-academy.〉（2024年6月6日最終確認）
8)「資質（性格・人格）」と「成績」が同じkarakterであることを利用したフレーズ。
9) ダーレオーエン・アカデミーのオスロ校のスタッフ Tuva Østby 氏への対面インタビュー（2023年11月30日），アカデミー本部の教育リーダー Kjetil Nordås 氏へのオンラインインタビュー（2024年4月22日）を実施し，オスロ校の乗馬活動に参加した（2024年4月18日）。

第 7 章　ノルウェーにおける早期離学者への支援

図 7-2　ダーレオーエン・アカデミーにおける 11 の資質（ダーレオーエン・アカデミーの資料より筆者翻訳）

が独自に作ったものだ（図7-2）。日々の活動は，これらの資質を意識して行われる。

　まず，活動の前に，どのような資質に焦点を当てるかを確認する。ある日のアカデミーの活動は，郊外の馬牧場に行き，乗馬に挑戦することだった。乗馬に入る前に，今日はどのように行動するかとスタッフが問いかけた。当日参加した4人の若者は「馬に触ってみる」「乗ってみる」と話した。「もし乗れない仲間がいたら？」とスタッフが聞くと「応援する」「手伝う」と応じる。スタッフが「もし誰かが馬の後ろに間違えて立っていたら，危ないよ，離れて，と言うことも大事だね」と話した。これらは，「勇気」「協働」「ケアと共感」などに当たるだろう。

　また，活動の最後には，一日を振り返って，資質に関連した場面や気づき，誰がどのようなことができたのかを全員で出し合う。乗馬とヤギの餌やりに挑戦した日の最後には，以下のような発言が出た。

　「Aさんはとても動物の扱いが上手だった」（若者）

　「BさんとCさんは，終始とてもポジティブな雰囲気でよかった」（若者）

　「みんなが，ヤギの柵に入れないでいた仲間に対して「入ってこない？」と声をかけていた。声をかけられた人は，柵の中に入ってきた。」（スタッフ）

　「自分が馬に乗っているときに，他の人から声をかけてもらうのはとても嬉しかった」（スタッフ）

　これらは，「勇気」「ユーモア」「責任感」「ケアと共感」などに当たるだろう。特に，スタッフの2人は，日々の様子との比較なども交えて，それぞれの若者に対してポジティブなコメントをしていた。

143

図7-3　ダーレオーエン・アカデミーの乗馬活動の日。右端がスタッフ（筆者撮影）

　活動を行う上では，速さや高さが重要なのではないし，乗馬やクライミングのスキルを学ぶことが第一の目的でもないという[10]。資質を意識しながら活動し，資質を伸ばしたり自信をつけたりすることが重要なのである。

　活動に参加する以前に，朝起きて集合時間に来るといった生活ルーティンにおいても，資質が意識される。アカデミーに入ってくるのは，さまざまな理由で高校に行っていない若者であり，自閉症などの診断がある場合もあれば，社会的な恐怖心がある場合もある。彼らは，学校で何かを達成したり，達成感を得たりすることが難しかったといえる。そのため，小さいステップを設定し，ステップを登るたびに励ますことが大事だという。集合時間に来られなかった若者がいたとしても，「あなたは今日起きられたし，電話に出てくれた。あなたは成長しようとしているし，責任ある行動をとっている」と励ますという。このように小さな達成を積み重ねていき，集合時間に来られるようになり，徐々に活動にも参加できるようになる。

　スタッフにとっては，どの段階で，どこまで手助けするかの見極めが重要になる。乗馬の日には，1人の若者から「寝坊してしまった」とスタッフに電話が入った。スタッフは，乗馬がしたいという本人の気持ちを尊重するとともに，もともとの集合場所まで迎えに行くのではなく，馬牧場の最寄りの駅までは自力で来るようにと伝えた。徐々に自力で行動できる範囲を増やすためだ。

　責任感やグリット（粘り強さ）といった資質は多かれ少なかれ誰にでもあるという。

---

10) ただし，スタッフはさまざまな活動を安全に提供できるようにするために，クライミングやパドリングなど，必要な活動の研修を受けるという。

第7章　ノルウェーにおける早期離学者への支援

しかし，その資質を育むためには多少なりとも本人のモチベーションがあることが大事だという。アカデミーに来ることは強制されるようなものではなく，自分が欲して来ることが大事だ。この点は入学前に面談できちんと見極める必要があるという。また，期中であっても，参加者に成長したいという気持ちがなかったり，資質を形成することに取り組まないような場合は，話し合いをして，アカデミーに残りたいかどうかを問うという。もし，それでもモチベーションが見られない場合は，残念ながらアカデミーをやめてもらうしかない[11]。

②他者への貢献

　アカデミーの活動では，個人の資質と同時に，共同体を重視している。グループのメンバーがお互いの資質形成に貢献し，一緒に成長していくということだ。

　11の資質には成長のレベルがあるが，他者のために自分の資質を使うことは最高レベルに位置づけられているという。

　たとえば，活動では，自分の資質を他者のために使うことが奨励される。ユーモアを強みとしている若者がいたら，場が重い雰囲気になったときにみんなをもち上げることができる。クライミングの経験者であれば，他の人たちを手伝う責任を引き受けることができる。乗馬の日にも，自分が勇気を出して挑戦することと同じくらい，他の人に対して「手助けすること」「応援すること」「声をかけること」が大事にされていた。

　失敗に対するスタッフの対応にも，共同体が意識されているようだった。参加者は失敗することを恐れているが，それは恥ずかしいことだったり，弱さを見せることだと思っているからだ。しかし，失敗すると，本人だけでなく，みんながそこから学べる，とスタッフは語ってくれた。むしろ，失敗したことはとても良かったことだと意味づけるという。何事かに挑戦して成功すれば「ファンタスティスク（fantastisk，素晴らしいの意）」だし，失敗しても「ファイルタスティスク（feil-tastisk，素晴らしいの語頭を失敗にした造語）」なのだという。

5　おわりに：共通点と示唆

　キューベン高校とダーレオーエン・アカデミーの事例からは，共通点として3つ

11）アカデミーの教育リーダーによると，これまで1件だけそのようなケースがあったという。

145

の特徴を挙げられる。

　第一に，実践的な活動を中心に据えていることである。キューベン高校では，職業科で OT を受け入れているため，校内にある作業場や整備場で作業をしたり，校外での実習の機会がある。ダーレオーエン・アカデミーのオスロ校では，年間を通してスポーツや野外活動を行う。いずれも，座学で学ぶというよりは，身体を動かしたり，実際の作業や仕事に携わることを通して，就学・就業準備を行っている。

　第二に，生徒の社会的な資質・能力に重点を置いた支援をしていることである。キューベン高校では，アドバイザーは「社会的行動能力」を重視している。ダーレオーエン・アカデミーでは，11 の「資質」の形成を意識して活動が行われている。人との関係の中で自分の存在を捉え，責任ある行動をとったり，他者を助けたりすることが，学習や仕事の大事な基盤と考えられている。

　第三に，支援する大人が，若者自身のモチベーションを重視しているということである。彼らは，若者が自ら来たいと思うこと，自ら何かをしたい・変えたいと思うことを大事にしていた。その背景には，高校やダーレオーエン・アカデミーが義務教育ではないということがある。若者は，学校やアカデミーに自ら欲して来なければならないが，彼らはさまざまな事情を抱え学校を離れているため，この部分が非常に難しい。どちらの事例でも，朝起きられない生徒や，時間通りに来られない生徒の話が出た。支援に関わる大人はその状況を改善することに丁寧に取り組む。もちろん，学校やアカデミーに来なければ支援も活動も提供できないということもあるが，自らの意志があって初めて支援や活動の価値があるということでもある。難しい取り組みだが，アドバイザーやアカデミーのスタッフは，生徒を知り，信頼関係をつくっていく中で，生徒のモチベーションの芽を見つけ育てているようだった。

　最後に，本章で取り上げた事例とそれらの共通点から，以下の 2 点を示唆として挙げたい。

　1 つは，若者にとってのケアリングの重要性である。ノディングスによると，ケアリングは，専心没頭の状態，つまり，対象となる人についての，心配や，気づかいの状態の中にあることである（ノディングス 1997）。キューベン高校やアカデミーの事例は，教育・訓練の実践であるとともに，ケアリングの実践でもあるといえる。教育制度を見ると，ケアは，保育・幼児教育や小学校段階では，教育とともに重要なものとして提供されている。しかし，それはより年齢の高い生徒についても重要なのではないか。その意味では，現在のノルウェーの高校改革の行方をケアリング

という観点から見る必要がある。改革の柱の1つとして、「モチベーション、達成感、多様性」が挙げられており、政府は「高校教育にはウェルビーイングが必要だ」としている（Kunnskapsdepartementet 2023a）。この点がどのように具体的に実現するか、注目に値する。

　もう1つは、若者のモチベーションの問題をどのように考えるかという点である。ダーレオーエン・アカデミーのスタッフの一人は、「子どもは好奇心が強いのに、学校に通うことによって熱意や好奇心が減っていってしまう」という矛盾を語ってくれた。また、キューベン高校のアドバイザーは、中学校までは本人の意志を問うことなく、周囲が一方的に支援を提供することが多い、という課題を語った。これらの観点は、政策・制度を考える際に重要だろう。同時に、支援にかかわる大人たちの話からは、モチベーションを個人の問題として捉えるのではなく、関係性の中で捉えることの重要性が垣間見えた。モチベーションとは、それが有るか無いかではなく、ケアし、ケアされる関係の中で、芽が出て育っていくようなものなのかもしれない。

　冒頭に述べたように、ノルウェーでは「予防」「介入」に対して「補償教育」の制度が充実しているとはいえない。しかし、支援の最前線では大人が熱意をもって若者に関わっていた。その特徴は実践的活動と社会的側面に焦点をあて、関係性の中でケアするというものだった。対象となる若者が多いことを考えると、今後、補償教育の制度自体を拡充する必要があろうが、その際には、支援に関わる大人がケアの実践を十分行えるような制度とリソースの整備が重要だろう。

【謝　　辞】
　本章の事例を執筆するにあたって、キューベン高校とダーレオーエン・アカデミーのみなさんには大変お世話になりました。特に、キューベン高校のØyvindとMartine、ダーレオーエン・アカデミーのTuvaの熱意とケアから多くの示唆をいただきました。心より敬意と感謝を申し上げます。

【引用・参考文献】
中田麗子（2021）．「第10章ノルウェーにおけるドロップアウトの問題と修了率向上政策」園山大祐
　　［編］『学校を離れる若者たち―ヨーロッパの教育政策にみる早期離学と進路保障』ナカニシヤ
　　出版，pp. 173-188.
ノディングス，N.／立山善康・林泰成・清水重樹・宮崎宏志・新茂之［訳］（1997）．『ケアリング：
　　倫理と道徳の教育―女性の観点から』晃洋書房.
Bay, J. (2005). Konsekvenspædagogik - en pædagogik om eksistens og social
　　handlingskompetanse. Borgen.

Donlevy, V., Day, L., Andriescu, M. & Downes, P. (2019). Assessment of the Implementation of the 2011 Council Recommendation on Policies to Reduce Early School Leaving. Final report: July 2019. Luxemburg: Publications Office of the European Union.

Eurostat (2024). Early leavers from education and training, age group 18-24. ⟨https://ec.europa. eu/eurostat/databrowser/view/tesem020/default/table?lang=en⟩ (2024 年 11 月 7 日最終確認)

Kuben videregående skole (2023). Rådgivertjenesten. ⟨https://kuben.vgs.no/for-elever/ elevrettede-tjenester/radgivertjenesten/⟩ (2024 年 6 月 6 日最終確認)

Kunnskapsdepartementet (2023). (01-16). En videregående opplæring hvor elevene fullfører og kvalifiseres. Regjeringen.no. ⟨https://www.regjeringen.no/no/tema/utdanning/ grunnopplaring/innsiktsartikler/en-videregaende-opplaring-hvor-elevene-fullforer-og-kvalifiseres/id2918339/⟩ (2024 年 6 月 6 日最終確認)

Riksrevisjonen (2016) Riksrevisjonens undersøkelse av oppfølging av ungdom utenfor opplæring og arbeid. Dokument 3: 9 (2015-2016).

SSB (2022). 12970: Gjennomføring i videregående opplæring, etter detaljert fullføringsgrad, todelt utdanningsprogram og kjønn 2006-2012 - 2017-2023 ⟨https://www.ssb.no/statbank/ table/12970⟩ (2024 年 6 月 6 日最終確認)

SSB (2023a). 11964: Overganger til og fra videregående opplæring, etter overgang (F) 2015 - 2023. ⟨https://www.ssb.no/statbank/table/11964⟩ (2024 年 7 月 12 日最終確認)

SSB (2023b). 11968: Overganger i videregående opplæring, etter utdanningsprogram forrige år og utdanning i år (F) 2015 - 2023. ⟨https://www.ssb.no/statbank/table/11968⟩ (2024 年 7 月 12 日最終確認)

SSB (2023c). 12971: Gjennomføring i videregående opplæring, etter fullføringsgrad, todelt utdanningsprogram og kjønn (F) 2006-2012 - 2017-2023. ⟨https://www.ssb.no/statbank/ table/12971⟩ (2024 年 7 月 12 日最終確認)

SSB (2024a). 01223: Befolkning og endringar hittil i år, etter region, statistikkvariabel og kvartal (u) ⟨https://www.ssb.no/statbank/table/01223⟩ (2024 年 10 月 3 日最終確認)

SSB (2024b). 07108: Innvandrere og norskfødte med innvandrerforeldre, etter region, statistikkvariabel og år. ⟨https://www.ssb.no/statbank/table/07108⟩ (2024 年 10 月 3 日最終確認)

Utdanningsdirektoratet (2023a) (08-31). Gjennomføring av videregående opplæring. ⟨https:// www.udir.no/tall-og-forskning/statistikk/statistikk-videregaende-skole/analyser/2023/ gjennomforing-av-videregaende-opplaring/⟩ (2024 年 6 月 6 日最終確認)

Utdanningsdirektoratet (2023b). Førsteinntak til videregående skole - utdanningsprogram. ⟨https://www.udir.no/tall-og-forskning/statistikk/statistikk-videregaende-skole/forsteinntak/ sortert-etter-utdanningsprogram/⟩ (2024 年 7 月 12 日最終確認)

Utdanningsdirektoratet (2024) (04-23). Fullføringsreformen. ⟨https://www.udir.no/ utdanningslopet/videregaende-opplaring/fullforingsreformen/#a211814⟩ (2024 年 6 月 6 日最終確認)

第 7 章　ノルウェーにおける早期離学者への支援

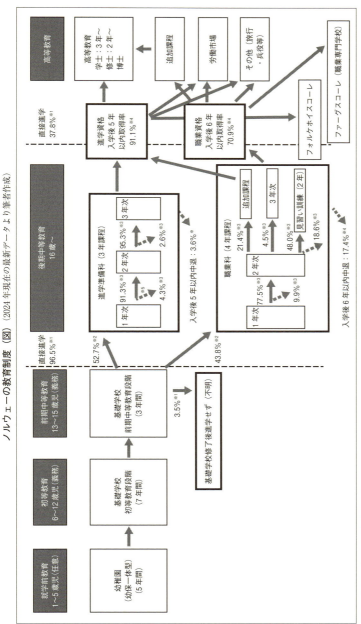

ノルウェーの教育制度（図）（2024 年現在の最新データより筆者作成）

※1 直接進学率：表 11964（SSB 2023a）。
※2 後期中等教育進学時のプログラム選択率：Førsteinntak til videregående skole（Utdanningsdirektoratet 2023）と直接進学率より筆者算出（Vg1 の各プログラム受入生徒数のうち、「16 歳以下」を直接進学者と仮定）。
※3 年次ごとの進級率：表 11968（SSB 2023b）。各年次・各プログラムの 2023 年度の人数が母数である。なお進級・中退以外に「課程変更」「留年」「その他の後期中等教育」などがあるため 100% にはならない。
※4 入学後 5/6 年以内修了資格取得率・中退率：表 12971（SSB 2023c）。母数は 2017 年度各プログラムへの入学者である。修了資格取得・中退以外に「課程履修継続合格」「基礎資格取得」「5/6 年後に教育課程に在籍」があるため 100% にはならない。
※5 点線の矢印は教育課程からの中退を意味する。

149

第8章 エストニアにおける早期離学への予防・介入・補償

小国の小規模なインクルーシブ環境

丸山英樹

1 はじめに（政策の概要と文化的背景）

　エストニアでは，基礎学校・高等学校法第9条第1項[1]により就学義務が定められている。すなわち，就学義務とは学校の日課または個別の教育課程に定められた学習に参加し，学習演習を行い，能力に応じて知識および技能を習得する義務をいう。就学義務の対象となる者が，正当な理由なく，いずれの学校にも在籍せず，または学業を欠席した場合には，就学義務は履行されたとはみなされない。今のところ就学前教育は義務ではないが，義務教育は7から17歳までの間を対象に，その期間は第1から9学年までとされている。また，コロナ禍以前からホームスクーリングは，同法第23条により保護者の選択あるいは医学的理由から認められている。医学的理由の場合，保護者らが国の基準を遵守することで義務教育期間中の在宅教育は認められ，しかし国ではなく担任教員が試験などを用いて学習成果を確認する（Blok & Karsten 2011）。コロナ禍ではホームスクーリングを選ぶ家族は増え，対応する学校リストから受け入れ学校を選び，学習内容などについて事前に受入校と合意している。

　他の欧州諸国と同様にエストニアでも早期離学者に対する対応として，予防・介入・補償は次の通り存在する（European Commission 2019）。

- ・予防：柔軟なカリキュラム・進路，多言語配慮，保護者の支援的関与，職業訓練教育への進路，学校と地域労働市場への接続。（ただし，分離方針は推進していない）
- ・介入：学校と外部団体との連携，早期離学リスクを早期に把握するシステム，

---

1) Riigi Teataja, Basic Schools and Upper Secondary Schools Act. 〈https://www.riigiteataja.ee/en/eli/513012014002/consolide/current〉（2024年10月4日最終確認）

第 8 章　エストニアにおける早期離学への予防・介入・補償

インクルーシブで参加型の学校環境を促進，権利保障にもとづく方策，充実した課外教育，個別の情報支援。(ただし教師・校長への支援は少なく，生徒個別への金銭的支援は無い)

・補償：「セカンドチャンス」教育などの提供，主流の学校への復帰，学習歴の認証，心理・教育・家計の面での支援

これらのうち，特に補償は，主流の教育課程に子どもを戻すことも含むが，ノンフォーマル教育（NFE）として位置づく（丸山ら 2016; 太田・丸山 2024）。なぜならば，主要科目には適用されない実態はあるものの，エストニアでは学校以外の教育プログラムの学習経験を該当する教科内容の履修と読み替えて卒業させることができる。また，制度上は分離方針を進めてはいないものの，本章の事例のように実質的に分離方針と考えられることもあり，同時に学校の高い裁量から柔軟な学校教育であるNFE が展開されているとみなすことができるためである。ただし，本章は NFE そのものを追いかけるわけではない。

本章で扱う事例は，日本の制度でいうところの特別支援学校という分類になるだろう。とはいえ，エストニアにおいても特別な支援が必要とみなされないまま，またはその現実を受け入れないまま通常学校・学級に在籍している子どもは多い。そのため，この事例は，本人・保護者・教師の三者とも外部専門家の助言をもとに支援が必要であると認めた場合に該当する。通常学校と同様に無償であるが，きわめて個別対応を可能としている本事例の学校には，国内から転居して子どもを通わせたがる保護者も少なくない。また，学校の方針としても，この学校のアプローチを通常学校にも広めたいと考えているため，画一的な学校教育もしくは通学し出席することに過度な価値を置く履修義務を相対化できるよう，主に補償にフォーカスする学校として扱う。

さて，エストニア全体の教育システムの特徴として，中期的ビジョンとして国による教育戦略が提示され，同時に現場では学校レベルで高度な裁量で任されている点が挙げられる。前者について，2014 年 2 月に『エストニア生涯学習戦略 2020』が発表され，2020 年までの教育方針および教育予算の決定について示した。その目標は，生涯にわたりすべてのエストニア人に学習機会を提供し，社会・仕事・家族の場における自己実現のために必要な取り組みや能力開発を行うことが掲げられていた。現在は，その後継となる『教育戦略 2021-2035』が進行中で，同国の教育についての現状と 2035 年での数値目標および達成に向けた行動指針などが示されてい

表 8-1 『教育戦略』目標 1 に対する行動指針
(Ministry of Education and Research（2021: 15-17）を基に筆者作成，下線は筆者による)

1.1	質の高い教育を提供する教育機関の包括的かつ持続可能なネットワークとインフラを確保し，多様な対象集団の教育アクセスおよび学習と教育への現代的アプローチを支援する学習環境を確保する。そのための行動は，学校ネットワークの最適化，地域教育センターの強化，職業訓練センターの拡充である。
1.2	柔軟な学習機会の確保，質の高い教育へのアクセス，<u>学習支援により退学率や早期離学率を下げ，学習者個人の可能性を最大限に引き出す</u>。そのための行動は，普通教育と職業高等教育を統合するため中等教育の共通基準を策定する，公教育におけるノンフォーマル・インフォーマル学習の認知を拡大する，特別支援教育ニーズをもつ学習者を支援する総合的アプローチを開発する。
1.3	学習機会を多様化し，教育の質を向上させ，エストニアの言語と文化に対する認識を普及させ，国際化と学習の流動化を促進する。そのための行動は，普通科教師・職業科教師・支援専門家・大学教員間の流動性を高める，教育マーケットを拡大する，教育と訓練における長期的な協力を促進する。

る（丸山 2024）。

　現行『教育戦略』において離学者に対する施策も言及されている。戦略第1目標のターゲット1は「質の高い・インクルーシブ教育の保障」に始まり，3つある戦略目標のうち，離学者に対する支援に関しては第1目標に含まれている。その目標を達成するための行動指針3つ（表8-1）のうち，2番目に掲げられていることからも，エストニアが離学に対して強い課題意識を抱いていることがうかがえる。

　他方，エストニアのさまざまな社会改革には，欧州連合（EU）の資金が不可欠である。離学者に関する政策評価を含めた調査も，EU統合政策基金（ÜKP）運用プログラム2014-2020によって，2022年9月から2023年6月にかけて実施された。それは，社会のための教育と労働市場への参加に向けた準備の実績と影響に関する評価で，文献調査，聞き取り調査，実際の介入の影響について調査したものであった（Haugasら 2023）。その結果，設定されていた次の6目標のうち4つで達成され，成果が見られた（表8-2）。

　離学者に関しては目標1，5，6で扱われ，目標達成できたとされる。目標1では教育支援サービスの質は十分とはいえなかったが，利用者のサービスの質に対する満足度が示された。教育カウンセリングとキャリア・サービスが職業教育からの離学を減少させたのである。目標5は，実践的な学習の促進と，欧州委員会もエストニアに勧告している職場に根ざした学習機会の創出に直接貢献し，離学者の減少を導いた。目標6については，中等教育を受けていない成人のノンフォーマル教育の

第 8 章　エストニアにおける早期離学への予防・介入・補償

表 8-2　プログラム 2014-2020 の達成状況（Haugas et al.（2023: 8-12）を基に著者作成）

目標	項目	状況
1	教育支援サービスと進路選択支援	達成
2	教員および学校指導者（校長）の専門能力開発を支援	達成
3	学習者中心主義に基づく現代的かつ革新的な学習教材	未
4	普通校ネットワークの最適化	未
5	職業および高等教育と労働市場のニーズとの整合性に関する措置	達成
6	生涯学習の拡充	達成

継続に課題が残されたが，成人の中等教育受講者数は達成されたことがわかった。教育水準の低い成人を正規教育に参加させるとともに，成人の技能向上とスキルの再習得の機会を創出する上で大きな効果を上げた。これらは，『生涯学習戦略 2020』と『教育戦略 2021-2035』と整合性をもつ。今後は，機会均等の確保により注力する必要がある。また，これらの目標達成において EU の資金が大きく貢献したこともわかった。

　さて，エストニアの高校進学段階での離学については，義務教育でないものの，EU 平均と同様の傾向をもち，10％を最近では下回るようになっている。しかし，国内の動向を見ると，普通科学校への通学を辞めた者は，義務教育段階を終えた段階（第 9 学年）が最も多くなっている（図 8-1）。ただし，職業技術科学校への通学を辞めた者は，減少傾向にあり，特に成人の通学者は卒業に至ることが示唆される（図 8-2）。また，Eurostat（2024）によると，離学者の半数以上は仕事に就いており，EU 平均より高いとされる。さらに，2023 年から 2029 年までには NEET 状態の若者を労働市場へつなげるプログラムが進んでいることも注目される[2]。

　本節の最後に，エストニア社会の構成員について確認しておく。エストニアの全人口 130 万人のうち 10％が外国の市民権をもつ者とされてきたが，ノマド査証や高度人材と起業家を多く誘致したこともあり 2023 年には約 13％に増えた（表 8-3）。また，エストニア人の中にもロシア国籍をもつ市民が四分の一ほどいる（表 8-4）。学童・若者層における外国籍人口をみると，20 歳以上の大学生・留学生が多い点はさておき，コロナ禍で一時減少したものの，本研究で対象とする年齢層（15～19 歳）については 14％前後の外国籍であることがわかる（表 8-5）。

---

2) Programm noortele, kes ei õpi ega tööta.〈https://harno.ee/stipendiumid-ja-toetused/noortevaldkonna-toetused/programm-mittetootavatele-ja-oppivatele-noortele〉（2024 年 10 月 4 日最終確認）

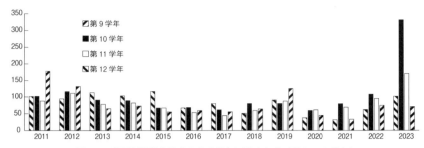

図 8-1　普通科通学を該当年次の前年に辞めた者（第 9 ～ 12 学年）
（Statistics Estonia（n.d.a）を基に著者作成）

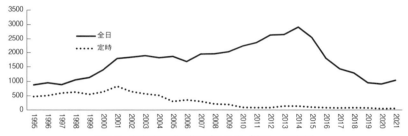

図 8-2　職業技術科通学を辞めた者（第 9 ～ 12 学年）
（Statistics Estonia（n.d.b）を基に著者作成）

表 8-3　市民権別エストニア人口（Statistics Estonia（n.d.c）を基に著者作成）

	2018	%	2019	%	2020	%	2021	%	2022	%	2023	%
エストニア	1,121,670	90.2	1,125,290	90.0	1,128,513	89.8	1,128,816	89.6	1,128,413	89.2	1,128,387	86.7
EU 市民	18,890	1.5	20,891	1.7	19,978	1.6	20,338	1.6	21,587	1.7	23,015	1.8
その他	102,642	8.3	104,680	8.4	108,313	8.6	110,985	8.8	114,523	9.1	149,449	11.5
合計	1,243,202	100	1,250,861	100	1,256,804	100	1,260,139	100	1,264,523	100	1,300,851	100

表 8-4　国籍別エストニア人口（Statistics Estonia（n.d.d）を基に著者作成）

	2018	%	2019	%	2020	%	2021	%	2022	%	2023	%
エストニア	905,677	69.4	907,628	69.4	909,552	69.1	914,896	69.2	919,693	69.4	925,892	68.3
ロシア	328,864	25.2	328,299	25.1	327,802	24.9	322,700	24.4	315,242	23.8	306,801	22.6
他	69,678	5.3	71,483	5.5	78,387	6.0	85,333	6.5	90,149	6.8	122,413	9.0
合計	1,304,219	100	1,307,410	100	1,315,741	100	1,322,929	100	1,325,084	100	1,355,106	100

注 1）二重国籍者のため表 8-3 の合計と不一致。

表 8-5　学童・若者層の国籍別人口と外国籍比率（Statistics Estonia（n.d.e）を基に著者作成）

	2017			2018			2019			2020		
	エストニア国籍	外国籍	%	エストニア国籍	外国籍	%	エストニア国籍	外国籍	%	エストニア国籍	外国籍	%
0-4	64,642	5,540	7.9	64,497	5,437	7.8	65,300	5,364	7.6	65,755	5,407	7.6
5-9	69,880	6,968	9.1	69,172	6,647	8.8	67,819	6,330	8.5	66,494	6,240	8.6
10-14	58,766	7,780	11.7	61,727	7,612	11.0	64,836	7,654	10.6	67,101	7,569	10.1
15-19	50,958	8,577	14.4	51,553	8,605	14.3	52,602	8,602	14.1	54,402	8,491	13.5
20-24	56,860	13,520	19.2	53,446	13,124	19.7	51,440	13,227	20.5	50,609	12,386	19.7

	2021			2022			2023		
	エストニア国籍	外国籍	%	エストニア国籍	外国籍	%	エストニア国籍	外国籍	%
0-4	63,391	6,177	8.9	64,408	5,121	7.4	62,161	7,467	10.7
5-9	65,142	6,326	8.9	64,868	6,460	9.1	64,749	9,915	13.3
10-14	69,170	7,456	9.7	69,606	7,276	9.5	68,886	10,651	13.4
15-19	56,060	8,224	12.8	58,455	8,092	12.2	61,359	10,729	14.9
20-24	50,383	12,052	19.3	50,096	11,895	19.2	50,720	13,718	21.3

2　事例の位置づけ

　本章では予防・介入・補償のうち，介入としてユースセンターとカウンセリングセンターの仕組み，補償の事例として特別学校を扱う。主に補償を取り上げる理由は，前述のとおり，画一的な学校教育もしくは過度な履修義務を相対化できるような事例から教訓が得られるためである。一般的に近代学校教育制度において画一的な教育の提供は効率性が高いわけだが，エストニアのような小国で学校長の裁量が高い場合，状況に応じた柔軟な学校教育の機会が保障でき，予防および介入のように特定の教育アプローチへ「引き戻す」ことを必ずしも是としない教育の追求ができる点も見逃せない。これは，日本のように少子化が進み，教育提供側が変わらざるを得ないとき，たとえば，これまで通りの学校教育を維持するために，学校を閉鎖し合併するだけが選択肢でないことを示唆するかもしれない。

　そこで，本章ではエストニアで最も長い歴史をもつ同国第2の都市タルトゥ[3]の状況に注目する。まず，本節において離学前および離学しつつある若者に対する支援を行う学校とセンターについて介入の一部として整理した後，同国で就学支援・

離学予防へとつながる補償を行う唯一の学校について記し，その学校について次節で詳細に示す。

● 2-1　介入：学校でのカウンセリングと教育省支援センターネットワーク

　エストニアの各学校は高度な裁量をもつため，どれもが同じような方針をもつとはいえない。しかし，エストニアの義務教育段階となる基礎学校（第1〜9学年段階）には平均的に生徒600人が在籍する。また，一般的に学校には毎日スクールカウンセラーが常駐し，予約の有無にかかわらず緊急のカウンセリング対応も行う。学校によってはカウンセラーが保健の教師として子どもに直接指導することもある。

　エストニアの子どもで実際に離学が多いのは，義務教育中では小学校段階から中学校段階へ（第6学年から第7学年へ）の移行時で，第10〜12学年の高校段階では中途退学が多い（カリブ・丸山 2021）。欧州における離学者の定義では高校段階における退学者を指すが，高校が義務教育段階でない同国では退学という分類になる。しかし，高校段階では約40％が普通高校へ通い，60％が職業訓練学校へ進学すると言われる。ただし，大学卒業後に職能技術を獲得するため職業訓練学校へ通学する成人が全国では30％ほどを占める。

　また，教授言語はエストニア語であるため，ロシア語を母語とする家庭の子どもに離学者が多いと言われてきたが，フィールド調査で聞く限り，政府データはまだ公開されておらず，近年はロシア系生徒が目立って離学しているわけでもない。ただし，2020年のパンデミック中に在宅でオンライン授業を受けることになった子どもたちは，誰もが厳しい経験をしたと言われる。というのは，その間では家計の収入が下がり，保護者の失業などが家庭の教育環境に影響し，生徒の学力や文化的背景より家庭の問題が顕著となったとされる。

　同国では基礎学校段階でも留年があり（そのため学年と年齢が一致しない），学校の裁量で留年が決まる（ただし，欠席日数などの規定は無い）。いじめや教室の環境によっては転校を勧められることもある。また，ノンフォーマル教育で受けた授業を正規の授業として読み替えることもある。たとえば，カリキュラムの必須科目では読み替えは無理だが，音楽やスポーツは外部団体で行った活動を学校が認める形で単

3）タルトゥ県は15県のうち首都タリン所在のあるハリュ県に次ぐ規模。人口15.8万人（子：3.4万人）。Statistics Estonia.〈https://andmed.stat.ee/en〉（2024年10月4日最終確認），Tartu.〈https://www.citypopulation.de/en/estonia/admin/0079〉＿tartu/〉（2024年10月4日最終確認）

第 8 章　エストニアにおける早期離学への予防・介入・補償

位にする。コロナ禍以前から，エストニアには遠隔教育が認められており，申請して受理されればオンラインで授業を受けることができた（丸山 2022）。

　離学の大きな要因の 1 つとなる学習障害が発覚した場合，保護者の反応は次のような経緯をたどる。自分の子どもが学習障害を抱えているわけがない，普通学校に行って，大学へ進学し，立派な職業に就くはずだ。たとえ障害があっても，普通学校でやっていけるはずだ。だが，家庭内での子どもとのやり取りもうまくいかず，授業にはついていけないと明らかになり，教師からも専門的な対策を勧められる。自分の子どもの障害を認めて対策へ向けて気持ちを切り替える頃に，主に介入と呼ぶことのできる支援サービスへたどり着く。

　タルトゥ県教育省管轄で，より専門的な対策をソーシャルワーク事業として扱うのが，タルトゥ教育支援サービスセンターである。このセンターは 1997 年に設置され，タルトゥ県内 8 行政区を管轄している。幼稚園から高校段階の教育機関に対応する 176 名の専門家ネットワークを運営している。2022 年 11 月段階で，センターには 25 名の言語聴覚士・特別支援教育教師・心理学者（家庭セラピー，ドッグセラピー，学校非常勤カウンセラーも）・精神科医・リハビリ調整役などが所属している。センター内には，基礎学力部・教育部・支援部・外国語部・支援部・事務局が設置されており，地域のセンター協力者（言語聴覚士・特別支援教育教師・心理学者・社会教育学者）とタルトゥ県内の社会健康部門（子ども保護ワーカー・学校保健担当・家庭医）とも連携している。センターの支援について保護者からの評判は良い。

　センターは，生徒を長期間にわたり直接支援しないが，学校が難しいと判断した場合，リハビリ・支援計画を立て，学校内のカウンセラーと共に支援する。本章の事例となる学校（第 3 節）をはじめとする各学校へ，どの生徒を通わせるか決定することができる。第 1〜9 学年ではカウンセラーが，高校段階の第 10〜12 学年ではそれに加えて心理学者も配置されている。基本的に学校からのリクエストに対応するが，対象となる子どもが所属する学校との情報交換も行っている。また，学校外で特定のトピックや題材について体験型・探究型の授業を行うノンフォーマル教育としてエストニアで伝統的に位置づけられるホビースクールで教える教師（学校教師ではなく，専門性をもつ大学生や地域の専門家など）も支援する側として協力する。10 年以上前からはインクルーシブ教育と生涯学習の点から，成人に対する支援も行う。2022 年 11 月段階では難民の背景をもつ心理学者 2 人がウクライナ専門で対応している（タルトゥでは約 500 人のウクライナ子どもが，300 の基礎学校と 200 の幼稚園に所属）。

157

● 2-2 予防：誰でも受け入れる文化省ユースセンター

学校には何となく行きたくない，かといって学校と支援センターから専門的にケアされるほどではないという潜在的リスクを抱える若者たちは，ユースセンターが最初の接点となる。タルトゥ文化省が管轄するのが，タルトゥ・ユースワークセンターで，3つの支部（Anne, Lille, Ilmatsalu）をもつ。これらユースセンターは，多くの若者の離学の予防という意味で捉えられるが，実際には補償となる，入り口に位置づけられる。ここでは，そのうちの1つである，タルトゥ中心部に位置するリーレ（Lille）ユースセンターにおける取り組みをみていこう。

現在のタルトゥには約2.5万人の若者（用いる法律によるが，統計局では7〜26歳を指す）がおり，パンデミック以前の2万人から増加している。そのうち7〜19歳の若者を対象とした，このセンターは1つの建物で2つの対象年齢層をもつ。1つは，7〜11歳の子どもを対象とし，月曜から金曜日の間12時から18時まで開館している。もう1つが12〜19歳の若者向けに月曜から土曜日まで開放されている。両者とも，子ども・若者たちが仲間と交流したり，ゲームなど無料で遊ぶことができる。センター職員は約30人体制で，時期によってはインターンシップやボランティアなどを受け入れる。センターの外では，ユースワークの専門家が個別に子どものプロジェクト執筆（第9学年の学校の授業で必須）を手伝ったり，学校向けの研修を企画したり，市全体のイベント（子どもの日など）の企画に貢献する。また，ドイツと英国をモデルとして2020年からは「モバイル・ユースワーカー」と呼ばれるユースワーカーが2人一組となって通りを巡回し，街中で無目的に過ごす若者に声掛けし，イベントや相談窓口へつなげていく。就職へとつながるさまざまな経験を提供し，または通学継続への動機を高める手助けをすることもある。エストニアに15箇所ある「Pathfinder」キャリアセンターではカウンセリングとキャリア情報が提供されている（カリプ・丸山 2021）。ユースセンターでは若者向けの広報活動も積極的である様子が，SNSの工夫されたデザイン[4]からも読み取れる。

若者の背景と情報は年に2回，都市ごとにデータベース「STAR[5]」で更新され，

---

4) ユースセンターのインスタグラムを参照。〈https://www.instagram.com/lillenoortekeskus/〉（2024年10月4日最終確認）
5) 国民のデータベースで，専門家のみが情報更新する。ユースセンターの活動内容によってはデータ利用の許可が必要。エストニア労働力調査（LFS）の一環で退学・早期離学に関する情報を収集しており，教育情報システム（EHIS）が生徒個人の経過や教育に関する情報をまとめている。2日連続で欠席した子どもの情報は，保護者が連絡しない限り，学校が地元政府に伝達する義務がある。

第8章　エストニアにおける早期離学への予防・介入・補償

そこで誰がどのような状況にあるか（例：NEET状態）が把握される。リスクを抱える子ども・若者にはセンターから招待状を送って，危険な場合は警察など子どもの保護に乗り出す手配をすることもある。また，タルトゥ市は新たに，NEET状態の15～29歳の若者を支援する目的の若者保障支援システム（NGTS）プロジェクトを開始する[6]。

　著者が2024年3月14日に聞き取りしたタルトゥ市文化省青少年部長のヘレン・シスカ氏は，精神的問題や人生を切り開く上でも若者は支援を必要としているため，支援体制を整える必要があると述べた。NGTSプロジェクトは，ニーズを抱える若者の4分の1を雇用や復学の状態に戻すことを目指し，各機関間の協力のほか，タルトゥで提供される各種サービスとネットワーク作りが期待されている。同じく聞き取りしたリーレ・ユースセンターのエレン・ヘルマンソニ氏は当プロジェクトのコーディネータとなり，NGTSは未来への投資であり，すべての若者が自分の可能性を最大限に発揮できるようにすることが重要であると述べた。NGTSを通じて，NEET状態の若者は就学や就労に向けた幅広い支援を受けることができる。たとえば，福祉の専門家から個人的な支援を受けることができ，6ヶ月間のメンタリング・プログラムに参加することができる。自身の状態を把握し，将来の希望とニーズに基づいた行動計画を立てる。プログラム期間中，若者は心理カウンセリング，研修，グループ活動，職場体験なども利用できる。

● 2-3　補償：学校システムの「最後の砦」

　普通学校には学習障害などによってついていけないが，若者たちはユースワーカーから誘われて自宅に引きこもることなく社会との接点をもち，場合によっては支援サービスセンターによる詳細な計画に基づいたケアを受けることになる。そして就職ではなく，学校システムの中で就学継続を選ぶ場合，最後の砦となるのが，次節で事例として扱うタルトゥ・ヘルバルト・マーシング（以下，HM校）学校[7]である。

　ここは，教育・青少年委員会の校外カウンセリング・チーム（上記本章第2節1項の支援センター内）または特別支援チーム（HM校内）から推薦を受けた特別な教育

6）Tartu Posttimes「タルトゥ市が若者の復学・復職を支援」，Tartu aitab noori tagasi kooli või tööle.〈https://tartu.postimees.ee/7979688/tartu-aitab-noori-tagasi-kooli-voi-toole〉（2024年3月14日最終確認）

7）Kompetentsikeskus.〈https://masing.tartu.ee/kompetentsikeskus〉（2024年10月4日最終確認）

ニーズをもつ生徒を対象に，第1学年から12学年までの教育を提供する学校である。基礎学校段階に加えて第10～12学年の高校段階も対象としており，その生徒数は約300人で，カウンセラーを含めた教職員が150人おり，ユニークな存在である。同校が四半世紀にわたって蓄積してきた知識と経験を支援する人びとや機関と共有するために設立された歴史をもつ。そのため，この学校に通うことを目的にタルトゥ市に引っ越してくる家庭もいる。

特別支援学校という位置づけとはなっているが，学習センター，リハビリセンター，コンピテンス・センターという3つの顔をもつ。最近は3番目が最も伝わりやすく，外部に対する学校の説明では頻繁に使われる。すなわち，課題を抱える子どもへの指導に関する実践的な経験と理論的な知識を他の学校・教師と共有することで，子どもの個別の教育ニーズをより支え，社会への包摂を高めることを目的とする。そのため，偏見や差別を減らし，専門的な理解を高める活動を通して，課題を抱える子どもについて社会の意識を改善することを目指す。

なお，1番目の学習センターとしての顔は，多様な学習が可能であることを意味し，子どもの適性に応じた少人数制クラスで，コミュニケーションと学習環境への適応を可能にする。基礎学校では最大6人までの少人数クラス，ギムナジウム（高等部）では最大12人のクラス体制を整えている。高等部の生徒は遠隔でインフォーマル学習を選ぶことも可能である。また，教師間のほか，支援専門家や保護者との緊密な連携により，子どもの学習が体系的にサポートされる。

また2番目の顔は，特別なニーズ（自閉症スペクトラム障害，感情的トラウマ，気分障害，不安，不登校など）をもつ子どもや若者とその家族にリハビリテーションを提供している[8]。児童法（§26）で定義される障害に該当する子どもは，このセンターの対象となる。ただし，生活困窮家庭と認定された子どもは，障害が無くても対象となる。同時に，課題を抱えた子どもを受け入れることが困難な保護者が本校によって「世間の当たり前」から解放されるリハビリも意味する。子どもだけでなく，家族が状況に対処することを支援し，必要に応じて，言語療法士，理学療法士，心理士，家族療法士，アート療法士，ソーシャルワーカー，医師，児童精神科医がチームに加わる。

HM校では，所属する子ども達への教育のほか，他の学校とネットワークでつな

---

8) 障害の判断については右記のサイトを参照。Puude tuvastamine.〈https://www.sotsiaalkindlustusamet.ee/puue-ja-hoolekanne/puude-tuvastamine〉（2024年10月4日最終確認）

第8章　エストニアにおける早期離学への予防・介入・補償

がりながら，次のような活動を行っている。

- ・保護者や青少年と関わるさまざまな専門家（教師，支援専門家，ユースワーカー，役人など）にカウンセリング・助言を行う
- ・支援を必要とする児童生徒とともに歩む保護者を支援するため「親の学校」イベントも開催する。さらに，国際的な講演者を招いての講演会やセミナーも開催
- ・調査研究を実施し，事例だけでなく，より広範で，地域または全国で専門知識の提供と協力
- ・教授法の開発を行い，子ども自身や保護者または専門家が使用できる手法を共有

3　補償：「最後の砦」となる学校

● 3-1　環境設備と実態

　さて，学校教育の補償として「最後の砦」となる HM 校は，タルトゥ市中心部に所在し，特別な教育支援を必要とすると判断された子どもに，第 1 から 12 学年までの教育を提供する。自閉症スペクトラム障害，感情的トラウマを経験した生徒（気分障害，愛着障害，不安，学校恐怖症，注意力・集中力の欠如を含む），その他特別な教育ニーズを必要とする子どもなど，さまざまな障害をもつ者が通う。他の特別支援学校のように障害を抱える者を分離登校させて教育支援を行う場面も実態としては多いが，HM 校はその実践アプローチと経験を普通学校に伝えようとしている点がユニークであろう。

　HM 校の目的は，生徒の具体的な教育ニーズと健康状態に応じて生徒が安全かつスムーズに次のライフステージに移行できるようにすることであり，生徒の全人的な成長を支え，将来の進路の基礎となるべき長所に焦点を当てている。全人的な成長とは，6 つの領域（複合的な発育，社会的スキル，ライフスキル，学習スキルの構築，教科の知識，余暇・趣味）にわたり，統合的に子どもの学習を支援する。

　そのため，子どもの適性に応じた少人数制クラスの体制をとり，コミュニケーションと学習環境への適応を重視している。第 1〜9 学年の基礎学校段階ではクラスの人数は最大 6 名，第 10〜12 年の高等部では最大 12 名で，必要に応じて，個別指導や少人数指導，健康上の理由による家庭学習，そのほか生徒中心の解決策を実施

表 8-6　2024 年 3 月現在の在籍生徒数
(HM 校支援サービス・マネージャー マルユ・アアス氏提供)

学年	男子	女子	学年	男子	女子
一	18	8	七	21	10
二	18	1	八	29	12
三	22	7	九	27	9
四	10	1	十	8	8
五	20	6	十一	14	8
六	27	5	十二	10	7

している。高等部では，柔軟なインフォーマル学習が可能となっている。また，教師と専門家による体系的な学習支援がなされ，保護者と緊密な連携がなされている。学費は無償である。教師の採用については，教科教育に加えて心理学やカウンセリングの修士号をもつ者が教育アシスタントとして働き，かれらを校長が採用することが多い。毎月，入学者または転校生がいるため動きがあるものの，学校規模の参考値としては，2024 年 3 月現在，児童・生徒数は 306 名，セラピストなどを含めた教職員が 150 名在籍している（表 8-6）。元来は 150 名の子どもを入学させるデザインであったが，300 名以上の生徒数を受け入れている現実は，本人と家族の希望とそれに応じる学校側の強い意思を感じさせる。エストニアでも離学する若者は男子が多いとされ，本校でも男子が多い。

　学校が重視する価値観は，LAPS という頭字語で表現されている[9]。これらは学校の隅々に行き渡っており，教室内でも実装されている。LAPS とは，次の通りである。

　　・シンプルさ（Lihtsus）：特別なニーズをもつ生徒の発達を支援することは，日々複雑な問題を引き起こすことがある。こうした問題の数が非常に多く，深刻であるため，シンプルな解決策を素早く見つけ，明確にし，関係者にとってすぐ実行できる機会を提供することが不可欠である。
　　・開放性（Avatus）：異なる仕事のやり方，異なる方法，異なるアイデアを受け入れ，常に協力し合う姿勢が求められる。
　　・柔軟性（Paindlikkus）：児童生徒の健康状態や発育レベルは多様であるため，

---

9) Kooli missioon ja väärtused.〈https://masing.tartu.ee/koolist-oppetoo/meie-koolist/kooli-missioon-ja-vaartused〉(2024 年 10 月 4 日最終確認)

第 8 章　エストニアにおける早期離学への予防・介入・補償

個別対応，ニーズに応じて臨機応変，個別カリキュラムなど，学習組織には
柔軟なアプローチが必要である。
・体系性（Süsteemsus）：子どもの発達のためには，関係者の役割と貢献がはっ
きりしていて，一貫性があり，体系的かつ効果的な協力の枠組みが，最も効
果的な支援となる。

　HM 校への入学対象となるのは，以下のような生徒である。重度かつ持続的な精
神障害（広汎性発達障害，気分障害，不安，心的外傷の経験など），または慢性の身体疾
患とそれにともなう精神障害（気分障害，不安障害，学校恐怖症など），複合障害にと
もなう重度の運動障害である。入学判定は，支援を必要とする児童・生徒のために，
教師，専門家，保護者，地方自治体職員でカウンセリングを実施している。その目
的は，特別教育クラスで勉強するよう推薦された生徒が HM 校の制度などに適して
いるか否か，また個々の生徒にとって適切な学習環境を整えるための HM 校が適切
かを評価する。入学希望者は毎週火曜日 16〜18 時にカウンセリングが行われる。
一人の申請に対して 3 回の面談が必要で，その間に専門家，子ども，保護者とコミ
ュニケーションを取る。
　HM 校はギムナジウム（高等部）をもつ。高等部クラスは最大 12 人で編成され，
授業はクラス内または必要に応じて小グループで行われる。エストニアにおいて離
学者の最も多い年齢層であることから，HM 校でもこの段階の教育に力が注がれて
いる。特に自閉症を考慮したアプローチ，学習スタイルに合わせた少人数の学習グ
ループ，自己と社会のより良い理解を目指した選択科目が提供される。さらに，自
閉症の生徒のほか，過去の精神的トラウマに起因する重度かつ持続的な精神障害
（気分障害，学校不安，不安症）の生徒も積極的に受け入れている。ギムナジウムとし
て人気の学校となっているため，申請者数が多いと選抜することになる。
　卒業後の進路としては，第 9 学年を終えて 1, 2 人が就職する。しかし多くは
HM 校高等部へ進学し，その後首都タリンの職業訓練校へ進学する者もいる。また
HM 校では，進路指導の一環として「キャリアデー」と呼ばれるイベントも行って
いる。キャリアデーは，若者の教育や支援を行うさまざまな機関を知る機会を提供
するもので，2023 年 9 月 2 日には第 7〜12 年生とその保護者が招待された。イベン
トは学校の体育館で行われ，11 の企業が参加した[10]。

---

10) Tartu Herbert Masingu Kooli karjääripäev.〈https://masing.tartu.ee/teated/388-
karjaaripaev-2024〉（2024 年 10 月 4 日最終確認）

● 3-2　授業の様子と教師の考え

　お邪魔した時，高等部のクラスでは，4人の男子が国語の授業を受けていた。生徒は皆，落ち着きがなかったが，他方で教師はきわめて落ち着いた口調で授業を展開した。教科書をもつ生徒が3人，ノートパソコンで授業を受ける生徒が1人で，全員が教師の指示に従い静かに授業は進んだ。内容はエストニア国内の歴史家・文学者についてで，同国の歴史と文化における文学の位置づけが説明された後，生徒一人ずつが与えられた課題に取り組んだ。

　HM校におけるコーディネータであるマルユ・アアス氏は，入学してくる子ども達を次のように説明する。すなわち，一般的に口下手とされるエストニア人の中でも，さらに言葉を発することが苦手な若者が多く，コロナ禍でそうした子どもは増加傾向にある。しかし，かれらは一見すると自閉症に見えず，社交的でものごとに関心をもち，コミュニケーションを取りたがる。考え方や物事の進め方がユニークなだけである。むしろ，そうした特徴を認めることができない普通学校の多くの教師側の捉え方に問題があるといえる。子ども達が必要とするのは，かれらを支える仕組みと大人からのわずかな支援に過ぎない。普通学校の画一的な仕組み，たとえば，ソビエト時代の名残りといえる大きなクラスサイズ[11]，本来は学校が静かな場所であるべきという規範，最優先される効率化などは，ここの子ども達を支えるには適切とはいえない。少人数クラスと個別に対応できる教育内容と進度があれば，かれらの意思表示である問題行動を起こすようなことも，学校へ行きたがらなくなるといった事態も必ず避けられる。

　しかし，そうした問題の原因を教育システムにおける教師個人の落ち度とは考えるのは早計である。なぜならば，大学の教員養成課程では子ども達の多様性に対する教授法を十分に教えていないためである。つまり，たとえば自閉症の子どもへのアプローチを技術的に知っていれば，誰にも支援が可能である。言いたいことを伝えられない子どもを，すぐに自閉症だとレッテルを貼る地域や家庭も少なくない。家庭で虐待やネグレクトを受けて心に傷を負う子どもも多い。繊細な10代の若者たちは自分を守るため口数が多くなることもある。子どもと大人の信頼関係が弱い場合，子どもは強い反応や態度でしか表現できない場合もある。かれらは自分自身の人生で何かが正常でないと気づき始めて不安を抱いている状態になり，それに寄

11）基礎学校および高等学校法で定められる基礎学校のクラスサイズ上限は24名である。しかし，第10〜12学年の高等部では上限は無い。そのため，都市部では多くなりがちで，首都タリンでは40名，本章が扱うタルトゥで36名が実際の上限である。

第 8 章　エストニアにおける早期離学への予防・介入・補償

図 8-3　高等部での授業の様子（筆者撮影：2024 年 3 月 14 日）

り添えるような教師は残念ながら全員とはいえない。HM 校では，かれらと接して信頼を構築するために，ときには 1 年以上の時間をかけ，子ども達が自分に何が起こっているのかを理解できるまで教職員が付き合うのである。

　学校と教師が自分の人生の支えとならないと考える若者たちは，街なかに繰り出し，所属先を求めるために不登校の者同士で集団を形成する。HM 校教職員がそうした若者に直接アプローチすることもあるが，かれらが「非常識な」振る舞いで応じてきても，忍耐強く時間をかけて関係構築を試みる。そしていずれ，かれらは，たとえ最初は廊下に座り込むだけでも HM 校へ通ってくるようになる。もちろん，定着するまでに時間がかかり，不登校になったり，再び通学してくるようになったりさまざまである。個人と個人がコミュニケーションを通して理解し合い，信頼を築いていく。エストニアのどの学校においても同じような状態の子ども達は多い。適切な対応がなされておらず，第 6, 7 学年あたりには本当に自暴自棄になっていて，自殺願望を抱いていることもある。HM 校でも同様で，リストカットしては入院する子どももいれば，世界の中でもうつ病患者の多いエストニアであるため子どもがそうであっても珍しいことではない。学校という空間は，子どもにとって人生の大切な一部となることから，学校給食も大切にしている。

　HM 校は一部の教育関係者や保護者からは，エストニアの学校システムの「ゴミ箱」と呼ばれるかもしれないと，アアス氏は笑う。しかし，HM 校からの離学者が少ない理由はこうしたケアの他，生徒も教師も通常学校には通い続けることはできないと認識しているためである。生徒は第 9 学年で義務教育を終えるとき，高校へ進学するか否かを自由に選択する。タルトゥ教育支援サービスセンター（本章第 2 節 1 項を参照）が，どの学校へ所属させるかを決めることができ，本校にもセンターから配置が決まった子どもが通学している。コロナ禍を契機に，高等部で認めて

165

いるオンライン授業を選ぶ生徒は増えたが，学校としては対面で話すこと，人間関係を構築することを必ず心がけるようにイベントや相談などの場を設定している。たとえば，週に2日だけでも通学させるようにしている。

　HM校の教師は，カリキュラムに準じながらも，自由に授業を構成することができ，自身に対しても高い柔軟性が求められる。HM校の教師は単に模範的であることは期待されていない。担当するどの学年または子どもであっても，前例を当てはめるようなことはしてはならないため，目の前の相手とコミュニケーションに時間をかける必要がある。子どもに対して固定された担任となることから，全人的に相手にすることになる。子どもの問題行動などは，保護者・教師とともにオープンに話し合うことを重視し，保護者には特に「特別ではなく，通常」という意識をもってもらうことにしている。そのプロセスを経て，保護者が変容する・解放されることは幾度も見られる。エストニアの学校システムがHM校での「当たり前」と認識できるように，子どもの個性に応じたアプローチと環境整備の重要性を体系化して伝えていこうとしている。こうしたHM校のやり方に賛同する者は，待遇の良い大きな学校を辞めて，ここへ勤務することを希望する教師もいる。保護者のために，最近ではオンラインで相談会（1回あたり60〜90分）を開催し，そこでも教職員とオープンに話し合いをもつことにしている。

4　おわりに

　エストニアの早期離学を長年研究するカドリ・カリプ氏（エストニア軍アカデミー研究員）は，厳密な意味でHM校は早期離学に対応するために設置された学校ではないとする。たしかに，予防・介入・補償という制度または機能という点からは，補償を行う学校にすぎない。しかし，エストニアにおいても離学した若者の学習機会を保障し，かつ通常学校の教育方法や学校・学級経営とは異なる方法で，学習者の背景に合わせた教育が必要となっている。つまり，普通学校で授業についていけず，あるいは不登校になって診断を受けた結果，HM校への通学を勧められることになる。その現実に直面したとき，衝撃を受けるのは保護者の方だ。我が子が「普通学校から大学へ進学し，ホワイトカラー職に就くような普通」ではないことを認めるまでに時間がかかることもある。

---

12) たとえば，エストニア教育研究省が同国の教育システムを紹介するビデオでは，いかにPISA上位になったかが語られ，教材開発においてもPISAに対応していることが強調される。

第8章 エストニアにおける早期離学への予防・介入・補償

しかし，本章で記したように，HM校の教育環境は少人数制で，教師は「普通でない」ことに価値を置いて，かれらを受け入れている。HM校は不定期にセミナーを開き，他校の教師にも同校のアプローチや視点を共有している。その中には保護者とのコミュニケーションが含まれている。家庭によってはHM校へ通わせるためにタルトゥ市に転居してくる。

エストニアは，欧州の中でもこの10年で大きく変わった国の1つであろう。コロナ禍で渡航できなかった時期を除き著者が2013年から年に1回以上お邪魔して観察する限り，当時から教育改革は進んでいたが，最近の動向として特にOECD-PISAで上位になったことと国策としてデジタル・ソリューションを輸出していることから，強い教育を全面的に押し出している[12]。PISA結果がまだ芳しくない頃には，都市間の格差やロシア系エストニア人家庭の子どもの学力保障が議論されてきたものの，コロナ禍を経て見えてきたのは，子ども・教師・保護者の誰もが脆弱でありうるという点であった（丸山2022）。このことは，近年では世界中の若者のウェルビーイングを低下させていると問題視されるソーシャルメディアと，それへのアクセスを容易にしてきたテクノロジー利用が教育的でないことと接続する。すなわち，特定の価値観・規範を無意図的に強化することになるシステムが，エストニアでも正しいとされがちである。普通学校に通学することを「普通」としている限り，子どもが抱える多様な可能性は見えにくくなる一方かもしれない。これからの教育で多様性を重視できる学校として，HM校の取り組みはヒントを与えてくれるだろう。ただし，それを理解する側に広い視点が求められるのも否めない。

【謝辞】
　本章のためにマルユ・アアス氏，カドリ・カリプ氏，アイリ・エルツ氏（タルトゥ環境教育センター）に多くの情報・助言を頂いた。改めて感謝申し上げる。

【引用・参考文献】
太田美幸・丸山英樹（2025）．『ノンフォーマル教育の可能性—リアルな生活に根ざす教育へ』増補改訂版，新評論
カリプ，K.・丸山英樹（2021）．「エストニアにおける早期離学」園山大祐［編］『学校を離れる若者たち—ヨーロッパの教育政策にみる早期離学と進路保障』ナカニシヤ出版，207-210.
志水宏吉監修・ハヤシザキカズヒコ・園山大祐・シム チュン キャット［編］（2019）．『シリーズ・学力格差　第4巻〈国際編〉　世界のしんどい学校—東アジアとヨーロッパにみる学力格差是正の取り組み』明石書店
丸山英樹（2020a）．「エストニア共和国」教科書研究センター［編］『海外教科書制度調査研究報告

書』公益財団法人教科書研究センター，259-270.

丸山英樹（2020b）.「電子国家エストニアから学ぶ―持続可能に値する ICT 活用」『先端教育』2020年 12 月号

丸山英樹（2022）.「エストニア― ICT 立国における教育テクノロジーと困難を前に支え合う姿」園山大祐・辻野けんま［編］『コロナ禍に世界の学校はどう向き合ったのか』東洋館出版社，106-111.

丸山英樹（2024）.「エストニア「教育戦略 2021-2035」の概要と背景」『グローバル・コンサーン』6，59-71.

丸山英樹・太田美幸・二井紀美子・見原礼子・大橋知穂（2016）.「公的に保障されるべき教育とは何か―ノンフォーマル教育の国際比較から」『〈教育と社会〉研究』26，63-76.

Blok, H., & Karsten, S.（2011）. Inspection of home education in European countries. *European Journal of Education*, 46（1）: 145.

European Commission（2019）. *Assessment of the Implementation of the 2011 Council Recommendation on Policies to Reduce Early Schol Leaving*, European Commission.

European Commission（2023）. *Education and Training Monitor 2023 Estonia*, European Comission.

Eurostat（2024）. *Early leavers from education and training [Statistics Explained]*, Eurostat.

Eurostat（n.d.）. Early leavers from education and training by sex and citizenship.〈https://ec.europa.eu/eurostat/databrowser/view/sdg_04_10/default/table?lang=en〉（2024 年 4 月 14日最終確認）

Haugas, S., Kendrali, E., Kadarik, I., Kallip, K., Lauri, T., Lehari, M., Melesk, K., Mägi, E., Nuiamäe, M., Põder, K., Teidla-Kunitsōn, G., Teppo, M., & Toim, K.（2023）. *Ühtekuuluvuspoliitika fondide rakenduskava 2014-2020 prioriteetse suuna "Ühiskonna vajadustele vastav haridus ja hea etteparistus osalemaks tööturul" tulemuslikkuse ja mõju hindamine*. SA Poliitikauuringute Keskus Praxis.（包摂政策運営プログラム 2014-2020 優先軸「社会のための教育と労働市場への参加のための準備」の実績と影響の評価最終報告）

Ministry of Education and Research（2014）. *The Estonian Lifelong Learning Strategy 2020*, Republic of Estonia.

Ministry of Education and Research（2021）. *Education strategy 2021-2035*, Republic of Estonia.

OECD（2023）. *Education at a Glance*, OECD.

Statistics Estonia（n.d.a）. HT2318: DISCONTINUERS IN GENERAL EDUCATION BY TYPE OF STUDY AND GRADE.〈https://andmed.stat.ee/en/stat/sotsiaalelu__haridus__uldharidus/HT2318〉（2024 年 4 月 14 日最終確認）

Statistics Estonia（n.d.b）. HT60: DROPOUTS FROM VOCATIONAL EDUCATION by Level of study, Type of study and Year.〈https://andmed.stat.ee/en/stat/sotsiaalelu__haridus__kutseharidus/HT60/table/tableViewLayout2〉（2024 年 4 月 14 日最終確認）

Statistics Estonia（n.d.c）. RV069U: POPULATION BY COUNTRY OF BIRTH/CITIZENSHIP, COUNTY, SEX AND AGE GROUP, 1 JANUARY.〈https://andmed.stat.ee/en/stat/rahvastik__rahvastikunaitajad-ja-koosseis__rahvaarv-ja-rahvastiku-koosseis/RV069U〉（2024年 4 月 14 日最終確認）

Statistics Estonia（n.d.d）. RV0222U: POPULATION, 1 JANUARY by Year, Sex, County and Ethnic nationality.〈https://andmed.stat.ee/en/stat/rahvastik__rahvastikunaitajad-ja-koosseis__rahvaarv-ja-rahvastiku-koosseis/RV0222U/table/tableViewLayout2〉（2024 年 4 月14 日最終確認）

第 8 章　エストニアにおける早期離学への予防・介入・補償

Statistics Estonia（n.d.e）. RV071: NATIVE AND FOREIGN-ORIGIN POPULATION, 1 JANUARY
by Year, County, Native / foreign-origin population, Sex and Age group. 〈https://andmed.
stat.ee/en/stat/rahvastik__rahvastikunaitajad-ja-koosseis__rahvaarv-ja-rahvastiku-koosseis/
RV071/table/tableViewLayout2〉（2024 年 4 月 14 日最終確認）

【参考 URL】
タルトゥ・ヘルバルト・マーシングの HP：https://masing.tartu.ee/
タルトゥ・ユースワークセンターの HP：https://tntk.tartu.ee/

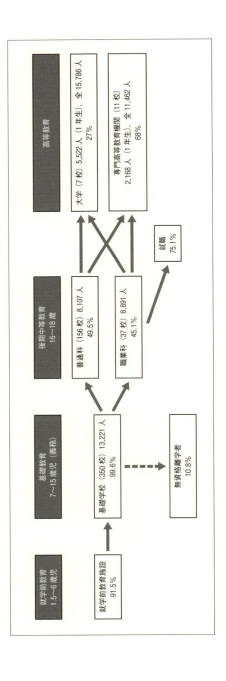

エストニアの教育制度（図）（パーセントは同一年齢に占める比率，2021-2022年度）
((European Commission (2023), OECD (2023), Statistics Estonia (https://www.stat.ee/en) より筆者作成)

170

第9章 早期離学率減少に向けたポルトガルの教育改革と補償の取り組み
セカンドチャンススクールに注目して

二井紀美子

はじめに

　EUの早期離学率は1992年以降のデータが公表されているが（Eurostat 2024），2004年にマルタがEUに加盟するまで，ポルトガルはEU加盟国の中で早期離学率が最も高い国であった。しかし，2023年現在，ポルトガルの早期離学率はEU平均を下回る8.1%まで減少した。1992年から2023年までの期間全体を見ると，ポルトガルは，早期離学率の下げ幅が最も大きい国であった。

　では，なぜポルトガルの早期離学率はこれほどまでに減少したのか。ポルトガルの早期離学率の減少には，社会的経済的要因も影響しているという指摘がある（European Commission 2019: A138）。具体的には2011年から14年までの財政危機下で失業率が上昇したことにより，多くの低学歴若年層が国外に移住してポルトガルの早期離学のデータ対象外になったことや，就職できないために学校に残る者が増えたこと[1]などである。そして同時に，「ポルトガルが早期離学率削減において示した進歩は，教育制度改革を継続した結果である」（Nada et al. 2018: 4）という認識は，多くの識者の中で共通している。

　そこで本章では，早期離学に関係するポルトガルの教育改革の流れを概観し，早期離学率減少の要因を整理する。次に，早期離学の補償措置の実践例として2CS（セカンドチャンススクール）に注目し，その実践の特徴を明らかにすることを試みる。ポルトガルでは，2008年に初めての2CSがマトジーニョス市に設立された[2]。2024年5月現在，国内に7つの2CSがある[3]。2CSに注目する理由は，ポルトガルを代表する早期離学対策実践として国内外で高く評価されていること[4]や，2019年に教育省が2CSの

---

1) 反対に，失業率が上がると早期離学率も上がる（全国平均で失業率が1%上昇すると早期離学率は約0.6%上昇）という説明がなされることもある（Álvares & Calado 2014: 15）。

法的枠組みを定義したことにより 2CS は早期離学の補償における公共政策の重要な手段と認められたからである。

2　ポルトガルの早期離学問題に対する政策的アプローチの特徴

● 2-1　ポルトガルの学校教育制度

　ポルトガルの学校教育制度について，整理しておきたい。日本の小・中学校に相当するのが，基礎教育で 9 年間である。基礎教育は，1 年生から 4 年生までの第一学習期，5 年生・6 年生の第二学習期，7 年生から 9 年生までの第三学習期で構成されている[5]。高校（中等教育）は，日本と同じく，3 年間（10 年生から 12 年生）である。ポルトガルの義務教育は，2009 年から，6 歳から 18 歳までの 12 年間となっている。また，2021 年からホームスクーリングが正式に認可されたものの，依然として就学を当然とする学校文化が一般的である。

　留年制度は，基礎教育 1 年生にはないが，基礎教育 2 年生から中等教育 12 年生まで，各学年にある[6]。2022 年度の基礎教育各学習期と中等教育の平均留年・中退率は，基礎教育第一学習期 1.8%，第二学習期 3.1%，第三学習期 4.5%，中等教育 8.6% であった。

---

2) 2004 年に他市で短期間限定の 2CS プロジェクトがあったので，正確にいえばマトジーニョス 2CS はポルトガルで 2 校目であるが，実質的・継続的な 2CS の実践はマトジーニョス 2CS が初めてだったので，ポルトガル初の 2CS と呼ばれることが多い。

3) 正式に校名に 2CS を冠しているのは 7 校であるが，論者によっては，以下のアルコ・マイオールを含めて全国で 8 校としている。2013 年から，非営利団体アルコ・マイオール協会は，行政などの支援を受けながら，学校教育や訓練から離れた若者たち（特に 15 歳から 18 歳中心）に対して学業資格を得られるように教育活動を実施している。しかし，設立当初，自団体の活動はあくまでも一時的な措置で，他の教育課程を代替するものではないとして，2CS として数えられることを暗に拒んできた。しかし，2019 年にアルコ・マイオールも 2CS の公的ガイドラインに則り，教育省および地域の学校グループと協定を締結したので，2CS の 1 つとして数えられることが近年増えた。アルコ・マイオールでは，6 年生，9 年生（基礎教育）だけでなく，12 年生（中等教育）の学業資格も取得できる。生徒数は，120 名である。

4) たとえば，欧州委員会のセカンドチャンス教育研究においてマトジーニョス 2CS がケーススタディとして取り上げられたり，欧州職業訓練開発センターが早期離学に対処するための優良事例としてマトジーニョスやガイアの 2CS を紹介している（European Commission. et al. 2013: 46）。

5) 「学習期」は，原語では ciclo であり，「サイクル」や「期」と訳されることもある。学年のかたまりごとに，年齢段階に応じた発達特性を考慮した学習目標が設定されていることから，本章では，「学習期」と訳している。

6) 飛び級も制度的には認められているが，教育省は統計情報を公開しておらず，留年ほど一般的ではない。

172

第 9 章　早期離学率減少に向けたポルトガルの教育改革と補償の取り組み

　歴史的にみると，1932 年から 1974 年まで続いた閉鎖的な一党独裁のエスタド・ノヴォ体制下で教育を重視しなかったことに起因する教育制度の構造的な遅れが，20 世紀末まで続いていた（Eurydice 2024）。2000 年の平均留年・中退率は，第一学習期 8.9%，第二学習期 13.1%，第三学習期 17.2%，中等教育 36.8%であり，早期離学率は 43.6%であったことを考えると，ポルトガルの就学状況は 20 年余りの間に大きく改善してきていることがわかる。

● 2-2　ポルトガルの早期離学に関連する教育改革の動向

① 1980 年代から 2010 年まで

　1980 年代，90 年代に行われた主な早期離学に関連する政策には，教育成功促進省間プログラム（1987 年），最貧困地域の子どもたちへの教育的支援を目的とした優先的教育介入地域の創設（1996 年），代替カリキュラム制度（1996 年），統合教育訓練プログラム（PIEF）の創設（1998 年）などが挙げられる。これらの政策は主に早期離学への介入的アプローチであったが，90 年代末まで，早期離学率に対する効果はわずかであった。

　ポルトガル教育省は，2000 年以降，早期離学を国家的な教育政策課題として位置づけ，取り組んでいった。それは，2000 年のリスボン戦略で早期離学率減少が EU 全体の目標として明確になったことに加え，1995 年の IEA 国際数学・理科教育動向調査（TIMSS）や 2000 年の OECD 生徒の学習到達度調査（PISA）においてポルトガルが低い結果だったことを受けて学校教育に対する危機感が国内で 2000 年前後に高まったこと（Crato 2020: 210）も影響している。

　2001 年には，政府は社会的経済的に弱者とされる子どもや若者，特に移民やエスニック・マイノリティーの子どもの社会的統合を目的とする活動に資金援助を行うチョイス・プログラムを開始した。同年には中等教育までの学校教育を受けていない 18 歳以上を対象にした，能力検証認定制度（RVCC）も創設された。RVCC は，それまでの就学歴に加えて個人的な学習によって身につけたスキルや職場での実務経験などを考慮し，足りない部分があれば，追加でトレーニングや教育を受けることで学業資格・職業資格を認定する制度である。2002 年には，早期離学のリスクのある者やすでに早期離学した者を対象に，実践的なスキルや職業的なトレーニングを重視した教育訓練課程が，基礎教育第一学習期・第二学習期に創設された。翌 2003 年には，普通教育課程のほかに，第一学習期以降の専門芸術課程と，第二学習期以降の職業課程（2008 年からは第三学習期以降に変更）が創設された。留年や

173

早期離学の予防を狙った，早期分岐型教育制度の導入である。

　2009 年には，義務教育が 9 年間から 6 歳から 18 歳までの 12 年間に延長された。また，同年，幼児教育改革も行われ，保護者が希望すれば幼児教育を保障されるようになった。

② 2011 年から 2015 年まで

　流れが大きく変わったのは，2011 年から 2015 年 11 月までの財政危機の中での緊縮財政を強いられた時期である。中道右派の社会民主党政権は，2011 年に欧州委員会，ヨーロッパ中央銀行，国際通貨基金の 3 者（トロイカ）との間で，財政支援を受ける代わりに，緊縮財政政策と構造改革を実施する協定に合意した（2014 年 5 月支援終了）。教育に関しても，教育予算を削減し，客観的な数値データに基づく新自由主義的教育改革を断行した。2012 年からは基礎教育第二学習期の 5 年生から職業訓練課程を選択できるようにし，職業教育に力点を置いた早期分岐型教育制度をさらに進めた。当時の科学技術高等教育大臣のクラト（N. Crato）は，一連の教育改革を「予算削減，給与削減，責任の増大にもかかわらず，［中略］学校教育を拡大し，より多くの生徒を受け入れ，より多様なカリキュラムを提供し，教育を改善することができた」（Crato 2020: 214）とポジティブに評価するが，反対に「教育省は，基礎教育・中等教育の質という美辞麗句を掲げていたが，測定可能な結果を重視するあまり，教育や学習の包括的な側面を損なうという矛盾が生じていた」と批判する研究者たち（Araújo et al. 2019: 154）もいる。

　ポルトガルは，トロイカ支援終了後の 2014 年 7 月に，EU から 250 億ユーロを 2020 年まで受け取る代わりに，2014 年から 2020 年に優先的に対応すべき課題の施策実施を約束する協定（ポルトガル 2020）を EU と結んだ。優先的に改善すべき目標には，早期離学の減少，職業教育と労働市場の連携強化，教育と訓練の質向上，教育的成功の増加，雇用適性の向上，労働市場への統合と再統合のためのスキル開発の促進が含まれており，早期離学の減少と職業教育の充実は，ポルトガルにとって達成しなければならない最重要課題であった。

③ 2016 年から 2023 年まで

　緊縮財政を乗り切ったポルトガルは，再び 2015 年に政権交代し，中道左派の社会党が政権与党となり，教育改革の方向性も再び大きく転換していくこととなった。2016 年以降は，教育の平等とインクルージョンに大きな注意が払われ，学習と個人

第 9 章　早期離学率減少に向けたポルトガルの教育改革と補償の取り組み

の成長が重視されるようになった（Nada et al. 2018: 3-5）。2016 年には，5 年生から
の職業訓練課程を廃止し，政府は留年や中退を減らすためのプログラムや教員研修
などを行う学校に対して資金援助する全国学校成功促進プログラムを開始した。ま
た，2017 年には，学校に自律性とカリキュラムの柔軟性が認められるようになった。
2018 年には，中等教育修了時に生徒が身に付けていることが望まれる原則や価値観，
能力をまとめたカリキュラム概念文書「義務教育修了者のプロフィール」を政府が
作成し，そこで示されたコンピテンシー等の獲得のために，学校には自律的に柔軟
なカリキュラムを立てて指導する体制確立が求められた。同年，インクルージョン
を保障する原則と基準（法律第 54/2018 号）が定められ，教育の平等とインクルージ
ョンの原則の下，カリキュラムや指導方法を生徒一人ひとりに合わせていくことで，
留年を減らし，早期離学を減らすことが目指された。また，幼児教育の普遍化のた
めの条件整備や，一部の学年を対象とした教科書の無償化，生徒にとって魅力的な
職業訓練の奨励などが実施された。

　以上の通り，ポルトガルでは，さまざまな教育改革や早期離学政策があったが，
それらに共通する特徴は，EU の示す方針に合致する傾向が強いことにある。2019
年の欧州委員会報告書でも，2011 年に欧州委員会より提案された早期離学を抑制
するための包括的政策措置などの EU の方針と，ポルトガルの早期離学戦略の関与
度は，比較的高レベル[7]と評価されている（European Commission 2019: A137）。2011
年からの財政危機下で国際機関から財政支援を受けるための必須条件であったこと
の影響もあったと推察される。

　その一方で，政権交代による方針転換や短期間での制度変更の連続から，国家戦
略の一貫性のなさも指摘されている。創設して数年で廃止になった職業訓練課程や，
学力向上のために始めた全国統一試験の対象学年が数年で変更されるなど，短期間
での方針転換の例は枚挙にいとまがない。欧州委員会は，ポルトガルの対策に対し
て，「早期離学に取り組むための国家戦略はなく」，「一般的な意見としては，重要
な措置は講じられているが，共通の目標がなく，国家レベルでの一貫性もない」と
厳しく評価している（European Commission 2019: A145）。加えて，「政権政党は早期
離学を優先課題として常に取り上げてきたわけでもなく，一貫して早期離学と向き
合ってきたわけでもない」（Araújo et al. 2020: 113）と早期離学問題の専門家たちも
批判している。その点において，後述する 2019 年に発出された教育省教育担当長

――――――――――
7）高レベルとは，国の早期離学戦略が，2011 年勧告と EU 政策枠組みの対応する措置と，直接的に
　整合しているという評価のことをいう（European Commission 2019: A137）。

官決定第 6954/2019 号は，2 C 教育政策の法的枠組みを定義したもので，早期
離学に取り組むための国家戦略の重要な一歩といえるだろう。

● 2-3　早期離学率減少の要因

　国家教育評議会議員を務め，早期離学問題に精通するアゼヴェード（J. Azevedo）
は，早期離学率減少の要因として，具体的な政策は提示していないが，①「イン
クルージョンと社会正義促進のための社会政策」，②「基礎教育修了のための代替経
路や後期中等教育レベルの職業課程を含む代替選択肢の創出」，③「積極的な差
別・地域教育政策」，④「義務教育期間の 12 年への延長」の 4 つを挙げている
（Azevedo 2023: 3）。

　④の義務教育期間の 12 年への延長は，強制的に中等教育の学齢まで義務教育を
課するので，中等教育への在籍者を増やすには直接的な効果が期待できるだろう。
事実，義務教育 12 年制を定めた 2009 年の法律第 85 号の公布前年から，中等教育
の在籍者が激増した。2007 年度に 34 万 9,477 人だった生徒数が，2008 年度に 49
万 8,327 人，2009 年度に 48 万 3,982 人と増加した[8]。しかし，義務教育が 12 年間
になったからといっても，必ずしも早期離学が減るとは限らない。義務教育は 18
歳までなので，留年を重ねた場合，18 歳の時点で，中等教育の 12 年生を修了して
いなくても，さらにいえば，基礎教育さえも修了していなくても，離学（退学）す
ることができるからである。

　そこで，義務教育の延長で増えた生徒たちの受け皿として，②の基礎教育修了の
ための代替経路や後期中等教育レベルの職業課程を含む代替選択肢の創出が必須と
なった。単にこれまでと同じ学校を増やすのでは，結局留年・退学する生徒を生み
出すだけになってしまうからだ。いろんな代替経路を用意することで，生徒の希望
や特性に合った課程を提供でき，留年や離学の減少につながる。義務教育延長の前
年の 2008 年度には，中等教育修了資格と職業資格の 2 つを取得できる 25 歳以下の
ための見習い課程が創設された。

　現在では，さらに多くの代替選択肢が用意されている。表 9-1 は，2021 年度の基
礎教育第三学習期と中等教育の課程・プログラム別在籍者数を示している。全課

---

8) なお，2008 年度の課程別の在籍者数の詳細を見ると，2007 年度まで統計では空欄だった能力検
　証認定制度 RVCC の受講人数が，2008 年度には 9 万 8,426 人計上されていた。そのため，RVCC
　を除く実質的な増加は 5 万人程度と考えられ，義務教育 12 年への延長が，中等教育在籍者数の
　増加にどこまで影響したのかという検討は，慎重を期さねばならない。

第 9 章　早期離学率減少に向けたポルトガルの教育改革と補償の取り組み

表 9-1　基礎教育第三学習期および中等教育の課程・プログラム別在籍者（2021 年度）

(Direção-Geral de Estatísticas da Educação e Ciência（DGEEC）（2023: 32, 40, 102-105）を基に筆者作成)

基礎教育第三学習期				中等教育			
課程	生徒数（人）	職業資格	年齢制限	課程	生徒数（人）	職業資格	年齢制限
普通教育課程（芸術課程含む）	315,935	×	無	科学・人文課程	209,333	×	無
職業課程	337	○	無	個別計画課程	3,290	○	無
PCA［代替カリキュラムルート］	1,010	×	18 歳まで	芸術課程	2,798	△注1	無
PIEF［統合教育訓練プログラム］	1,354	×	15 歳から 18 歳まで	職業課程	113,750	○	無
CEF［教育訓練課程］（タイプ 2・3）	6,191	○	15 歳以上	見習い課程	17,381	○	25 歳まで
EFA［成人教育訓練］	10,571	○	18 歳以上	CEF（タイプ 5・6）	466	○	15 歳以上
リカレント教育	107	×	15 歳以上	EFA	26,273	○	18 歳以上
RVCC［能力検証認定制度］	6,791	×	18 歳以上	リカレント教育	2,392	△注2	18 歳以上
FM［モジュラー式訓練］	493	○	18 歳以上の未就労者	RVCC	20,369	×	18 歳以上
				FM	1,048	○	18 歳以上の未就労者
合計	342,789			合計	397,100		

注 1）芸術課程の内，音楽専攻は×，ダンス専攻とビジュアルアート・オーディオ専攻は○
注 2）リカレント教育のうち，科学・人文専攻は×，個別計画専攻は○

程・プログラムで，該当する教育段階の学業資格を取得できる。職業資格欄に○のある課程は，学業資格に加え職業資格を得られる二重認証課程である。また，年齢に制限のない課程で職業資格を取得できない普通教育課程と科学・人文課程がいわゆる「主流」の課程である。職業資格も取得できる二重資格認証課程や年齢制限のある課程・プログラムは，代替教育の選択肢といえる。後者の代替教育には，基礎教育第三学習期で生徒の 7.8％が，中等教育で生徒の 47.3％が在籍しており，職業教育の充実や代替経路が必要とされていることがわかる。

　また，2019 年の欧州委員会報告書では，ポルトガルの予防，介入，補償の具体的施策が挙げられている（European Commission 2019: A145-148）。そこでは予防として，幼児教育の拡充（2009 年），自律的で柔軟なカリキュラム（2017 年），基礎教育段階の職業訓練課程（2012 年）が，介入として，全国学校成功促進プログラム（2016 年），

メンタリング・プログラム（2018年），チョイス・プログラム（2001年）が，補償と
して，資格認証制度（2016年）と2CS（2008年）が紹介されている。このような予
防，介入，補償の取り組みが，アゼヴェードの示した①から③の役割を果たし，早
期離学率減少につながっていったといえる。

　なお，同報告書には，「補償措置の重要性についての認識の難しさ」や「特に
2CSのような補償措置への投資不足（および投資する政治的意思の欠如）」への指摘も
あった（European Commission 2019: A150）。ただし，報告書が発行された同2019年
に，ポルトガル教育省は，教育担当長官決定第6954/2019号で，初めて2C教育政
策の法的枠組みを定義した。これにより，政府は，2CSが早期離学に対する補償的
な公共政策の重要な手段とみなし，「2CSのような補償措置」に「投資する政治的
意思」を示したといえる。

● 2-4　ポルトガルの2CS制度の特徴

　ポルトガルの2CSに対する国内外の評価を高めたのは，2008年設立のマトジー
ニョス2CSである。当時は，2CSの法的基盤はなく，有志による非営利の団体が市
や教育省からの教員派遣や財政の一部負担などの支援を得て，いわば特別プロジェ
クトのような形で始まった。マトジーニョス2CSの実践は，欧州職業訓練開発セン
ターから早期離学対策の優良事例に選定されるなど，海外からも注目が集まった[9]。
2013年からは，2CSと同様に，早期離学リスクの高い子どもたちへの教育支援を行
うアルコ・マイオール[10]の実践も始まった。教育省は，このマトジーニョス2CSや
アルコ・マイオールの取り組みを高く評価し，2019年に，2CSの法的根拠となるガ
イドラインに関する教育担当長官決定第6954/2019号（以下，長官決定）を発出した。
それにより，マトジーニョス2CSやアルコ・マイオールのように，特例的で法的枠
組みや責任主体があいまいであった活動は，公立学校に正式に統合された。

　長官決定の内容は以下のとおりである。2CSの実施する2Cプログラムの目的は，
「雇用や資格のない若者の早期離学を防ぐため，地域の労働市場に合わせ，彼らの
特定のニーズ，期待，関心に的を絞った適格な訓練を提供すること」と，「若者の自
律性と社会的・職業的統合の発展を注視すること」であり，2Cプログラムとは，
その目的のために，公立学校の集まりである学校グループ又はグループ化されてい

---

9) Second Chance School of Matosinhos.〈https://www.cedefop.europa.eu/en/tools/vet-toolkit-
　 tackling-early-leaving/resources/second-chance-school-matosinhos〉（2024年10月4日最終確認）
10)　アルコ・マイオールについては，3）を参照されたい。

178

第 9 章　早期離学率減少に向けたポルトガルの教育改革と補償の取り組み

ない学校[11]が，教育省学校施設総局および協力団体・機関と協定を締結し展開する「社会教育的対応」と定義づけられた（第 2 条）。2C プログラムの対象は，15 歳以上で，職業資格をもたず，無職で，少なくとも 1 年間は離学している若者たち（第 3 条）とされ，長官決定では年齢の上限は示されていないが，現実には 2CS では，EU の定義にほぼ準じて 15 歳から 25 歳までを受け入れている。

　なお，特別な「2CS 課程」が作られたわけではない。2CS では，従来から一般校で開設されてきた低学力や非行などの問題を抱えた生徒のための特別プログラムである統合教育訓練 PIEF（15 歳～18 歳）と，成人教育の 1 つである成人教育訓練 EFA（18 歳以上）を実施する[12]。ポルトガルにおける 2CS とは，既存のプログラムである PIEF と EFA を活用した，早期離学の補償に特化した公立学校というわけである。

　ポルトガルの 2CS 全 7 校の在籍生徒をすべて合わせて約 300 人で（García-Rubio&Macedo 2023: 676），表 9-1 の PIEF と EFA の在籍者数の中に，その 300 人が含まれている。なお，提供する教育段階は，2CS によるが，基礎教育のみとする2CS が多い。

3　シントラ 2CS（シントラ校）の実践

　本節では，2021 年に開校したシントラ 2CS（以下，シントラ校）に注目し，その実践を見ていくこととする。シントラ校は，管見の限り，2CS の中でも特に公立学校との関係が深く，長官決定で記された「公立学校」が「他の団体や機関と協力し」「構想・展開」することを本章執筆時点（2024 年 4 月末）において最も具現化している 2CS だと思われるからである。

---

11) 学校グループとは，一定区域内の就学前教育から中等教育までの公立学校で構成された独立した学校管理運営組織を指し，各校の校長の上に，学校グループ長が最高責任者として存在する。2021 年度，全国に学校グループは 713 あり，1 学校グループあたりおよそ 6 校の学校で構成されている。なお，グループ化されていない公立学校は 93 校ある（DGEEC 2023: 90, 97）。

12) 一般の PIEF は，15 歳から 18 歳の若者で 1 年以上学校に出席しておらず，3 回以上留年しているなどの対象条件を満たす生徒が 10 名以上いると，基礎教育学校の中に開設される特別クラスである。PIEF の授業は，PIEF 専従教員以外に，普通教育課程の教員が兼務することができる。2CS 以外の EFA には，対象年齢の上限はない。EFA は，職業訓練センターや学校（私立含む），自治体，企業，労働組合などさまざまな団体が各所で提供しており，無償である。学業資格（基礎教育と中等教育）と職業資格を取得できる。PIEF と EFA を同じ場所で同時に提供する機関は，2CS だけである。

179

● 3-1　交通至便な立地の複合教育施設の中のシントラ校

　シントラ校には，15歳から25歳までの生徒60名が，基礎教育の修了資格を得るために通っている。シントラ校を学区に収めるアグアルバ・ミラシントラ学校グループと，シントラ市，教育省教育施設総局，そしてNPO団体であるエスマイス協会の4者が設立時に協定を結び，2021年度に開校した新しい2CSである。2023年9月に2023年度が始まり，3年目を迎えた。公立学校であるシントラ校は，学校財源を基本的にはシントラ市と教育省学校施設総局が担い，学校運営をアグアルバ・ミラシントラ学校グループが担う。エスマイス協会は，学校運営をサポートする。授業料はもちろん無償である。

　シントラ校の教員は6名で，全員がアグアルバ・ミラシントラ学校グループ所属の正規教員である。教員のほかに，心理士2名と，社会福祉士でもある校長，そして市役所職員である事務担当者がいる。全員がシントラ校の専従で，学校グループ内の他校に教えに行くことはない。教員の一部や職員が常駐する2CSは他にもあるが，教員全員が2CSに専従するシステムは，シントラ校だけの特徴である。さらにシントラ校には，相談役がいる。相談役は，シントラ校設立時に協定を結んだNPOエスマイス協会所属の元教員で，20年の校長経験をもつ学校運営のエキスパートである。シントラ校の相談役として市と雇用契約を交わし，校長・教員のサポートを行っている。いわばシントラ校のご意見番である。

　学校の所在地は，リスボン郊外のアグアルバ・カセン鉄道駅の目の前だ。駅を降りてすぐ，横長の体育館のような建物が目に入る。5,800m^2（約1750坪）の敷地に建つ元洋服工場を2020年に改築した2階建ての公共の複合教育施設で，シントラ校のほかに，成人の資格認証センターと中等レベルの職業学校が同じ建物内で運営されている。敷地の周りは柵で囲まれており，一か所ある門には警備員が常駐している。門から入ってすぐ右手にバスケットコート1面とバドミントンコート1面がある。この校舎の内壁はあたたかな橙色で，1階には，文化財修復技術を学ぶための石工室など大きな実習室と，フリースペース，食堂，シントラ校の事務室・会議室がある。2階に上ると，定員10〜30人のいくつかの広さの異なる小さめの教室が10室，パソコンを設置してある情報教室が2室，実験室，職業学校や資格認証センターの事務室，100人は入れる講堂などがある。建物内には学校の看板はないため，どの部分が職業学校で，どこがシントラ校で，どこが資格認証センターなのかは，わからない。それもそのはず，教室や食堂，講堂，フリースペース，屋外のバスケットボールコートなどは，シントラ校と職業学校と資格認証センターが共同利用し

第 9 章　早期離学率減少に向けたポルトガルの教育改革と補償の取り組み

ているのだ。共同利用する場所は，3 校の代表者が，どの場所をどの団体がいつ使うかを話し合いで決めている。共同利用のため，普通教室には机，椅子，電子黒板のみしかなく，ロッカーや壁の掲示などはない。

● 3-2　シントラ校に通う生徒たち

　15 歳から 25 歳で 9 年生の修了資格がない者なら，誰でも希望すればシントラ校に入学できるわけではない。移民であっても，誰でもあっても，最初は一般校に入学する。シントラ校の門を叩くのは，一般校でうまく適応できず欠席が続いた者，学業についていけず留年を繰り返した者，麻薬に溺れた者，逮捕・補導された者，虐待被害を受けて学校に通う余裕のなかった者など，さまざまな背景をもち，その結果 9 年生の修了資格をもっていない 15 歳から 25 歳の若者だ。多くの場合は，児童青少年保護委員会（CPCJ）や裁判所の学際的サポートチーム（EMAT），児童や青少年の保護施設（シェルター），学校などを通じて，シントラ校に入学の打診が寄せられる。シントラ校には毎年定員の 2 倍以上の入学希望の問い合わせがあるため，希望者の中から入学者を決めなければならない。

　シントラ校の校長によると，生徒本人にやる気があり，その生徒にとってシントラ校が最良の選択と考えられなければ，入学を認めることはできないという。それを判断するために，シントラ校のスタッフ（校長，相談役，教員，心理士）が複数人体制（2～3 人）で，全員の入学希望者と 1～2 時間かけて個別面談を行っている。個別面談には，必ず両親かホームスクーリングを担当する家庭教師が同席しなければならない。個別面談では，生徒を深く知るために，成育歴，学校経験，家庭環境，家族の就業状態，予想通学時間，シントラ校を知った理由，シントラ校への志望動機などを質問し，シントラ校に入学したらどういうことを学ぶのか，どんな生活になるのかを説明し，それを理解した上で頑張ってやっていこうという意欲があるかを面接で見極める。なお，麻薬と手を切れていない者は入学を認めないという。

　シントラ校の生徒定員は 60 名である。新規入学者の定員ではなく，全体で 60 名定員と決まっている。2 年目も続ける生徒が多いと，新規の入学者枠が減る仕組みだ。2023 年度は，新規受け入れ生徒数は 40 名で，前年度からの継続の生徒が 20 名（2 年目 19 名，3 年目 1 名）であった。シントラ校での在籍期間は，入学以前の最終学歴（修了学年）やシントラ校での学習状況によって異なるが，基本的に，1～2 年で修了していく学校なのである。シントラ校では，中等教育（12 年生）の修了資格を取得することはできないので，基礎教育（9 年生）の修了資格を取得した後に就労す

る者がほとんどだが，1, 2名ではあるがシントラ校を修了した後に，中等教育資格を取得するために他校に進学した生徒がいるという。

　筆者が2023年9月に訪問した際に，2023年度の生徒60名のうち半数に当たる，2年目の生徒20名と1年目の生徒10名の合計30名分の情報（以下，「23年度情報」と呼ぶ）を見せてもらうことができた。生徒の全体像とまではいえないが，おおよその傾向を摑むことはできるだろう。年齢は16歳から21歳までの若者で，男性24名，女性6名であった。

　生徒たちは，シントラ校に入学する前の一般校で，留年を経験している者が多い。23年度情報では，留年経験の欄が空欄もしくは0回と書かれていたのは5名のみで，最多回数は5回であった。人数としては，3回留年したことがある者が11名で，一番多かった。留年経験のあった25名の基礎教育学習期ごとの合計留年回数は，第一学習期（1〜4年生）で18回，第二学習期（5〜6年生）で21回，第三学習期（7〜9年生）で32回であった。

　シントラ校入学以前の最終学歴は，23年度情報の29名（無記入1名を除く）のうち，第二学習期（6年生）修了者は25名，第一学習期（4年生）修了者は3名，第一学習期未修了者は1名であった。シントラ校入学前に早期離学経験をもつ者は，23年度情報においては，半数に近い13名であった。早期離学期間は，1年間の8名が最も多く，2年間2名，3年間1名，6年以上が2名だった。6年以上の長期離学者はアフリカからの移民で，うち1人は母国にいた時から十分に教育を受けられていなかったという。

　シントラ校の生徒は，ポルトガル語圏アフリカ諸国（ギニアビサウなど）からの移民，もしくは国籍はポルトガルであってもアフリカにルーツをもつ者が多い。また，ブラジルや東欧，アジアからの移民や，ロマの生徒もいる。23年度情報を国籍別にすると，ポルトガル15名，ギニアビサウ7名，ブラジル4名，アンゴラ1名，ブルガリア1名，記入無し2名であった。ポルトガル語圏以外の出身者は30名中1名のみであったが，全員シントラ校に入学する前に一般校に通った経験をもつので，ポルトガル語でのコミュニケーションで困るような生徒は見かけない。ただし，ポルトガル語圏アフリカ諸国の出身であっても，アルファベットが正しく書けないなど，初歩の識字学習を必要とする者が散見された。

● 3-3　シントラ校の授業

　シントラ校では，基礎教育の第一学習期，第二学習期，第三学習期の3つの修了

第 9 章　早期離学率減少に向けたポルトガルの教育改革と補償の取り組み

資格を取得できるが、ほとんどの生徒は第二学習期まではすでに以前の在籍校で修了しており、第三学習期（9年生）修了資格の取得を目指している。また、制度上は、2019年の長官決定の通り、義務教育年齢（15〜18歳）向け PIEF と 18歳以上の EFA に分かれている。しかし、シントラ校では、学習期や年齢に応じたクラス分けではなく、これまでの学修状況や生徒間の人間関係、生徒の性格・適応具合を考慮した上で、生徒60人を4つの混合グループ「オメガ」、「アルファ」、「デルタ」、「ガンマ」に分けている。

　教科は、ポルトガル語、英語、数学、体育、地理、芸術（劇的表現／演劇、ダンス）、ICT 情報通信技術に、働くために知っておくべき労働安全衛生や金融教育、非営利社会連帯協同組合 YouthCoop による市民性教育の授業や、生徒一人ひとりがプロジェクトを立てて調べまとめていく自律学習、そして職業訓練実習（音楽、マルティメディア、写真、文化財保存修復技術（石工）の中から選択する実習科目）がある。

　表9-2は、2023年1月第3週の時間割である。授業は、9時半から始まり、1コマ45分である。午前中は、月・木はグループごとに、火・金は選択科目ごとに分かれて授業を受けたあと、12時20分からは生徒と教員全員が一部屋に集まって、全体で本日の総括を行う。生徒がその日の学校でのことを話したり、教員が明日の予定などの連絡事項を伝える。水曜は、指導教員による指導の日だ。教員一人当たり、7名程度の指導生を担当している。指導内容は、各生徒の自律学習などの学習状況を確認し、必要な勉強をサポートする。進路などの各種相談に応じる時間でもある。昼食は、校内にある食堂で、生徒なら無料で食事をとることができる。食事は、リンゴ、パン、メインのおかず（ベジタリアン向けもあり）、サラダなどがワンプレートで提供される。午後は、月・水・金は自律学習のため生徒は帰宅し、火・木は、職業訓練実習や体育、理解が遅れている生徒には英語や数学の補習を行っている。生徒の学力には差があるので、個別指導が重視されている。

　生徒の評価は、教育省の「義務教育修了者のプロフィール」（2018年）に記載された10のコンピテンシーや価値観を、各教科の評価項目がどれだけ満たしているかで決まる。この点は、一般校と同じである。ただし、成績評価の付け方は異なり、一般校では「とても良い」から「不十分」までの5段階あるが、シントラ校では「良い」と「悪い」の2段階となっている。

● 3-4　シントラ校がめざすもの
　ポルトガルの 2CS に共通する目的は、短期的に労働市場に参入できるようにす

表 9-2　時間割（2023 年 1 月 16 日～23 日）

クラス分け ⇒	月曜日				火曜日		水曜日	木曜日				金曜日			
	オメガ	アルファ	デルタ	ガンマ	5番教室	特別教室	各教室	オメガ	アルファ	デルタ	ガンマ	特別教室	8番教室	3番教室	実習室
9:00～9:15	打ち合わせ				打ち合わせ		打ち合わせ	打ち合わせ				打ち合わせ			
9:15～9:30	交流時間				交流時間		交流時間	交流時間				交流時間			
9:30～10:15	英語	数学		地理	ポルトガル語（読解・作文）		指導教員による指導	数学	英語	ポルトガル語/ICT	労働安全衛生	Youth coop（市民性教育）	金融教育		
10:30～11:15	地理	英語	芸術	数学	ポルトガル語（読解・作文）	音楽*	指導教員による指導	ポルトガル語/ICT	数学	英語	労働安全衛生	Youth coop（市民性教育）		写真実習*	文化財修復実習*
11:30～12:15	数学	地理		英語			指導教員による指導	英語	ポルトガル語/ICT	数学				写真実習*	文化財修復実習*
12:20～12:30	本日の総括				本日の総括			本日の総括				本日の総括			
13:30～15:15	自律学習【教職員会議】				芸術実習*/英語補習/マルチメディア*		自律学習【教職員会議】	芸術実習*/数学補習				自律学習			
15:15～15:30															
15:30～16:30								体育							

注 1)　*　実習選択科目

るというよりも，若者を正規の教育制度に復帰させることにあり（García-Rubio 2023: 54），スペインほど職能開発には力をいれていない（García-Rubio & Macedo 2023）。つまりポルトガルの 2CS では，職業訓練よりも，正規の学業資格の取得に焦点が当てられている。ただし，それは，上級の学校への進学を目指すというものではない。2CS での学び直しを通して，堅実な人生設計を抱いて生活していけるようになることが重要だと考えられている。

　シントラ校の相談役である C さんは，「一般校で早期離学や繰り返される留年といった問題に対応できないのは，各クラスに対象の生徒は 1 人か 2 人しかいないからだ。通常，教員は指導の差別化や個別化を図らないので，生徒一人ひとりに必要な指導を見つけるのは非常に難しい」と言い，「だからこそ，シントラ校では，学びの方法，戦略，提案のすべてが，生徒にとって意義をもつものとなるように目指している」と語った。そしてシントラ校の目標を 3 つ挙げた。「（生徒の）潜在能力や望み，ニーズ，さまざまな個性を理解すること」「授業だけでなく，生徒自身の人生についても教員は導こうとすること」「（修了資格の有無にかかわらず）シントラ校を離れても，生

第 9 章　早期離学率減少に向けたポルトガルの教育改革と補償の取り組み

図 9-1　ライフ・プロジェクト相談中（筆者撮影：2023 年 9 月）

徒が常に前進し続けられるようにすること」である。学業資格と同様，もしくはそれ以上に，人生の立て直しが主目標になっていることがわかる。

　シントラ校での最重要ルールは，「尊重」である。Cさんによると，「自分自身を尊重する（全員が毎日時間を守り，学校で得たい成果を出すために全力を尽くす）」「すべての人を尊重する（教員やその他のスタッフを含めて，すべてのメンバーを尊重する。すべての人の話を聞き，丁寧に話し，異なる視点を受け入れて，正しく，忍耐強くあろうとする）」「すべての設備，資材，環境を尊重する」の3点である。この「尊重」という最重要ルールの徹底のため，他の2CSと同じように，シントラ校でも，生徒たちと学校・教師との信頼関係づくりを重視し，そのための仕組みをいろいろと用意している。

　まず，新入生を迎えた最初の1か月間は，特に信頼関係づくりの重要な時期である。年度の始まりに必ず生徒たちがすることがある。それは，ライフ・プロジェクトの作成である。ライフ・プロジェクトには，生徒が自分自身を見つめなおし，今年一年をどんな年にするのか，何を学び，10年後にどんな自分になっていたいのかを記入する。将来について考えるいい機会だ。しかし，なかなか書き進められない生徒が多い。教員は，質問の意図をかみ砕いて説明したり，生徒が前に話していたことを思い出させて話を引き出したりして，導いていく。ライフ・プロジェクトは，生徒が何をどのように学びたいのか，何を望んでいるのかを理解するための重要資料である。

　また，生徒との信頼関係づくりで大切にしていることは，すべての決定は，生徒の同意を得る，ということである。教職員会議で生徒への指導について話し合った結果についても，必ず生徒に説明して，生徒が納得できるものにするという。生徒のことを決めるのに，生徒を抜きにして決めることはない。なぜならば，それが尊

重するということだからだ。

　生徒指導でも，頭ごなしに教員が叱責することはない。たとえば，携帯依存の生徒が多く，教員は「携帯はやめなさい」「授業中は携帯はだめと約束したでしょう？」など注意する。ルールとしては，一応使用禁止になっているのだ。教員が注意すればすぐに携帯をポケットにしまい，反抗的な態度は一切見受けられなかったものの，教員が他の生徒を指導するなどちょっと目を離すと，生徒はすぐに携帯を見る。教員の忍耐力が試されるような感じでもあったが，決して怒鳴ったり，声を荒げることはなかった（思い返すと，シントラ校では教員は誰一人怒鳴っている姿を見かけなかった）。教職員会議でも，これまで生徒の携帯所持・携帯利用について何度も話し合われてきた。そこで，考え出されたのが，教科横断型プロジェクトのテーマを「携帯電話」にするという案である。このように，ただ注意するだけでは伝わらない場合，教員は生徒たちが考え，納得できるように，常に話し合う仕組みを用意しようと心掛けているようだ。

　他にも，信頼づくりの仕組みはある。9 時 15 分過ぎに登校してきた生徒に「やあ，おはよう」と声をかける，毎朝の交流時間もその 1 つである[13]。

● 3-5　教職員会議とチーム連携

　シントラ校の教職員会議の濃密さは特筆ものである。月曜と木曜の午後の時間をフルに使って，教職員全員参加の教職員会議を行う（その時間は，生徒は自宅等で「自律学習」を進める）。この教職員会議の時間の長さと頻度は，他校にはない。さらに，シントラ校の場合，週 2 回のうち 1 回は必ず，学校グループ長も必ず参加している。これだけの時間をかけた教職員会議を行えるのは，全員がシントラ校の専従だからである。

　教職員会議では，毎週，すべての生徒の学習状況について情報交換し，評価し，指導計画を練り直したりする。学習理解度だけではなく，生活態度などにも教員たちは敏感だ。自分の授業での気になる生徒の様子や生徒が休み時間に自分に話しかけてきた内容などを，会議で情報共有している。生徒の悩み相談には，教員，心理士，校長，だれでも応じている。深刻な悩みの場合は，心理士につなぐことが多い。筆者が観察している間，何度も教員や心理士が，生徒と 2 人きりでじっくり話している姿を見かけた。生徒の多くが家庭内での虐待や貧困などのトラブルを抱えてい

---

13) ガルシア-ルビオとマセドによると，若者への定期的な声かけ（「調子はどう？」など）はポルトガルやスペインの 2CS で共通して重視されている（García-Rubio & Macedo 2023: 678）。

第 9 章　早期離学率減少に向けたポルトガルの教育改革と補償の取り組み

図 9-2　校内見学ツアー。教師も生徒も横並び（筆者撮影：2023 年 9 月）

る。「彼らの相談に乗ることは，彼らが学校から離れていってしまわないようにするためには非常に重要なんです」と心理士の K さんが優しい口調で説明してくれた。
　一般校との違いという点では，一般校での教員のイメージが「教科を教える専門職」であるのに対し，シントラ校の教職員から受ける印象は，一致団結，まさに「全員野球」である。校長，教員，心理士，事務職員，相談役といった専門性の違いはあり，それはそれで尊重されている。しかし，同時に，全員が 60 名すべての生徒に対して常に関心を寄せ，情報を共有し，協力して課題に向き合っている。シントラ校では，教員だからといって，単に授業を教えればいいわけではない。どの教員も，各自の専門科目の授業はもちろん，ライフ・プロジェクトなどの教科ではない教育指導もし，生徒の相談にも乗り，生活指導もキャリア指導もして，一般校にはない学校行事の準備も分担し，生徒のインターンのために企業との連絡も取り，入学希望者の面談もする。日本の教員を考えると，特別なことのように思わないかもしれないが，ポルトガル基準で考えると，これは驚くほど仕事の幅が広い。心理士であっても生徒の成績評価の会議に出席する。総務である学校事務の職員が，新学期が始まっても登校してこない十何人もの生徒や親に「明日はお待ちしていますね」とリマインドの電話をかける。新入生の校内ツアーのグループ分けした時も，グループの引率者を，教員も心理士も事務職員も相談役も，その時間に手が空いている人は全員担当する。そして，このような仕事の分担も，毎回の教職員会議で話し合って決めている。
　シントラ校の教育の質において，教員の在り方が最も重要な要素の 1 つだと相談役の C さんが教えてくれた。「教員といっても，人によって，2CS の教員に向いている，向いていないはある。だから，どれだけ教員歴が長くとも，2CS にやってくる生徒のことを理解しようとする教員，そのために生徒との向き合い方を変えてい

187

ける教員でないとうまくいかない」という。

　どの教員も最初から 2CS の生徒たちとの向き合い方を心得ているわけではない。だからこそ，週 2 回たっぷり時間をかけて教職員会議を重ねることが必要だと C 氏は語った。教職員会議は，議論を交わし，少しずつ長い教員人生の中で築き上げてきた「正しい」と思っている指導や生徒との向き合い方を見直していく。教職員会議は教員が育つ場であることがわかった。

4　おわりに

　ポルトガルは，EU の指針に則り，さまざまな教育改革を推し進めた。しかし，公立学校に古くから引き継がれてきた排除の学校文化を打ち砕くことは難しく，学業資格と職業資格の二重認証される経路をいくつも作っても，学校から離れてしまう生徒は無くならない現実がある。そのポルトガルの学校文化を大きく変えうる可能性を秘めた存在が 2CS であった。2CS は，全国で 7 校しかないけれども，2CS が公立学校化し，学校グループの一員として実質的に受け入れられるようになることで，公立学校の教員の考え方を変える可能性を秘めている。

　しかし，2CS やそこに通う若者たちのことについて，まだ多くの一般校で働く教員は自分とは関係ないと感じている。シントラ校とは別の 2CS では，学校グループが 2CS に対して「問題児を送る場所」としか認識していないという話も聞いた。2CS についての理解を社会に広げる必要がある。また 2CS で働く教員に求められる役割は幅広いのに，教員養成や現職研修に反映されていないことも課題である。そして，そもそも学校不適合者を生み出す学校そのものを変える必要があるということを，学校に携わる人すべてが理解していかねばならない。

　ポルトガルの 2CS での生徒一人ひとりに合わせる授業実践は，自由度が高く，日本での一部のフリースクールの実践と似ているかもしれない。しかし，2CS は，公立学校の一部として正式に認められており，特にシントラ校では教職員も正規の公務員で運営費も公的資金で賄われている。公立学校の教員としての待遇や権利は，2CS の教員も一般校の教員もまったく同等である。この点は，活動の実施継続性や教育の質の担保において重要な要素である。ポルトガルの 2CS は新たな教育のあり方を考えるための国家的なチャレンジといえるだろう。

第 9 章　早期離学率減少に向けたポルトガルの教育改革と補償の取り組み

【引用・参考文献】

Álvares, M., & Calado, A.（2014）. Insucesso e Abandono Escolar Precoce - Os programas de apoio. Rodrigues, M. de L.（ed.）*40 Anos de Políticas de Educação em Portugal, vol. I - A Construção do Sistema Democrático*. Almedina, 1-25（online file）.

Araújo, H., Macedo, E., Santos, S. A., & Doroftei, A. O.（2019）. Tackling early school leaving: Principals' insights into Portuguese upper secondary schools. *European Journal of Education*, 54(1), 151-162.

Araújo, H., Macedo, E., Magalhães, A., & Rocha, C.（2020）. Una mirada al abandono escolar prematuro en Portugal: Realidades, contextos y prácticas. *Educatio Siglo XXI*, 38（2 Jul-Oct）, 109-130.

Azevedo, J.（2023）. School participation in marginalization and students leaving school: The case of Portugal. *Education Policy Analysis Archi*ves, 31, 1-23.

Cedefop（2022）. Portugal August 2021: Vocational education and training system chart.〈https://www.cedefop.europa.eu/en/tools/vet-in-europe/systems/portugal-u2〉（2024 年 11 月 19 日最終確認）

Crato, N.（2020）. Curriculum and Educational Reforms in Portugal: An Analysis on Why and How Students' Knowledge and Skills Improved. In: Reimers, F. M.（eds）*Audacious Education Purposes*. Springer, Cham.

Direção-Geral de Estatísticas da Educação e Ciência（DGEEC）（ed.）（2023）. *Educação em Números-Portugal 2023*.〈https://pessoas2030.gov.pt/wp-content/uploads/sites/19/2023/08/EducacaoEmNumeros_2023.pdf〉（2024 年 10 月 4 日最終確認）

European Commission（2019）. *Assessment of the Implementation of the 2011 Council Recommendation on Policies to Reduce Early School Leaving: Final report: July 2019 : Request for Services EAC/21/2017*. Publications Office of the European Union.

European Commission, Directorate-General for Education, Youth, Sport and Culture, Redgrave, K., Day, L., Mozuraityte, N., & McCoshan, A.（2013）. *Preventing early school leaving in Europe: Lessons learned from second chance education*, Publications Office.〈https://data.europa.eu/doi/10.2766/61898〉（2024 年 10 月 4 日最終確認）

Eurostat（2024）. Early leavers from education and training by sex and labour status.〈https://ec.europa.eu/eurostat/databrowser/view/edat_lfse_14/default/line?lang=en〉（2024 年 11 月 7 日最終確認）

Eurydice（2024）. Portugal 1. Enquadramento e tendências políticas, sociais e económicas 1.1 Desenvolvimento histórico.〈https://eurydice.eacea.ec.europa.eu/pt-pt/national-education-systems/portugal/desenvolvimento-historico〉（last update: 2024/03/26）（2024 年 10 月 4 日最終確認）

García-Rubio, J.（2023）. El reenganche educativo de jóvenes en riesgo de exclusión en las Escuelas de Segunda Oportunidad en Portugal. *REIDOCREA*, 12(5), 54-61.

García-Rubio, J., & Macedo, E.（2023）. Second Chance Schools in Portugal and Spain: Educational Proposals for Students in Greatest Vulnerability. *International Journal of Instruction*, 16(4), 673-688.

Nada, C. I., Santos, S. A., Macedo, E., & Araújo, H. C.（2018）. Can mainstream and alternative education learn from each other? An analysis of measures against school dropout and early school leaving in Portugal. *Educational Review*, 72(3), 365-385.

ポルトガルの教育制度（図）（パーセントは同一年齢に占める比率，2022/23年度）

（PORDATA（https://www.pordata.pt/portugal）（2024年7月12日最終確認）．Cedefop（2022）より筆者作成）

就学前教育
3〜5歳児

基礎教育
6〜14歳（義務）

中等教育
15〜17歳（義務）

高等教育

幼稚園
3年課程

基礎教育
第一学習期
（第1〜4学年）
4年課程
（普通教育課程
に加え、PCA
などあり）

基礎教育
第二学習期
（第5・6学年）
2年課程
（普通教育課程
に加え、芸術
課程などあり）

基礎教育
第三学習期
（第7〜9学年）
3年課程
（普通教育課程
に加え、芸術
課程などあり）

（　）内は中等教育在籍者割合

科学・人文課程
3年課程（53%）

芸術課程・個別計画課程
3年課程（1%）

職業課程
3年課程（28%）

見習い課程
3年課程（4%）

その他（OEF, EFA等）
（13%）

学士課程
3〜4年

修士課程
1.5〜2年

学士・修士統合課程　5〜6年
※建築・医学・医師学・薬学・獣医学領域等

博士課程
3〜4年

ポリテクニク
学士課程
3〜4年

ポリテクニク
修士課程
1.5〜2年

技術専門課程
1〜1.5年課程

全国中等教育最終試験

就学前教育
純就学率
94.2%
総就学率
99.4%

基礎教育
第一学習期
純就学率
100%
総就学率
111.4%

基礎教育
第一学習期
純就学率
92.4%
総就学率
110.2%

基礎教育
第三学習期
純就学率
94.0%
総就学率
113.7%

中等教育
純就学率
89.8%
総就学率
126.8%

早期離学率 8.1%（2023年）

高等教育
総就学率 57.3%

第10章 フランスの小規模高校「ミクロ・リセ」から問い直す「学校」像

島埜内恵

1 はじめに

　フランス共和国（以下，フランス）は，6歳から16歳の10年間としてきた義務教育期間を，2019年度より3歳から16歳の13年間へと早期化・長期化した[1]。また，2020年度からは義務教育を終えた16歳から18歳の若者を対象として教育・訓練を義務化しており[2]，これは実質的な義務教育の延長と捉えることもできる。さらに，フランスは教育義務制をとっているものの，届出制から許可制への変更など，「家庭での教育（いわゆるホームスクーリング）」をより限定的なものとした[3]。これらの制度改革から看取されるのは，学校という場での児童生徒の受け入れを改めて基本に据え，学校教育そのものをより強固なものにしようとする志向性であろう。

　このように位置づけられる「学校」という場から（早期に）離れること，すなわち「（早期）離学」という「問題」に対して，他の欧州諸国と同様に，フランスにおいても実にさまざまな施策や取り組みが行われてきた。「就学しておらず，後期中等教育段階[4]を修了しておらず，直近4週間で職業教育・訓練を受けていない18歳から24歳の若者」（INSEE 2023）が算出される「早期に離れる（sorties précoces）」者の割合は7.6%（2023年，Eurostat 2024）であり，欧州レベルで「10%以下」として設定された数値目標は，2013年にすでに達成している。しかしながら，「資格社会」であるフランスにおいては特に，資格なしに，あるいは早期に離学を経験した

---

1) La loi n° 2019-791 du 26 juillet 2019 pour une école de la confiance.
2) 同上。
3) La loi n° 2021-1109 du 24 août 2021 confortant le respect des principes de la République.
4)「前期中等教育は，コレージュ（4年制）で行われる。このコレージュでの4年間の観察・進路指導の結果に基づいて，生徒は後期中等教育の諸学校・課程に振り分けられる（いわゆる高校入試はない）。後期中等教育は，リセ（3年制）及び職業リセ等で行われる。職業リセの修業年限は2〜4年であったが，2009年度より2〜3年に改められた。」（文部科学省 2023: ページ数なし）。

者が困難を強いられることは依然として少なくない。

　早期離学対策に関する政策のうち早期離学者を直接的に受け入れる機関には，学業へとつなぐもの，職業へとつなぐもの，望ましい生活習慣や態度を身につけるもの等，いくつかの方向性が見られる（園山 2022; 島埜内 2021 ほか）。さらに，相談・支援窓口や情報収集・共有を可能とするネットワーク等も充実している。近年では，「若者の３分の１」が在籍する場であるにもかかわらず離学率が高かったり正当に評価されてこなかったりしたことへの反省に立った，職業リセ（リセは高校を意味する）の改革が進行している。この改革は 2022 年 10 月 21 日に設置された４つのワーキンググループでの議論を基にしており，その目的は，①早期離学の防止，②学業継続における成功の向上，および③高校生の職業参入の向上である。改革の具体的な内容は多岐にわたるが，2023 年５月の報告書（MEN 2023）で示された「12 の施策」の１つに，「高校にいる間とその後の早期離学のリスクを予防する」として，具体的な取り組みが提案されている。「国の政策言説の中で ESL が近年やや色あせてきている」（European Commission 2019: 91）との指摘があるものの，この領域における改革は引き続き進められているといえる。

　このような動向を見せるフランスにおける１つの事例として，本章では，「ミクロ・リセ（Micro-lycée）」を取り上げる。ミクロ・リセとは，高校を一度以上離れた経験のある人を対象として高等教育へのアクセスのために必須となるバカロレア資格の取得を目指した教育を行う，小規模の高校である。「補償」の措置として位置づくこの事例に着目する第一の理由は，ミクロ・リセが少人数や個人を対象化している点にある。少人数や個人という単位は当然ながら「正規の学校教育（メインストリーム）」（横井 2022: 239）でも採用されるが，早期離学対策においては，子ども自身の多様性を背景として離学の理由や要因もまたきわめて多様かつ複雑であることにともなって，少人数や個人という単位の重要性がより際立つことになる。

　第二の理由は，ミクロ・リセが従来的な学校に疑問を呈し，それを問い返していくような志向性のもとで設置された学校である点にある。高校の１つの形態として位置づきつつも従来的な学校とは異なるかたちで早期離学という事象にアプローチするミクロ・リセを事例として検討することは，「学校」を問い直すにあたって有益であるといえる。離学を経験した者がもう一度通う「学校」であるミクロ・リセには，どのような特徴や工夫が見られるのか。それらは一般的な学校とどのような共通性があり，何が異なるのか。早期離学対策の「学校」であるミクロ・リセが，現代の学校に問いかけるものとは何か。本章ではこのような点を念頭に置きながら

第 10 章　フランスの小規模高校「ミクロ・リセ」から問い直す「学校」像

ミクロ・リセの特質を検討し，それを基に従来的な学校を照らし返してみたい。

2 フランスの早期離学対策におけるミクロ・リセの位置づけと基本枠組み

● 2-1「学業復帰機関（SRE）」としての位置づけ

　フランスには，早期離学対策の一環として，「学業復帰機関（Structures de Retour à l'École: SRE）」と称される学びの場が設けられている。その受け入れ対象者は，「複雑なルートや混乱した経歴の，さまざまな不安定さを示す，しばしば困難な状況に直面する，意志のある若者」[5]であり，その代表的な機関の 1 つがミクロ・リセである。71 ある学業復帰機関全体で，2600 人以上を受け入れている（2021 年）[6]。

● 2-2　ミクロ・リセの基本枠組み[7]

①位置づけ

　ミクロ・リセは，「通常の高校と同様の教育課程を小規模な学校で実施している公立学校」である（園山 2022: 34）。フランスの高等学校は通常 3 年制であるが，ミクロ・リセは原則 1 年から 2 年であり，2010 年以降は各大学区に 1 校の設置が目指されてきた（MEN 2010）。ミクロ・リセが一般的な高校への併設というかたちで設置されている点からは，「より伝統的なかたちとセカンドチャンス・スキームとの間の「中間の家（halfway house）」」（European Commission 2013: 75）として，学校という制度の枠内に設置された「補償」の場であることが窺える。

②設置背景

　2024 年 4 月現在のデータでフランス国内に 30 校を数える[8]ミクロ・リセの歴史は，

---

5) éduscol, Prise en charge des jeunes en situation de décrochage scolaire.〈https://eduscol. education.fr/1613/prise-en-charge-des-jeunes-en-situation-de-decrochage-scolaire〉（2024 年 10 月 7 日最終確認）

6) Ministère de l'Education Nationale et de la Jeunesse, La lutte contre le décrochage scolaire. 〈https://www.education.gouv.fr/la-lutte-contre-le-decrochage-scolaire-7214〉（2024 年 10 月 7 日 最終確認）

7) 本項において，特に注釈や出典のない部分については以下を参照している。ONISEP, Décrochage: les établissements où reprendre des études.〈https://www.onisep.fr/orientation/ decrochage-les-etablissements-ou-reprendre-des-etudes#P2〉（2024 年 10 月 7 日最終確認）

4 名の教師によるプロジェクトを基にパリの南東に位置するクレテイユ大学区にて
「セナール・ミクロ・リセ（Microlycée de Sénart）」が 2000 年に設置されたことに始
まる[9]。ミクロ・リセは，後述するように「実験的」な性質をおびるが，同じく実
験学校としての性質をもつパリ大学区の「革新的高校（Pôle Innovant Lycéen: PIL）」
やグルノーブル大学区の「すべての者のためのエリート中学・高校（Collège-Lycée
Élitaire Pour Tous: CLEPT）」等がモデルとなっている（園山 2022: 34）。

③対　　象

　ミクロ・リセの生徒として対象化されるのは，「少なくとも 6 か月以上，しばし
ば複数年以上教育制度から離れている者」である。データのある 30 校のうち，受
け入れ対象者の年齢に関する設定の起点は 16 歳が 20 校と最も多く，17 歳が 7 校，
18 歳が 2 校，15 歳が 1 校と続く。一方の終了年齢は，25 歳が 26 校と最も多く，23
歳が 2 校，26 歳と 21 歳がそれぞれ 1 校ずつとなっている。

④到達目標

　ミクロ・リセの目的は，「普通，技術，あるいは職業バカロレアに向けて 1 年な
いし 2 年で（再度）準備する生徒を支援し，職業計画に伴走すること」とされる。
ここにあるようにバカロレアには普通，技術，職業の 3 種類があり，目指すことの
できるバカロレアの種類はミクロ・リセごとに異なっている。データのある 30 校
のうち，普通バカロレアを 26 校，技術バカロレアを 22 校，職業バカロレアを 9 校
でそれぞれ対象としている。高等教育へのアクセスのために必要となるバカロレア
資格の取得がミクロ・リセにおいて展開される教育の到達目標となり，「学業への
復帰」というかたちでの早期離学の解消が目指されていることになる。

⑤「ミクロ」という規模

　高校を意味する「リセ」という名称を用いて学校という様式を採用し，その出口
をバカロレア取得として設定している点からすれば，ミクロ・リセの外見と目的地

---

8) これ以降用いる 30 校のデータの詳細は，以下を参照している。RÉPUBLIQUE FRANCAISE.
　Les structures de retour à l'école. 〈https://data.education.gouv.fr/explore/dataset/fr-en-
　structures-retour-ecole/table/〉（2024 年 10 月 7 日最終確認）
9) Microlycée de Sénart, Historique. 〈https://www.mls77.fr/index.php?option=com_content&view
　=article&id=47&Itemid=217〉（2024 年 10 月 7 日最終確認）

第 10 章　フランスの小規模高校「ミクロ・リセ」から問い直す「学校」像

はメインストリームの学校とさほど変わらないことになるが，ミクロ・リセの特徴の 1 つは，「小規模（petite taille）」という点にある。学校の規模は「80 名から 100名」[10]，「30 名」[11]，「約 50 名」（Delahaye et Weixler 2017: 145）等，多少のばらつきがみられる。そこでの学習は単に小規模であるだけではなく，「それぞれの生徒の特定のニーズに合わせて調整された時間割に基づいている」。

⑥「実験的」な学校

　ミクロ・リセに通うのは，過去に教育制度を離れた経験をもつ人びととなる。その背景は多様であり，「医学的問題，学校嫌い，生活上のアクシデント」，さらに貧困や複雑な家庭環境等の校外の要因だけでなく，伝統的な学校観や生徒－教師間に想定される非対称な関係性への疑義や反発等も合わせて想定される。そのような経験から，学校という存在や，教師，成績等の学校を構成するさまざまな要素への親和性や信頼を失った生徒も少なくない。「学校に対する確執」（ザフラン 2015: 156）をさまざまに抱える生徒を受け入れているミクロ・リセにおいては，このような点は問い直すべき対象となる。その問い直しに貢献するのが，ミクロ・リセがもつ「実験的な教育機関（structure scolaire expérimentale）」[12]という側面である。そもそも，上述の学業復帰機関自体が，「学校の機能に関する通常の枠組み（cadres habituels du fonctionnement scolaire）」を一般的な学校とは異にする，国民教育省の革新的，実験的措置[13]とされている。

　ミクロ・リセの実験的性質は，「ミクロ」という規模だけではなく教育方針や教授法にも見出され，複数の実験学校における実践を通して見出されてきた「新しい学校様式」（園山 2022: 41）の流れを汲んだ，「特別なリズムと伝統的な学校とは異なる編成」（Zaffran 2022: 184）を採っている点にもある。「新しい学校様式」は，「教師－生徒関係が転換され，学級運営は生徒の自主性の下，教師は伴走的な支援を心がけ」，「学業困難な生徒に理解を示し，新しい教授法の取り組み次第で学習の意味づけを生徒に伝えることができ」，「「いかに教えるか」から「なぜ教えるか」に転換

10）Microlycée 94, La charte des Microlycées.〈https://www.microlycee94.org/le-microlyc%C3%A9e-94/la-charte-des-microlyc%C3%A9es/〉（2024 年 10 月 7 日最終確認）

11）Centres d'Information et d'Orientation, Plaquette 2019-2020 du micro-lycée.〈http://cio.ac-amiens.fr/IMG/pdf/micro-lycee_st_quentin_plaquette_2019-2020.pdf〉（2024 年 10 月 7 日最終確認）

12）注 10 と同様。

13）Loi n° 2005-380 du 23 avril 2005 d'orientation et de programme pour l'avenir de l'école.

し」,「教育が何でなければならないかを生徒に決定させ，それを管理するのも生徒」である，といった内容で理解される（園山 2022: 40）。このことは，ミクロ・リセが「特別な場（lieu privilégié）でオルタナティブな方法でバカロレアを取得する」[14]として，あるいは「革新的」や「オルタナティブ」という言葉で説明される（Broux et Saint-Denis 2013: 12）ことからも窺える[15]。ミクロ・リセは，「リセ（高校）という名称ではあるが，代替革新学校として機能している」（園山 2022: 39）のである。

● 2-3　X 校での実践

本章でミクロ・リセの特質をより具体的に検討するにあたって，ミクロ・リセに関する先行研究，学校のホームページ，ウェブページでの公開資料等に加えて，ミクロ・リセ X 校に勤務する教師への聞き取り調査[16]とその際の提供資料等を用いる。

ミクロ・リセは一般的に 1 年から 2 年と説明されることが多いが，X 校は 3 学年での受け入れを行っている。同校が対象とするのは，普通バカロレアと技術バカロレアである。在籍生徒数は，2019 年調査時 83 名，2023 年調査時約 90 名であり，ミクロ・リセの中では比較的規模の大きい学校といえる。教職員はいずれも 12 名であり，他のミクロ・リセと同様に X 校の校長は併設校の校長が兼任している。

調査時，ミクロ・リセは「普通の学校とはまったく異なる」（A 氏），「伝統的な学校とはまったく異なる」（B 氏）との見解が示された。「普通の学校」「伝統的な学校」とミクロ・リセとの違いはどこにどのように見出されるのか。次節では，従来的な学校と特に違いが際立つ点に着目しながら，ミクロ・リセの事例を検討する。

---

14) Micro Lycée Saint Joseph, Accueil. 〈https://stjoavignon.fr/micro-lycee/〉（2024 年 10 月 7 日最終確認）

15) ただし，上述のようにバカロレア取得を掲げている点からすれば，出口の時点で（実験的ではなく）一般的な基準やルートに合流していくように設計されていることになる。「実験的」とはいえバカロレアという一般社会での基準を採用するかたちで「一般的な学校教育を取り戻す」（MEN 2010）ことが目的とされている点をふまえれば，学校教育に支配的な価値観にとらわれずに新たな道へ進むという志向性よりは，「戻る」という性質を強くおびているといえる。

16) 調査時点での X 校の代表者 2 名を対象に実施した。以下，A 氏（2019 年 3 月実施），B 氏（2023 年 3 月実施）とする。

第 10 章　フランスの小規模高校「ミクロ・リセ」から問い直す「学校」像

3 ミクロ・リセの特質

● 3-1　小規模性

　ミクロ・リセにおいては，小規模であること，個別的であることが特質となる。この 2 点にはさまざまな利点とともに課題も見られるが（OECD 2023: 251-252），集団を前提として教育活動が行われる学校から離れた者，という対象の性質を考えれば，早期離学の文脈においては特に小規模性や個別性が意味をもつことになる。

　まず小規模性について，小規模や少人数というのは学校や学級の規模に関わるだけではなく，それぞれの教育活動にもグループ活動や個人を対象としたものが多く含まれている。その規模は「1 人の大人に対して最大 7 名から 8 名の生徒」[17]などとされ，一斉授業的なものの中に小規模な単位（グループ，個人）での活動があるというよりは，小規模な単位そのものを主軸に教育活動が設計されている点に違いが見られる。

　高校段階の 1 学級あたりの平均人数は，普通・技術高校で 30.3 人，職業高校で 17.9 人であり（DEPP 2023: 39），そもそもの学級規模が日本に比して小さい。X 校の定員は 93 名であり，これをベースとして 5 学級が編制されている（表 10-1）。フランスの普通・技術高校では，1 年次は共通となり，2 年次以上で普通・技術のいずれかのバカロレアに向けて学習する。3 年制を採っているという点では普通・技術高校と同様であるが，X 校では全員が 1 年次から在籍するとは限らない。それまでの経歴や学習歴，バカロレア取得を見据えた場合の学力水準等によって，どの学年に入るかが判断される。

　ミクロ・リセ X 校勤務以前に同校が併設されている一般の高校で 11 年間勤務し

表 10-1　X 校の定員の内訳（B 氏への調査を基に筆者作成）

学年	バカロレアの種類	
	技術バカロレア（経営・管理）	普通バカロレア
3 年生	15 名	24 名
2 年生	15 名	24 名
1 年生	15 名	

17）注 10 と同様。

ていたB氏によれば，その一般校の方にも「多様な生徒」が在籍していたといい，学級経営は複雑さをおびていたようである。ミクロ・リセが小規模であることに関してまず示されたのは，「普通の高校に比べて学級経営がすごく楽」という点であった。そして学級経営が楽であることにともなうさらなる利点としてB氏が挙げたのが，次項で示す個別での対応に注力できるという点である。

● 3-2　個別性

　2010年の国民教育省による通達（MEN 2010）を見ると，「学業経路の個別化（Personnaliser les parcours scolaires）」の下位項目として「早期離学との闘い」との項目があり，その中でミクロ・リセに言及がある。児童・生徒に寄り添った個別的な教育的対応が特に求められる領域の1つとして早期離学が位置づけられ，その解決策の1つとしてミクロ・リセがあることが窺える。

　X校においては，生徒側からみた場合，1週間のうちの約70％が授業関連であり，残りは個人をベースとした教育活動とのことであった。後者の教育活動の具体例は，定期面談，突発的な相談対応，そしてフィードバック等である。また前者の授業についても学習の内容や進度等はそれぞれ個別化されて計画されており，授業を進めるにあたっても個別性を見出すことができる。個別性を基にした教育活動のためには職員会議での情報共有や議論が重要になるといい，週に4時間程度が割かれる。

　その他に個別性を見出すことのできる代表的な取り組みとして位置づくのが1人の生徒に1人の教師が担当としてつく制度であり，この制度の下で両者は密な関係性を築いている。X校の場合は1週間に1度必ず個人面談が実施され，学習面の進捗状況はもちろんのこと，この面談によってつまずきや問題状況，ないしその兆候が把握されることも多いという。また，生徒と担当の教師との間では，個人の連絡先を交換している。聞き取り調査時はバカロレア試験準備のために各自が必要に応じて登校の有無を判断する自由登校期間であったが，次から次へと入る生徒からの連絡に対応する様子が見られた。「若者が相談したい分野に関して何か問題がある場合，誰に相談すればいいのかが明確になっている」（European Commission 2013: 61）ことに重要性が見出されるが，B氏は生徒それぞれに対する個別での対応を「かなり複雑で多様」と表現する。

● 3-3　水平性

　上述したように，ミクロ・リセは従来的な学校に疑問をもち，それを問い直す志向

第 10 章　フランスの小規模高校「ミクロ・リセ」から問い直す「学校」像

性をもっている。その問い直しの 1 つの方向性に，生徒 – 教師間に想定されてきた上下関係や権威主義的な関係からの脱却を目指した，水平的な関係性の構築がある。

　それを体現するものの 1 つに，職員室とは性質の異なる，「（教師・生徒の）共同部屋（salle commune（professeurs-élèves））」がある。X 校の共同部屋では入口近くにソファが置かれ，入口の対面には窓が並んでいる。その窓付近の左右にはそれぞれ事務机が置かれ，部屋の中央には長机 4 つがくっつけて置かれていた。2 回目の訪問時，ソファでは生徒がパソコンを膝にのせて課題を作成しており，入室してきたフランス語の教師をその場で呼び止めて作文の添削を受ける様子が見られた。日本の学校では入室前にノックをし，在籍級，氏名，用事のある教師を表明して入室許可を得るような場面が多く見られるが，それとは対極的である。

　前項で教師と生徒が個人の連絡先を交換している点について示したが，この点には個別性とともに水平性の要素も見出される。その他に生徒と教師がファーストネームで呼び合う学校もあるといい，それも生徒 – 教師間の垣根を取り払うものとして機能するだろう。

　この水平性という特徴については，A 氏，B 氏の両方から示された。特に B 氏は，水平的な関係性には具体的に以下の 3 つがあるとした。

①生徒 – 教師間の水平性

　「離学者」とされる人びとが「補償」の場を通してより望ましい方向性を模索する中で，そこで関わる指導者や大人は「支え（支柱）」「守護天使」「意味ある他者」（ザフラン 2015: 156-157）などとして価値づけられていくことになる。教師にアクセスすることの垣根が限りなく低くなるよう工夫されているといえ，従来的な学校で困難を抱えさせられてきた人びとにとっては，教師や学校に対するネガティブな経験やイメージを相対化する契機ともなると考えられる。

②生徒 – 生徒間の水平性

　年齢や生きてきた環境，ミクロ・リセにたどり着くまでの経緯等を含め多様な生徒がいることを考えると，生徒の間での水平性も重要になるという。日本の中学校，高校で際立つような先輩 – 後輩関係はもともと見られないものの，多様な背景や事情のある人びとが学習者として交わる際に，この水平性が重要となる。B 氏が特に強調したのは，生徒の経済状況を背景とした違い（家庭の経済状況，手当や奨学金の有無等）であった。

③教師-教師間の水平性

　B氏が最後に示したのは，教育者が多様なポストにある中での水平性である。教員免許の有無，採用形態や立場の違い，年齢や教育経験，給与の違い，教育観を含めた意見や考えの違い等がありながらも，教師間や教職員間にある水平性がミクロ・リセの実践を支える要素として重視されていることが窺える。

● 3-4　アクセス時への注力

　ここまで見てきた小規模性，個別性，水平性は，ミクロ・リセをかたちづくる核となる要素といえる。続く本項と次項では，ミクロ・リセの運営を支えている2つの要素を取り上げる。

　まず，入学時点での取り組みである。入学に際して，X校では以下に示す「5つの段階」（B氏）があるという。

①電話面談

　最初のステップとして，電話がある。年間400件の電話を受ける学校もあるというが（Broux et Saint-Denis 2013），まずはこのミクロ・リセにかける電話から開始されることになる。ミクロ・リセに通うことになる生徒本人より，保護者からの電話が多いという。電話はただの電話ではなく面談の要素を兼ねた聞き取りの場として想定されている。その過程で，ミクロ・リセの位置づけや趣旨をよく理解していないことが判明することやより適した機会や場所が見出せることもあり，そのような場合はこの電話のみで終わり，以下に示す1回目の面談にはつながらないことになる。また，この電話で別の機会や相談窓口等を提案したり情報提供したりすることも少なくないという。

②1回目の面談

　続いて行われるのが，1回目の面談である。生徒となる候補者本人に対して面談を行う教職員は，必ず2名確保されている。おおむね1時間程度実施されるこの面談は，「大変重要」（A氏，B氏）とされる。この面談に際してX校で用いられる面談シートの項目（表10-2）のうち，たとえば「離学の状況」には「フィルターなしの生徒の言葉」とある。必ず2名で対応する点が聞き取り調査で強調されたこととも関わって，フィルターやバイアスの除去を目指してのことであると考えられる。また，「健康状況」の聞き取り部分に学業復帰機関（SRE）やセカンド・チャンス・

第10章　フランスの小規模高校「ミクロ・リセ」から問い直す「学校」像

表10-2　X校の第1回面談用シートの項目（提供資料を基に筆者作成）

基本情報	・面談者氏名　・面談日　・ミクロ・リセの連絡先を知った方法
生徒	・氏名　・年齢　・生年月日　・通学方法　・所要時間 ・生徒の電話番号（自宅，携帯電話）　・生徒の住所 ・予想されるミクロ・リセでの水準やコース　・計画
学歴	・20XX年～20XX年：○○〔期間に分けて記入〕　・それ以前，注記
離学の状況	・教育制度を離れた日付　・学業を中断している期間　・離学以降の状況 ・離学の事情（フィルターなしの生徒の言葉，括弧つきで）
いくつかの情報	・免状・証書　・第1～第3外国語 ・フランス語の成績　筆記，口頭　その日付 ・バカロレアに関する希望：2021年より前／2021年以降
生活の場所	・家族による支え：精神的／経済的 ・生活の場所　・自宅での人間関係　・生活環境，学習環境（場所，設備） ・注記
経済環境	・賃貸料，雇用，仕事，手当，奨学金　・予想される収入先
健康状況	・病気，精神科歴，入院歴，治療 　→児童社会扶助機関（ASE），世帯，学業復帰機関（SRE），セカンド・ 　チャンス・スクール：教育者あるいは担当者の連絡先 　→治療：内容，個別受け入れ計画 　→精神科歴：医者の連絡先
面談後に記入	〔はい／いいえにチェック〕・奨学金　・世帯や制度からの援助 ・社会的自立　・扶養の子ども　・申告された病気（内容） ・精神科歴（期間）　・入院歴（期間）　・薬による治療（内容）
予定される補足資料	〔はい／いいえにチェック〕・成績表　・バカロレアの通知　・免状 ・その他
2名の意見	〔望ましい／留保／望ましくないにチェック〕
委員会の意見	〔記述式〕
実行される活動	〔日付と行動内容を記入〕

スクールが含まれている点からは，ミクロ・リセにアクセスする以前にその他のセカンドチャンス教育の場を経由しているケースがあることが示唆される。

③教師による委員会

　その後教師をメンバーとする委員会を開き，受け入れの可否が検討される。取得できるバカロレアの種類の違いや描いている将来とミクロ・リセでできることの違い等から，受け入れへとつながらない場合もある。そのような場合は，電話面談と同様に他の機関や組織，窓口を提案することが多いという。

④ 2 回目の面談

　受け入れ可と判断された候補者には，2 回目の面談が行われる。1 回目の面談と異なるのは，内容がより事務的なものであること，そして「同伴する大人（adulte accompagnateur）」と表現される保護者が同席することである。この保護者は親とは限らず，候補者自身が選んだ人物であり，友人を指定する場合もあるという。信頼のおける大人を自らが選択して指定できる点には，保護的側面だけではなく自立性や主体性を見出すことができる。

⑤事務手続き，登録

　最後に事務手続きや登録を経て，ミクロ・リセの生徒として受け入れられることとなる。

　以上から看取されるのは，アクセス時への注力，すなわち入学後からではなく，入る前の，また入る段階の重視である。ミクロ・リセの生徒になった後にバカロレア取得という目標を見据え，より円滑に，より個人に適したかたちで学びを維持・継続していくために入口[18]での情報収集が重要視されており，それを通してマッチングが図られることになる。そしてこのような徹底したマッチングが，ネガティブな意味での「再離学」を避けることにつながるといえる。

● 3-5　前提とされる意志

　ミクロ・リセの運営を支える第2の要素として，生徒と教師，それぞれに求められる意志が挙げられる。

①生徒に求められる意志

　上述のアクセス時に確認されているものの中心は，生徒のもつ意志であろう。「補償」のためのさまざまな機関や機会がある中で，ミクロ・リセが掲げる「バカロレア取得」という目標が候補者にとって共有可能で，また達成可能性のあるものであるかという点が繰り返し確認されていることになり，このことで入学後にバカロレア取得やその先の高等教育への進学に照準を合わせることが可能となる[19]。

　とはいえ，そのような入念な意志の確認のステップを経て入学した後の生徒の在籍実態は，多様なようである。X校では試験はなく，成績簿は学年末に作成して生

18）　一方の出口部分に関するデータとして，2012年のものとなるがクレテイユ大学区の3つのミクロ・リセのバカロレア試験合格率は80％を超えている（IGEN 2013: 34）。

第 10 章　フランスの小規模高校「ミクロ・リセ」から問い直す「学校」像

徒が指定する保護者へ通知されるが，学習の進捗の観点からは，たとえばバカロレア突破の力量が足りないと受験前に判断される場合は，受験を先延ばししてもう1年取り組む，などのケースもあるという。それ以外にも，理由や背景はさまざまであるが，「長期間登校せずその翌年に顔を出す」生徒（A氏）や，「一定期間来ないで少し来るを繰り返す」生徒，「まったく来ないで突然現れる」生徒，「幽霊（fantôme）」のような生徒もいるという（B氏）。このような状況は，生徒に「精励（assiduité）」が求められ，厳格な出欠管理が行われる一般の高校とは異なり，特にネガティブには受け止められていないようであった。生徒の実態はかなり多様であるものの，「それを受け入れることが重要」（B氏）と捉えられている。

　そして，場合によっては「再離学」という道が選ばれることもある[20]。早期離学を経験して再びミクロ・リセという「学校」に戻り，しかしそのミクロ・リセを離れるということは，ともすれば度重なる「失敗」などとして評価されがちである。しかし，再離学する生徒の中には，ミクロ・リセで可能なことと自分の将来の希望を考えあわせた上で，主体的，積極的選択として再離学を選ぶケースもあるとのことであった。社会において，一般的には離学を「問題」として捉える現状がある中で，そのような捉え方とは異なるものであることが窺える。

②教師に求められる意志

　早期離学者に指導的，教育的に関わる者には，「離学者を生徒という立場から脱却させ，教室の壁を越えてさらには学校の壁を越えて教育という仕事を遂行する，つまり違った教え方をする力」（ザフラン 2015: 158-159）が求められる。「従来的な役割から抜け出し，若者を学校や学校様式（forme scolaire）に和解させるために「非正統派な（hétérodoxes）」業務を負う」（Zaffran 2022: 184）ことになるミクロ・リセの教師は，「熱心な教師」（園山 2022: 39）として捉えられる。

　B氏はX校の併設校で11年間勤務したあとに自ら申し出てX校に来ており，この自発性に「熱心」さを読み取ることができる。調査時点でミクロ・リセ勤務6年目であったが，異動してくる前の学校にも多くの「多様な生徒」がおり，早期離学

19）しかし，学校側から考えればこの意志の確認の重要性は理解されるものの，生徒側から考えれば，たとえばそこまでの意志を固める段階にいない候補者や，自分の進路への迷いや復学への戸惑いが先に出る候補者，何かを決めたり判断したりすることそのものに支援が必要なケースもあるだろう。意志がなくとも，あるいは意志というかたちにまで昇華されておらずとも，学びは保障される必要がある。

20）この離学の割合は，10％から15％とされる（European Commission 2013: 18）。

の状況に陥る生徒や落ちこぼされていく生徒等と触れ合う中で問題意識をもつようになったという。上述のように，ミクロ・リセの歴史が4人の有志の教師による取り組みから始まったことをふまえても，従来的な学校に対する疑義や生徒を中心に据えたかたちでの学校の問い直しを志向する「熱心」さが，ミクロ・リセの教師に想定されやすいものであると考えられる。

　ミクロ・リセで勤務するにあたっての専用の研修は特には用意されていないながらも，X校の場合は，同校での勤務が決まったのち授業見学をしてその授業に対する分析を交換し合う機会や，教師以外の職員をふくめた意見交換の場が用意されている。それに加えてB氏は，セカンドチャンス教育に従事する教職員の有志による交流の場に自ら参加するなどして，各生徒がもつ多様で複雑な状況を加味した対応の難しさなど，共通して見出される課題への対応方針を模索してきたとのことであった。ミクロ・リセに新たに勤務する教師に送るメッセージの1つは，多様で複雑な状況に置かれる生徒との関係性において「頭を常に冷静に保つこと」だという。

4　ミクロ・リセという事例から問い直す「学校」像

● 4-1　「問題」への対応のためではなく，学びや教育の本質にせまる個別性

　以上に見てきたミクロ・リセという事例から従来的な学校を照らしてみると，何が見えてくるだろうか。

　まず取り上げたいのは，個別性の捉え方の転換である。個別での教育や対応は，メインストリームの学校でも多く見られるが，それらは原則として学校，学年，学級という集団を前提としたものであり，その中から，あるねらいの達成や問題への対応のために個人が対象化されることが少なくない。「子ども一人ひとりにあわせた教育」が望ましいという前提は広く共有されつつもそれを制度的に実現することは難しく，依然として集団性の中での個別性というかたちが支配的である。集団を好まなかったり馴染まなかったりする子どもを「適応」できない者とし，それを「問題」とみなし，「不適応」などの言葉で子どもや親の側に還元してきた構図もある。

　一方ミクロ・リセでは，個別性を小規模性とともに学校の存立の前提としてきた。それを前提に学校をつくることで，個別性は「特別」ではなくなる。ミクロ・リセという事例は，子どもや若者の，学業上，ひいては社会における「成功」は，そもそも個別性に着目せずして達成されない／されにくいことを可視化しているともいえる。制度上の位置づけとしては早期離学という「問題」に対応するための個別性

第 10 章　フランスの小規模高校「ミクロ・リセ」から問い直す「学校」像

といえる側面もあるものの，ミクロ・リセの中での個別性は，「問題」への対応方策として個別性が選択されることも多いメインストリームの学校から先に進み，学びや教育の本質にせまる不可欠なものとして位置づけられているといえる。すなわち，何かネガティブな状況が見られ，それへの対応や解決をはかる際に事後的，突発的に個別性が採用されるのではなく，最初からそれを教育実践の土台に据えるかたちで教育活動が行われているのである。この点をふまえると，「問題」に対応するための消極的選択としての個別性ではなく，一人ひとりに合わせた教育／学びの実現や（教育）機会の保障を目指した積極的選択としての個別性を，学校制度という枠組みの一部で具現化した事例と位置づけることもできるだろう。

● 4-2　ミクロ・リセがもつ可能性

　上述したように，ミクロ・リセは外見と目的地からすれば「学校」そのものである。しかし，その内部では，小規模性や個別性，水平性という，従来的な学校では中心には据えられてこなかった性質を核とした学校づくりが行われている。ミクロ・リセの事例が私たちに問うのは，「早期離学者」とされてきた人びとの中には，教育活動の単位として小規模性や個別性を基本とし，水平的な生徒－教師関係のもとであれば学校に通うことができる人もいるという事実をどう考えるか，という点であろう。

　ミクロ・リセという「学校」であればバカロレア資格の取得というある種の「成功」を手にできるのだとすれば，その実践をミクロ・リセという早期離学の「補償」の場にとどめず，メインストリームの学校にも援用してよいはずであろう。しかし現実においては，そのような方向性はあまり期待できない。ミクロ・リセが質・量ともに拡充され「成功」が見られるとしても，「問題」としての早期離学という事象をうんできた従来的な学校は温存されたままとなる。その先にあるのは，「問題」のある者と「問題」のない者の受け入れの場を分離し，固定化してしまうような制度や社会ではないか。

　何からの「革新」で，何の「オルタナティブ」か，といえば，対象化されるのは「正規の学校教育（メインストリーム）」である。この点をふまえれば，ミクロ・リセの「成功」をそこにとどめておかず，それを通して従来的な学校を問い直そうとする志向性そのものに重要性が見出されることになる。「逸脱」や「不適応」などとして問題を個人に還元したり矮小化したりするのではなく学校教育や学校制度を問い直すこと，ミクロ・リセを含めた「補償」の場やセカンドチャンス教育において見出されたものをその場にとどめず「通常」「正規」「メイン」「ファースト」へと波及

させてそれらを相対化していくことが，やはり重要となろう。

この点をふまえて着目しておきたいのは，一般的な高校への併設というミクロ・リセの設置形態によって可能となっている，A氏，B氏がともに示した教師間の交流の多さである。この点に，ミクロ・リセの教師を通した一般の高校，ひいては学校教育全体への波及の可能性を見出すことができるだろう[21]。

5 おわりに

本章では，「補償」の一事例としてミクロ・リセを取り上げ，その特質を検討してきた。ミクロ・リセの知名度は，一般社会はもちろん，早期離学という事象に関心をもっているわけではない場合は教師からも，「まったく知られていない」（B氏）という。しかし，ミクロ・リセという「学校」に政府や地方自治体が一定の価値を見出し，それを学校制度の枠内に置くかたちで広がりを見せているという点からは，本事例による，画一的な学校制度の多様化や相対化への貢献が示唆される。関連する動向として，数は少ないながらも，「ミクロ・コレージュ」や「ミクロ・エコール」という事例も登場している（コレージュは中学校，エコールは小学校をそれぞれ意味する）。ミクロ・リセという高校段階の事例が，義務教育段階でも拡大されようとしていることになる。

このような広がりをみせるミクロ・リセの意義や可能性はまずフランスという社会において見出されるが，同じ学校という制度をもつ以上，日本の学校に問いかけるものもあるだろう。たとえば，学校では児童・生徒－教師の間にある立場性の違いを反映した敬語の使用や相応のふるまいに関する指導が行われるが，授業ではこれらを前提とした規律を重視しつつも，休み時間や個人間でのやりとりの場面ではより親しみやすさを演出する教師は一定程度いるだろう。「昼休みに子どもたちにまじって駆け回って遊びこむことで，授業や学級経営がうまくいく」などの言説も聞かれる。これらはいずれも，ミクロ・リセが重視してきた水平性という観点で議論することができる。実践そのものの輸入や移植ではなく，そこに見られる特質を日本の学校や学びを問い直すための視点として活用することも，また有益であろう。

---

21) 一方，生徒間の交流は一切ないという。ただし，この生徒間の交流のなさの評価は一様にはできない。すなわち，「併設校との交流が一切ない」という点が「生徒が交差することはほとんどないよう［な］配慮」（園山 2022: 34, ［ ］内は引用者による）として生徒にとっての安心感を生み，在学を維持する（＝離学を遠ざける）要素となってもいると考えられるためである。

第 10 章　フランスの小規模高校「ミクロ・リセ」から問い直す「学校」像

【引用・参考文献】

ザフラン，J.／園山大祐［訳］（2015）．「なぜ，離学者たちは復学先に留まるのか？—学業中断状態の若者達が復学する理由」園山大祐編『フランスの社会階層と進路選択—学校制度からの排除と自己選抜のメカニズム』勁草書房，150-161.

島埜内恵（2021）．「フランスにおける早期離学対策の多様性とその課題」，園山大祐編『学校を離れる若者たち—ヨーロッパの教育政策にみる早期離学と進路保障』ナカニシヤ出版，70-87.

園山大祐（2022）．「フランスにおける早期離学の現状からみた教育制度の構造的課題」横井敏郎［編］『教育機会保障の国際比較—早期離学防止政策とセカンドチャンス教育』勁草書房，23-43.

文部科学省（2023）『諸外国の教育統計　令和5（2023）年版』〈https://www.mext.go.jp/content/20230801-mxt_chousa02-000030997_1.pdf〉（2024年5月30日最終確認）

横井敏郎（2022）．「早期離学防止政策の国際動向とセカンドチャンス教育の意義」横井敏郎［編］『教育機会保障の国際比較—早期離学防止政策とセカンドチャンス教育』勁草書房，237-257.

Broux, N., & Saint-Denis, E. (2013). *Les Microlycées : Accueillir les décrocheurs, changer l'école*, Esf Editeur.

Delahaye, J.-P., & Weixler, F. (2017). *Le décrochage scolaire. Entre parcours singuliers et mobilisation collective, un défi pour l'École*, Berger-Levrault.

DEPP (2023). *Repères et références statistiques 2023*. 〈https://www.education.gouv.fr/reperes-et-references-statistiques-2023-378608〉（2024年11月18日最終確認）.

European Commission (2013). *Preventing early school leaving in Europe: Lessons learned from second chance education*, Publications Office.

European Commission (2019). *Assessment of the Implementation of the 2011 Council Recommendation on Policies to Reduce Early School Leaving. Final report: July 2019. Request for Services EAC/21/2017*, Publications Office of the European Union.

Eurostat (2024). Early leavers from education and training, age group 〈18-24, https://ec.europa.eu/eurostat/databrowser/view/tesem020/default/table?lang=en〉（2024年10月7日最終確認）

INSEE (2023). Sorties précoces du système scolaire. 〈https://www.insee.fr/fr/statistiques/3281681?sommaire=3281778#documentation〉（2024年10月7日最終確認）

Inspection générale de l'éducation nationale (2013). *Agir contre le décrochage scolaire: alliance éducative et approche pédagogique repensée*. 〈https://www.education.gouv.fr/media/44216/download〉（2024年10月7日最終確認）

MEN-DGESCO, Circulaire n° 2010-38 du 16-3-2010. NOR : MENE1006812C.

MEN (Ministère de l'Education Nationale et de la Jeunesse) (2023). *Réformer les lycées professionnels*. 〈https://www.education.gouv.fr/media/155246/download〉（2024年10月7日最終確認）

OECD (2023). *Equity and Inclusion in Education: Finding Strength through Diversity*, OECD Publishing.

Zaffran, J. (2022). Qui sont les « décrocheurs » scolaires qui raccrochent au microlycée ?, *Éducation & formations*, n° 104-08, 183-197.

Weixler, F., & Enault, C. (2022). *Le décrochage scolaire : anticiper et franchir les obstacles*, Éditions Canopé.

フランスの教育制度（図）（パーセントは同一年齢に占める比率, 2022年度）（DEPP (2023) より園山大祐作成）

高等教育

- BTS （独立選抜試験）2年課程
- DUT （独立選抜試験）3年課程
- CPGE：2年課程 グランゼコール：2〜3年課程 （独立選抜試験）
- 大学（非選抜）学士：3年 修士：2年 博士：3年

バカロレア取得率（79%）

高校修了試験 バカロレア 国家統一試験

30%　40%　8%　12%　10%　10%　5%　30%　58%

後期中等教育 16〜18歳

- 職業高校3年課程 バカロレア取得率 15%
- 技術高校3年課程 バカロレア取得率 16%
- 普通高校3年課程 バカロレア取得率 48%
- 高校2年課程 BEP/CAP取得率 10%
- 無資格中退率 8%

DNBのみ離学（5%）

中学校修了試験（DNB）高校入試なし

前期中等教育 12〜15歳児（義務）

- 中学校 4年課程

初等教育 6〜11歳児（義務）

- 小学校 5年課程

就学前教育 3〜5歳児（義務）

- 保育学校 3年課程

無資格中退率2%未満（推定値）、義務教育年齢満16歳に到達した生徒による退学 ※原級留置のため、義務教育年齢満16歳に

コラム **2**	パリ市立成人夜間高校（LMA）にみる 再チャレンジの取り組み

　　　　　　　　　市立の成人向けの高校はフランス全国に 1 つしかない。その歴史は古く，1866 年にパリ市によって設置された。3 年間の夜間課程で，高校進学を断念した人，中退した人などバカロレア未取得者の再チャレンジを可能にしている。定員は 240 名である。約 800 名が最初の説明会には出席するが，筆記入学試験には約半数の 400 名しか受験しない。その中から約 90 名が高校 1 年に入学する。約 60 名が高校 2 年と 3 年に編入学する。残りの 150 名は別の機関に進路を誘導する。そして最後の約 100 名は，進路先が決まらない人たちである。2013 年度から全部で 9 学級（1, 2, 3 年生に経済社会系，文系，科学系の学級がそれぞれ 1 つずつ）に増やし，定員を超える 260 から 270 名ほどを受け入れている。したがって学級規模は約 30 名未満となる。18 歳から 72 歳までの人が通学する。近年では，平均年齢は上昇していて 31 歳となるが，主に 24 歳以下（42%）と 25 歳以上（58%）に分かれる。24 歳以下の若い層の特徴は，健康面や精神面から中退したため，より不安定雇用経験者が多い。25 歳以上では，就職，家族，子育てなどを理由に復学が遅れた人たちである。後者の場合は，志望動機もはっきりしているため，比較的修了する可能性が高い。6 割はパリ郊外から通ってくる人たちで，市内在住者ではない。例年 51 から 55% が女性である。登録料として年間 130 ユーロが必要である（2022 年度）。入学する成人の学力は，6 割は中卒水準で，2 割が高 1 ないし高 2 水準，15% は，技術高校あるいは職業高校入学経験がある人である。約 5% が高 3 以上の水準にある，国内外の人である。約 6 割が働きながらの通学となる。

■働きながら国家資格を目指す

　校長によると働きながら学んでいる人は，一般的に勤勉である。逆に，不安定雇用で，無職である人の方が，学業も不安定となる。出身階層に関するデータをもっていないということであったが，3 分の 2 が一般事務職，残り 3 分の 1 は，労働者，中間職，商人等である。9 割は入学時の質問「なぜ LMA に入学を希望するのか」に対して，「より魅力的な職業に就きたいから」と答える。残りの理由は，子どもや孫の支援をするのに必要と感じているためである。授業時間は高校 1, 2 年生が 18 時から 22 時までの 1 日 4 時間，週 20 時間で，3 年生には平日にくわえて毎土曜日の朝 4 時間の週 24 時間ある。授業時間数は普通高校に較べて短いが，通常の学習指導要領が適用されており，集中して学ぶことになる。また教員は必要に応じてバカロレアに関係ない単元はカットしなければならない。意欲の高い人のみを受け入れているため，授業態度は積極的である

という。他に夜間の正規授業前にフランス語と数学の補習も 2 時間用意しているため，受講可能な人は 18 時前に登校する。

　昼間は勤務し，夜間通学し 22 時に授業終了後帰宅し，子育てなど厳しい生活を強いられている事例もあるが，3 年ないし 4 年かけて全員バカロレアを取得している。

　全国に 1 つしかない高校であるため，遠くから通学している例や，引越を強いられる例もあり経済的にも心理的にも負担が大きい。原則夜間開講であるが，今後はかれらの職業に応じて 16 時頃からの授業開始も検討されている。かれらの要望として，夜の通学が困難（郊外など遠方の場合），子育てとの両立が難しいなど一部の人は，日中の授業を希望している。こうした要望に対しては，現在の教員の多くが，昼間は別の学校で教えているため，物理的に非常勤講師の調整が難しいとされている。本校の特徴でもあるが，40 名ほど雇用されているが，正規教員は少なく，多くがボランタリーな超過勤務の非常勤である。これは学校経営上もやむを得ない措置となっている。かれら生徒一人当たりのコストは，2,100 ユーロであり，普通・技術高校生の全国平均 1 万 1,300 ユーロと比較しても限られた予算であることがわかる。その他の課題は，2020 年度以降施行されたバカロレア試験改革がある。より内部評価に比重をおくようになったため，学期中に試験を多く行う必要があり，授業時数が減らされることによる弊害がある。また校長は，約 3 分の 1 の離学者を減らすことが課題であると言う。離学の理由は，仕事を変えたこと，住宅事情，交通費の負担などさまざまである。学年始，10 月の秋休み以降，年末年始，5 月の 4 期に離学者が増えると言う。場合によっては，職業高校，あるいは国立工芸院（CNAM）の夜間部，経験知識認証（VAE）などに進路変更を促すこともあると言う。（園山大祐）

第**11**章 スウェーデンにおける早期離学対策の実践
包括的で柔軟な取り組み

本所　恵・林　寛平

1 はじめに

　スウェーデンでは，欧州で早期離学が社会問題とされる以前から，すべての人に
ひらかれた教育制度が整えられてきた。早期離学した人も成人後に学び直すことが
できる成人教育が整備され，若者に対しては多様なニーズに応じる進路やカリキュ
ラムが整えられ，切れ目のない施策と広いセーフティーネットが特徴になっている
（林・本所 2021）。こうした仕組みのもとで，スウェーデンの近年の早期離学率は
6%から10%程度に抑えられている。しかしながら2011年にEU理事会が早期離学
に関する勧告（Council of the European Union 2011）を出して以来，多くの欧州諸国
の早期離学率が下がり平均値も低下した一方で，スウェーデンの早期離学率はほぼ
横ばいか若干の増加傾向にあり（Eurostat 2024），注意が向けられている。

　スウェーデン国内では「早期離学」よりも，そこにつながる学校の「無断欠席」
「不登校」「学校離れ」や「引きこもり」，これらの結果としての「高校修了率の低
さ」が社会問題になっている。EUが「予防・介入・補償」に区分しながら推進す
る早期離学政策は，こうした問題への対策や，より広い教育改革に影響を及ぼした
り含められたりして進められている（European Commission et al. 2019: 85, A222）。
たとえば国レベルでは，「予防」として，移民など社会的に不利な立場でもアクセ
スしやすい教育制度，柔軟な教育課程や進路の設定，職業教育の提供，学校と労働
市場との結びつきなどがある。「介入」としては，ヘルスケアやソーシャルワーク
との連携，学習に困難を抱える学習者への個別支援，進路相談やガイダンス，経済
的支援が整えられている。そして「補償」としては，困難な状況にある学習者が個
別支援を受けられるようになっている。

　こうした国の政策の他に，スウェーデンでは基礎自治体であるコミューン（日本
の市町村に相当）がそれぞれの状況に応じた取り組みを多く行っている点が特徴で

211

ある。たとえば，保護者の学校教育への参加を推進する措置，地域レベルでの学校ネットワークや専門リソースセンターの設置，困難を抱える生徒の支援に関する教員研修，離学リスクのある学習者を早期に発見するモニタリングシステム，早期離学者のための学び直しや進路ガイダンスなどである。

　コミューンは全国に 290 あり，教育や福祉などを担う。スウェーデンの早期離学対策の実践は，各コミューンが規模や特徴に応じた多様な取り組みを展開しているため，1 つの学校単位だけではなく，コミューン全体に目を向けることで意味合いがより見えてくる。よって以下では，国の制度や政策を概観した上で，その具体的な実践を学校での様子に迫って明らかにするとともに，その学校が含まれるコミューンの施策を検討する。事例として取り上げるのは，1999 年にはじめてスウェーデンに設置されたセカンド・チャンス・スクール（2CS）と，この学校があるノルショッピン市である。EU の早期離学対策において「補償」に位置づく 2CS は，どのようにスウェーデンの教育制度の中に位置づき，もともと存在した教育制度とどう関わっているのだろうか。学校やコミューンでの実践を通して，大きな理念のもとに整備されたシステムの理想を支える現場の絶え間ない挑戦を示したい。

2 セーフティーネットとしての教育制度

● 2-1　高校のイントロダクション・プログラム（I M）

　スウェーデンの義務教育は基礎学校（日本の小中学校に相当）などで提供され，6 歳から 10 年間の就学義務がある。その後ほぼすべての若者が高校に進学する。ただし高校のメインストリームであるナショナル・プログラムに入るには基礎学校修了時に一定以上の成績が必要で，この要件を満たさない生徒が毎年同世代人口の 1 割ほど存在する。その中には，基礎学校で長期欠席の経験をもつ生徒も少なくない。また，少数ながら高校中退を選ぶ生徒や高校入学を望まない生徒もいる。

　こうした若者を対象とする取り組みが，スウェーデンにおける早期離学対策の中心である。特に関連する制度は，ナショナル・プログラムへの入学要件を満たさない生徒の受け皿であるイントロダクション・プログラム（IM）と，義務教育後に学習を続けない若者の居住コミューンに課される若者への活動提供責任（KAA）である。

　IM は，制度上は高校に位置づき 16〜19 歳の若者を対象とするが，高校の必修科目等は課されず，授業では主に基礎学校レベルの内容を扱い，ナショナル・プログ

第 11 章　スウェーデンにおける早期離学対策の実践

表 11-1　4 種類の IM プログラム（生徒数は 2022 年度。Skolverket, 2023: 19）

名称	特徴	生徒数（人）
準プログラム IM	入学要件に 1-2 科目のみ不足している生徒が入る ナショナル・プログラムに準じた教育を行う	7,951
職業 IM	教科学習と並行して，高校レベルの職業教育を行う	7,648
個別 IM	生徒のニーズに応じてカリキュラムを編成する	13,085
言語 IM	移民の生徒にスウェーデン語習得を重視した教育を行う	8,614

ラム入学や就職を目指して学習を行うプログラムである。すべての生徒に対して，ニーズに応じた個別の学習目標と学習計画が作成され，在籍期間も生徒によって異なる。統計によると，IM 入学から 5 年以内に約半数の入学生はナショナル・プログラムへ入り直し，約 22% の入学生はナショナル・プログラムの修了資格を得ている。また約 6% の入学生は，成績不足で修了資格は得られなかったもののナショナル・プログラムで 3 年間学んで高校生活を終えている（Skolverket 2023: 24）。

　IM はもともと 1990 年代に，高校の標準的な教育課程が合わない生徒に個別の教育課程を提供する「個人プログラム」として開設された。次第に在籍生徒数が増加したため，生徒の属性を限定し，教育目標を数種類に区分して 2011 年に IM が設置された。現在は，「プログラムに沿った選択（以下，準プログラム IM）」「職業イントロダクション（以下，職業 IM）」「個別（以下，個別 IM）」「言語イントロダクション（以下，言語 IM）」という 4 種のプログラムが設定されている（表 11-1）。

　複数のプログラムを設定することで，生徒に自分の学習目標を意識させるとともに，教育の質を管理することが目指された。しかし IM 設置以降も，期待される成果が出ないことや，生徒によっては提供される教育レベルが低すぎたり，授業時間が短すぎたりすると批判された。教育の質と量を保障するために，授業時間数の規定や，質向上にとりくむネットワーク構築，職業科目のカリキュラム・モデルの提示などの取り組みが進められている（本所 2022）。

● 2-2　コミューンに課される若者への活動提供責任（ＫＡＡ）

　コミューンには，市内に住む若者が 20 歳になるまでフォローアップし，適切な教育・訓練などの活動を提供する責任がある。以前は状況把握だけが課されていたが，2015 年から活動の提供を義務づける制度が始まった。「コミューンに課される若者への活動提供責任（kommunernas aktivitetsansvar: ＫＡＡ）」と呼ばれる本制度の

対象は，20歳未満で高校を卒業しておらず，在学も就労もしていない若者である。高校を中退した生徒も該当する。全国ではおおよそ同世代の約1割がKAAの対象になっている。

3 スウェーデンにおけるセカンド・チャンス・スクールの設置

　欧州で2CSの議論が始まった当初，スウェーデンは設置に消極的だった。スウェーデンは「1つの学校をみんなに（en skola för alla）」の掛け声のもとに総合制学校制度を構築してきた。公教育は誰もがいつでも学べることを理念として整備されており，その枠組みの中で何度も機会があるべきと考えられたのである。しかし欧州ネットワーク構築の中で1998年には設置に向けた準備が進められた。早期離学対策を組織的に行っていたノルショッピン市に2CS設立の打診があり，翌年に同市の公立高校の中に2CSがつくられた（Bleckert n.d.）。

　当時その高校には個人プログラムがあり，さまざまな事情で学校生活に困難を抱える500人以上の10代後半の若者が学習していた。その中には，成績不振の生徒や，学習意欲のない若者，高校で選んだ専門分野が嫌になった生徒，スウェーデン語の集中的な学習が必要な移民の生徒などがいた。教育課程は，スウェーデン語，数学，英語が必修である他は，各生徒の希望，条件，ニーズに基づいて編成され，職場実習も行われていた。この学校に1年以上通う生徒のうち，約40人の生徒が2CSで学ぶことになった。対象となったのは，人生を良い方向に変える意欲があり，将来の職業について考えているが，このままでは高校を卒業できないと学校が判断する生徒だった。そのような生徒は，2CSがなければ，学校でも労働市場でも成功する可能性がきわめて低いと思われた[1]。

4 ノルショッピンのセカンド・チャンス・スクール

● 4-1　学校の概要

　雪のちらつく2023年11月下旬，ノルショッピンの2CSを訪れた。中央駅から徒歩20分ほど，一般企業も入る建物の一角に2CSはあった。現在は独立した学校で，

---

1) なお，スウェーデン国内にはその後，マルメ市やティーレセー市にも2CSが設置されて欧州ネットワークを活かした活動を行っているが，各自治体のニーズを反映して対象者や活動内容など異なる点が多い。

第 11 章　スウェーデンにおける早期離学対策の実践

個別 IM と職業 IM の各 1 クラスに加えて，20 歳から 24 歳までを対象とする成人クラスが設置されている．合計 3 クラスの小さな学校である．各クラスには担任が 2 人いて，それぞれ異なる専門性をもつ 6 人のスタッフが教育を担う．個別 IM クラスの担任は教員資格をもつ教師と特別支援教師である．職業 IM クラスの担任は，特別支援教師と，社会教育士という専門職である．成人クラス担任は教員資格はもっていない．共通してどのスタッフも意欲的で，自ら志願してこの仕事についたそうだ．

生徒数は流動的だが，現在は 75 人ほどで，小規模であることを心掛けているという．生徒の個別ニーズに応じて，オーダーメイドで活動を提供するためだ．

図 11-1　ノルショッピンの 2CS 外観
（筆者（本所）撮影）

生徒募集は年に 2 回行われ，さまざまな背景をもった生徒がこの学校の門をたたく．低学年のころから学校に馴染めなかった人，気づいたらギャングの活動に巻き込まれていた人，何事にもやる気が起きずにいた人，ゲーム中毒で生活が崩壊した人．2CS に入学するにあたって，若者たちは何度も面接を受け，入学が本人の意思であることを確認される．このプロセスは，生徒の意欲に対する働きかけにもなっている．つまり生徒は，自分の意思で入学を希望し，かつ選ばれて 2CS への入学資格を得たという実感を得る．これは，生徒の自尊心や，期待や，新しい生活を続ける意欲を強めることにつながる．

2CS での学習を経た後には，多くの生徒は地元企業に就職する．学校の廊下には，卒業生がスーパーや衣料品店，倉庫などで活躍する写真が掲示されていた．「Wall of Fame」と銘された掲示板に映る先輩たちは，「あなたもできる」と後輩を応援しているようだった．職場実習は，生徒の希望に応じて学校が適切な職場を探すという．地元企業は非常に協力的で，学校の教育理念や職場実習の意義を理解して快く受け入れてくれるため，実習先に困ることはないそうだ．職場実習を受け入れた企業が，また受け入れたいと声をかけてくれることも増え，最近では卒業生が経営する職場での受け入れも始まっているという．

教科「生活の知識」の主な内容と目標（職業IM）（下線は原文による）

1. 自信と自己認識
次のような方法で，自信と自己認識を高める：
・自分の能力と長所を自覚する。
・自分の人生で何かを変えるために，短期的・長期的な目標を立てる。
・常に自分で選択し，自分の人生の責任は自分以外の誰にもないことを認識する。
・夢や計画など，人生や将来について振り返り，考える。
・生活の質について，思慮深く考える。

2. 健康
健康の重要性について洞察する：
・安定した規則正しい日々の生活リズム，規則正しい栄養価の高い食事，運動の予防効果を理解する。
・アルコールと薬物が身体に与える影響と効果，そしてそれが社会生活にどのような影響を与えるかを知る。
・肯定的・否定的なストレスがどのように生じ，心身に影響を及ぼすかを認識する。さまざまなストレス対処法について話し合う。
・労働災害を予防するために，物理的・精神的な職場環境に関する基本的な知識をもつ。
・一般的なケガや病気を知り，必要に応じて応急処置ができる。

3. 社会的スキル
次のような社会的スキルを身につける：
・社会的スキルという概念の定義と意味を知っている。
・協調性と柔軟性を訓練する練習に参加する。
・服装，行動，言葉遣いを通して自分が発するシグナルを意識する。
・さまざまなグループにおける不文律や役割について話し合い，考える。
・異なる社会的背景の中で適応することの利点に気づく。
・文化的な違いや多様性について話し合い，考えるとともに，差別に関する法律などを知る。
・仕事，社会，私生活における平等の概念について話し合う。

4. 私たちを取り巻く世界についての知識
社会における市民の権利と義務について知識をもつ：
・税制と所得申告の義務
・家計と銀行サービス
・保険の種類
・同棲契約，婚前契約などの家族法
・売買に関する法や規定
・スウェーデンの民主主義制度。市，県，地域の組織
・EUの組織とヨーロッパ地図
・経済的支援などによる社会の支援策
・インターネット上の情報管理と情報源管理

5. 職業生活の知識
社会人としての心構え：
・起業家の状況について見識，知識，理解をもつ。
・雇用者と被雇用者の権利と義務についての知識をもつ。
・就職面接の練習と準備をし，履歴書と志願書を書く。
・労働組合の役割，さまざまな雇用形態，休日に関する法律などを知る。
・自分のネットワークを把握し，円滑に活動するための見識を深める。
・失業保険基金の仕組みについて知る。

第 11 章　スウェーデンにおける早期離学対策の実践

● 4-2　独自教科「生活の知識」

　2CS の教育の最大の特徴は，授業の中心が独自教科「生活の知識（livskunskap）」である点だ。基本的にスウェーデンでは，学校での履修教科はすべて全国共通のナショナル・シラバスに則って実施されるが，2CS でそうした教科を学ぶ生徒は少ない。「生活の知識」は，ナショナル・シラバスもなければ成績もつかない。2CS で独自に開発し発展させてきた教科だ。シラバスは個別 IM 向けと職業 IM 向けで若干異なるが，いずれも，生徒が自信をもって，健康に，社会的な関わりをもちながら，社会生活を前向きに生きるための学習である。

　生徒一人ひとりには成績はつかないが，学校としては教育成果を評価している。評価には，生徒の生活習慣などに関する指標のほか，アーロン・アントノフスキーの「首尾一貫感覚」の尺度を参考にしているという。首尾一貫感覚は，ストレスにうまく対処して心の健やかさを保つ力を，把握可能感，処理可能感，有意味感という 3 要素から測定する（アントノフスキー 2001）。この評価方法および 2CS の教育の土台には，サルートジェネシス（健康生成論）の考え方がある。これは，医療の考え方として，疾病を取り除こうとするのではなく，健康と病気を連続的なものと捉えて，健康方向に向かわせようとする考え方である。早期離学に当てはめれば，離学と在学を明確に区分して離学に対処するというのではなく，どのような状況の人であっても，学習や就職や健康的な社会生活に向かう方向性を大切にすることといえるだろう。

　筆者らが訪問調査を終えて一日を振り返った時に，校長やスタッフからメインストリームの学校に対する批判や愚痴は一度も耳にしなかったことに気がついた。二項対立やアンチテーゼを唱えるよりも，目の前にいる生徒たちの可能性に目を向け，ポジティブに働きかけ，学習や成長を励まそうという姿勢が貫かれていた。こういった姿勢にも，理念はしっかりと現れているように思えた。

● 4-3　カリキュラム

　「生活の知識」の土台の上に，職場実習や他の教科学習が行われる。カリキュラムは，シンプルかつ体系的に組み立てられている。

　新入生には，まず導入期間がある。個別 IM は 8〜10 週間，職業 IM と成人クラスは 6〜8 週間だ。この期間は週に 3 日，火〜木曜日に学校に通い「生活の知識」を学ぶ。授業は毎日同じ時間に始まり，半日で終わる。2CS に通う生活のルーティンをつくる期間である。

217

導入期間が終わると，通学していた火〜木曜日が，職業 IM は職場実習になり，個別 IM では職場実習か教科学習を体験する「トライアル」になる。そして今度は，月曜日に学校で「生活の知識」を学ぶ。たとえば，筆者が学校を訪問した 11 月の個別 IM クラスでは，表 11-2 のような週間スケジュールが組まれていた。

　半年を終えて，2 学期以降は，週 3 日の職場実習やトライアルは継続しつつ，今度は金曜日に学校に通う。火〜木曜日の学校には，新入生が入ってくる。

　もちろん，これは大枠である。生徒数は一定ではないため，その時々の生徒数や学校の状況，生徒の特性によって適宜修正される。たとえば，少人数での学習が必要な個別 IM の生徒は，午前クラスと午後クラスに分かれて授業を行うこともある。生徒にとっても，学校にとっても無理がなく，かつ必要に応じて柔軟に変更できるような，シンプルで明確な仕組みが用意されていた。

● 4-4　授業の様子

　3 クラスの教室は固定されていて，生徒はいつも同じ教室で，同じ仲間や教師とともに学ぶ。個別 IM クラスも職業 IM クラスも，ホワイトボードを前にしてコの字に机が並び，10 人ほどがお互いの顔を見ながら座れるレイアウトになっていた。

表 11-2　筆者が訪問した週の個別 IM クラススケジュール

		今週のテーマ「私は誰？」	
11/27	月	授業	9:00- 9:30　全員が一言ずつ話す ＋ ニュース
			9:30- 9:45　休憩
			9:45-10:15　生活の知識
			10:15-10:30　休憩
			10:30-11:00　生活の知識
			11:00-11:05　休憩
			11:05-11:30　トライアル ＋ リフレクション
			11:30　　　　対話　担任スタッフと
11/28	火	トライアル	職場実習か教科学習
11/29	水	休日	
11/30	木	トライアル	職場実習か教科学習
12/1	金	授業	9:00- 9:30　全員が一言ずつ話す ＋ ニュース
			9:30- 9:45　休憩
			9:45-10:30　トライアル　学習
			10:30-10:45　休憩
			10:45-12:00　市立博物館に行く

第 11 章　スウェーデンにおける早期離学対策の実践

教室の奥にはパーテーションで囲われたスペースに机と椅子があり，一人や少人数で作業できる。どの教室にも，手に持っておくスクイーズが入ったカゴや，誰でも使える鉛筆や消しゴム，色鉛筆などが備えてあり，生徒のストレスを軽減する工夫が見られた。

授業の開始時刻はクラスによって異なる。参観した日は，職業 IM クラスが 8 時半に，個別 IM クラスが 9 時に，授業開始だった。連動して休憩時間や終了時間もずれており，廊下やロビーが混雑することはなかった。多くの人，特に知らない人と会うことに強いストレスを感じる生徒もいるので，施設を円滑に利用する工夫であろう。

クラスは毎朝，全員の健康状態を確認し，時事的な話題について話し合うことから始まる。机の上には，生徒たちのエナジードリンクやコーヒーカップ，帽子などが無造作に置かれていて，気楽な雰囲気で会話が始まった。先生も生徒も順に，自分の今日の元気さを 10 段階で評価し，理由を言っていく。8 や 9 と答える生徒が多い中，6 と答える生徒もいて，自分を正直に観察し表現することが促されていた。幾何学模様のプリントに塗り絵をしながら，耳を傾けたり言葉を挟んだりする生徒もいた。

休み時間を挟んで「生活の知識」の授業が始まった。個別 IM クラスでは，10 人の生徒が，自分の半生を振り返る課題に取り組んでいた。自分の現状を見つめ直すためだ。まず教師が，自分の半生を紹介する。5 回の引越しの合間に，いじめられたり教師になったり教育を受けたり。辛かった経験も今の自分を形作る大切な要素

図 11-2　教室に置かれたスクイーズ
（筆者（本所）撮影）

図 11-3　成人クラスの教室（筆者（本所）撮影）

219

だと話した。先生の説明を聞いた後に，生徒には丸が15個ほど並ぶプリントが配られた。穏やかな音楽がかけられて，生徒の作業時間に入った。生徒は個別に作業に取り組むが，なかなか難しいようで，机に突っ伏してしまう生徒もいた。先生は2人で，生徒の様子を見つつ順に声をかけていた。

　一方，職業IMの「生活の知識」では，「良い友達」について考える課題に取り組んでいた。配布プリントには，シンプルな3つの指示と罫線が印刷してあった。2CSで使用するプリント類は，短い文章で，見やすく，指示がわかりやすいように工夫されていた。生徒が難しく感じることなく，前向きに取り組めるようにするためだという。

　　①あなたが親密な関係に重要と思うことをリストに書いてください。親密な関
　　　係というのは，愛情，友情，兄弟関係，親子関係などがあります。どんな関
　　　係について書くか，あなたが選択してください。
　　②グループになって，あなたのリストを紹介します。グループはその後，共同
　　　で5つの項目を選びます。
　　③その後，グループはクラスの他の人に5つの項目を紹介します。

　個別作業を踏まえて，グループ作業やクラス全体での話し合いがあり，そうした話し合いが朗らかに進むことが印象的だった。

　クラス全体の話し合いでは，ホワイトボードの真ん中に「良い友達」という言葉が記され，その周りに生徒の発言の要点が1つずつ記録された。「やさしい」「頼りになる」「同じくらいのIQ」「リスペクト」。回答を板書しながら先生は，「どういうこと？」「もう少し説明して？」と質問を返して発言を促す。「配慮がある」と追加説明も記録される。指名された生徒だけでなく，他の生徒が言葉を足して説明する場面もあった。クラスメイトの回答に対して，「それはわかる」と同意が表明されることもあった。生徒の言葉が丁寧に取り上げられ，認められていく安心感があり，まっすぐ前を向いていない気楽な体勢の生徒たちも課題に参加しているように見えた。

　クラスの中には，ADHDや自閉症の診断を受けている生徒もいる。多動で言葉数が多い生徒もいれば，静かで俯きがちな生徒もいる。多様な生徒が皆課題に取り組めるように，2人の教師はそれぞれに生徒に働きかけながら学習をサポートしていた。

第11章　スウェーデンにおける早期離学対策の実践

● 4-5　どんな生徒もより良い方向に

　2CS では，一人ひとりの状況に合わせながら生徒全員を前向きな生活に向かわせるように，カリキュラム，学習環境，授業方法などに多くの工夫がみられた。社会生活に直結する大切な学習内容。成績はつかず，慣れた教室で先生や仲間と過ごす。無理のない半日のシンプルなスケジュール。こうした細やかな工夫が，生徒の出席率や参加状況，そして満足度につながっている。個別 IM クラスの生徒は，ほぼ全員が過去に長期欠席の経験をもつそうだが，2CS ではおおよそ 8 割くらいは出席しているという。

　それでも，生徒が学校に来ない（来れない）こともある。そういう時に先生たちは，すぐにメッセージを送り，返事がなければ電話をし，それでも応答がなければ，家まで迎えに行く。こうした信頼と期待をともなう関わりが，生徒の生活習慣を整え，社会人としての第一歩を踏みだそうとするモチベーションにつながる。

　また，2CS の欧州ネットワークを活かして，数週間の海外実習に生徒が参加したり，欧州全域から集まるユース・サミットに代表生徒を派遣したりして，積極的な国際交流を行っている。2000 年春には，6 人の生徒がレオナルド・ダ・ヴィンチの交換プログラムに参加し，イギリスのリーズにある企業で 3 週間を過ごした。

　ただし，2CS に通う若者はごく少数だ。ノルショッピンには他にも IM や KAA の取り組みがあり，早期離学に対する介入や補償を行っている。以下に見てみよう。

5　ノルショッピン市の IM と KAA

● 5-1　多様な IM

　ノルショッピンはストックホルムの南西 170km に位置し，人口約 10 万人の，スウェーデンで十番目に大きい市である。町の中心を走る運河と傍に建つ労働記念館が，かつて織物工業で栄えた面影を残す。市内には公立高校が 7 校あり，そのうち 1 校が 2CS である。2CS 以外の高校は，複数のナショナル・プログラムを設置しており，同時に何らかの IM も設置している。4 種類の IM の状況を順に見ていこう。

　ほとんどの学校では，ナショナル・プログラムの定員に空きがあれば準プログラム IM の生徒を受け入れている。言語 IM を設置する高校は 1 校ある。言語 IM ではおおよそ基礎学校 6 年生レベルまでのスウェーデン語学習が行われ，これに合格したら生徒は他の IM にうつる。

　職業 IM は，2CS を含めて 3 校の高校に設置されている。職業 IM では，基礎的

221

なスウェーデン語，数学，英語などの教科学習と並行して，就職に結びつく実用的な職業教育が行われる。入学要件を満たしてナショナル・プログラムに入り直す生徒もいるが，3年間で職業能力を身につけて就職していく生徒が多く，その進路を考えて他のIMから移ってくる生徒も少なくない。2CS以外の職業IMは，実習場所などの施設や機材，そして教師も含めてリソースを共用するために同分野のナショナル・プログラムがある学校に設置されている。たとえば建築・土木分野の職業IMは，同じ学校にある同分野のナショナル・プログラムの教師が，隣接する実習場を使って両プログラムの専門教科を指導している。生徒が実際に作った製品やサービスを販売したり，地元企業で職場実習を行うなど，地域社会と結びついた学習が多く行われている。

　最後に個別IMは，2CSを含め4校に設置されている。個別IMは他のIMよりも生徒の多様性が大きく，生徒の学習目標やニーズもさまざまである。この差異を鑑みて，ノルショッピンの個別IM4校は異なる特徴がある。生徒を20人前後のクラスに分けて，基礎学校の教科学習を行いナショナル・プログラムへの入学を目指す学校。アントレプレナーシップ（起業家精神）を強調して教育を行う学校。3〜6人くらいの少人数授業を基本として，手厚い個別支援や動機づけ活動を特徴とする学校。そして，教科学習よりも社会生活や学習意欲向上に力を入れる2CSである。

　以上のように，ノルショッピンのIMはナショナル・プログラムとも関連しながら多くの高校に設置されており，全体として多様性を保つように構成されている。

　IMの生徒には，学校を休みがちで離学のリスクがある若者は少なくない。しかし一方で，学習成績に多少困難はあるが，自分のペースで学びながら継続して通学し，キャリアを作っていく生徒も多い。教育の目標やカリキュラムを生徒のニーズに応じて変更できるため，こうした学習が可能なのである。手厚いサポートを受けて，学習や職業訓練へのモチベーションを育む場にもなっている。制度上は高校の一部と認められており，学習後の進路にも複数の選択肢があるため，ナショナル・プログラムの学習に困難を覚える生徒たちにとって，学校での学習を継続し，離学を予防する貴重な機会になっている。

● 5-2　専門家が連携するKAAの活動

　IMでの柔軟に個別対応した学習機会を準備しても，高校に入学しなかったり中退したりする若者もいる。20歳未満のこうした若者は，KAAの対象となる。ノルショッピン市内にはおおよそ500人ほど対象者がいるという。これらの若者に対し

第 11 章　スウェーデンにおける早期離学対策の実践

て，KAA を担当する 7 人のスタッフが協力しつつ分担してアプローチしている。スタッフは，社会教育士が 3 人，進路カウンセラーが 3 人，全体を統括する KAA の開発担当者が 1 人である。ただし実際の活動は，学校，成人教育機関，職業訓練機関，日常生活支援を行う宿泊施設，ヘルスケアセンター，職業仲介所，警察，企業，地方自治体連合会など多くの機関と連携しつつ実施しているということである。

　対象者には個別に連絡を取り，面談を 2 回行って活動の個人計画を立てる。活動は大きく 3 種類ある。「学習カウンセリング」では，面談，学校見学，情報提供から学習継続につなげることを目指す。「労働市場」を念頭におく場合は，6 週間にわたる準備活動の後，実習や職業訓練先を探したり，インターンや長期休暇中の仕事をすすめたりする。そして「動機づけ活動」では，個人面談，グループでのテーマ活動，ヘルスケアを主に行う。実際には 3 つ目の動機づけ活動が最も多いという。

　ただし，対象者のうち実際に KAA の活動に参加する若者は半数ほどで，本人が拒否したら活動は無理強いしないという（担当者へのインタビュー，2023 年 11 月 27 日）。KAA は，若者に何かを課すものではなく，高校に行かない若者に今後のキャリアを考え進んでいくサポートを提供しようとするものなのだ。ノルショッピン市のウェブサイトには，高校案内に並んで KAA についての情報があり，「16-19 歳で高校に行かない君へ」「KAA は君が将来の道を見つけるサポートをします」「自分がどこに行きたいのか，どうすればそこにたどり着けるのかを知ることは，必ずしも簡単ではない。でも，一人ですべての答えを見つける必要はありません」と若者に呼びかける（Norrköping kommun n.d.）。

　とはいえ，対象となる若者がこのウェブページを見つけて，読んで，自分から連絡をすることはなかなかない。そこでスタッフは，若者に身近なインスタグラムで関連情報を発信したり，関連アカウントに紐づけてアピールしたり，若者に連絡を取りやすくする工夫を重ねている。連絡がこない場合は，スタッフから手紙を出し，E メールを出し，電話をし，自宅訪問もする。

6　セカンド・チャンス・スクールの特徴：IM でもあり独特でもある

　以上のように，さまざまな生徒のニーズや状況に対応して多様な教育や活動，そして進路が設定されている。これは，重要な離学予防にもなっている。その多様性の一端を 2CS も担い，他の IM や KAA と連携や協力が行われている。たとえば，KAA で 2CS の見学会が催されていた。すべての学校やプログラムがそれぞれの特

223

徴をもっているため，2CS だけが特別なわけではない。それでもなお 2CS には，国際的な推進力によってつくられた故のユニークな特徴がある。ここではその特徴を3 点指摘しておきたい。

　まずあげられるのは，国際ネットワークを活かした海外実習や交流事業である。年に 1 度，ヨーロッパ各国に広がる多くの 2CS から参加者が集まるスポーツ・文化交流が開催される。次に，本人の意思を強く求める入学者決定プロセスである。IM は一般的に本人の希望よりは成績などの状況によってやむなく入る場合が多い。しかし 2CS は，ウェブサイトや説明会に本人や保護者がアクセスし，面接を重ねて本人の入学希望や学習意欲が確認されて，入学が決まる。自分の将来や学習への積極性をもつ生徒が選ばれて入学するといえる。

　個別 IM の中には，そうした積極性をもつことが難しい生徒を受け入れて，通学を励まし学習に向かわせる手厚い働きかけをする学校もある。この個別 IM には，基礎学校での状況を鑑みて最も手厚い支援が必要と判断された生徒のみが入学するが，多くは家から学校に来るのも難しいほどの生徒だという。こうした生徒にとって，2CS が求めるような積極的な学習意思を見せることは難しい。

　だが決して，2CS に行けない生徒がその学校に行くといった序列があるわけではない。ある生徒には 2CS に入学するのが難しくても，別の生徒には 2CS の方が他IM よりずっと通いやすいかもしれない。その理由は，2CS での学習はナショナル・シラバスによる教科学習や成績づけがほとんどないためだ。他の IM では，たとえ基礎学校レベルでも，個別学習でも，各生徒のニーズに応じた量だけでも，基本的にはスウェーデン語や数学などの教科学習が中心である。手厚い個別支援がある上述の個別 IM では，少人数での教科学習以外に，希望者への「職場実習」や，創作活動・トレーニング・野外活動などの「動機づけ活動」も大切にされている。こうした教科学習以外の学習を，明確に中心に据えるのが 2CS である。スウェーデンの学校は一般的にナショナル・シラバスに則った教科学習が学習の基礎単位であるが，2CS では教科内容や成績は一旦脇におかれる。それによって，学校教育から離学した人が再挑戦できる可能性を感じとれる場となり，生徒が次のキャリアに進む機会を補償する場になっているといえよう。

7　おわりに

　スウェーデンの早期離学対策は，全体としては共通のルールや基準をシンプルに

設けながら，現場の実践は多様で，生徒の個別のニーズに合わせて対応していた。早期離学した人でも成人後に学び直せる成人教育を土台に，生徒一人ひとりの希望や状況に応じた目標設定やカリキュラム編成が可能なシステムが整備されていた。その中で 2CS は，一度長期欠席を経験した生徒を含めて誰もがやり直せるシステムの実現に一役買っていた。

　IM や KAA の実践では共通して，各生徒が自らのニーズや状況に適した学業や職業に関する明確な目標を設定し，目標に向けて学ぶことを支えると同時に，生活や人間性に目を向けた包括的なケアやサポートが行われていた。そして，生徒が安心し信頼できる大人との関係性の中で過ごし，丁寧に扱われることが非常に大切にされていた。これは甘え頼るのではなく，必要な支援を受けつつ活動し，自信をつけ，ポジティブに未来を考え，次のステップにつなげていくことである。

　こうした実践を可能にしていたのは，第一にスタッフの専門性と協働である。特別支援やソーシャルワークなどのさまざまな専門性をもつスタッフがチームで働いている。担任など一定の担当を決めつつも，情報共有は密に行われ，相互の専門性を生かし学び合っており，担任だけが負担を背負いこまない構造が作られていた。

　第二には，各生徒の進路や状況に合わせて，学習目標やカリキュラムや時間割が柔軟に設定され，設定し直されることである。学校やプログラムの選択も含めて，生徒が自分に合う学習を選び取り編成できる。ただしそれは決してすべて自由なのではなく，将来の社会生活を念頭においた高校教育としての大きな目的や，入学要件，ナショナル・シラバスなど，明確な共通性と条件のもとで可能なことでもある。そして実際に個別に学習を計画するプロセスには，ガイダンスやサポートと丁寧なフォローアップが欠かせない。これらを担う専門職ももちろん存在する。

　実践の具体的な姿からは，整っているように見える制度の中にも早期離学の課題はあり，関係者が当事者を中心に連携しながらさまざまな挑戦を行っていることが読み取れた。本章で見た IM や KAA の取り組みにおいても，対象者でありながら参加しない若者たちが少なからず存在しており，さらなる挑戦が続いている。専門性を尊重した現場の取り組みが，すべての人を包括する教育の理念の実現を支えているといえよう。

　最後に改めて記しておきたいのは，本章で紹介した IM はすべて高校の一部であり，KAA も公的な教育活動の 1 つとして学校教育法に定められているということである（Skollag, 29kap 9§）。多様な生徒に対応し，柔軟に提供される教育のあり方を踏まえれば，離学や不登校を問題視する前提にある学校文化（の頑なさ）を再考

させられる。

【引用・参考文献】

アントノフスキー，A.／山崎喜比古・吉井清子［監訳］（2001）.『健康の謎を解く―ストレス対処と健康保持のメカニズム』有信堂

林寛平・本所恵（2021）.「スウェーデンの離学予防・復学支援施策」園山大祐［編］『学校を離れる若者たち―ヨーロッパの教育政策にみる早期離学と進路保障』ナカニシヤ出版，156-172.

本所恵（2022）.「スウェーデンの高校イントロダクション・プログラムにおける教育の個別化」『金沢大学人間社会研究域学校教育系紀要』14, 21-34.

Bleckert, A-C. (n.d.). *Beskrivning av verksamheten vid Second Chance School*, Marielundsgymnasiet i Norrköping.

Council of the European Union (2011). Council Recommendation of 28 June 2011 on policies to reduce early school leaving. *Official Journal*, C191, 1.7.11, 1-6.

European Commission, Directorate-General for Education, Youth, Sport and Culture, Donlevy, V., Day, L., & Andriescu, M. (2019). *Assessment of the implementation of the 2011 Council recommendation on policies to reduce early school leaving: final report*, Publications Office.

Eurostat (2024). Early leavers from education and training by sex. (online data code: sdg_04_10) ⟨https://doi.org/10.2908/SDG_04_10⟩ (2024 年 10 月 7 日最終確認)

Norrköping kommun (n.d.). Gymnasieskola. ⟨https://norrkoping.se/skola-och-forskola/gymnasieskola⟩ (2024 年 5 月 30 日最終確認)

Skolverket (2023) *Uppföljning av gymnasieskolan 2023*.

Sveriges officiella statistik (n.d.). Grundskolan - Betyg och prov - Riksnivå - Läsår 2016/17 - Tabell 10 A, 12., Gymnasieskolan - Betyg och studieresultat - Riksnivå - Läsår 2017/18 - Tabell 6 B., Gymnasieskolan - Betyg och studieresultat - Riksnivå - Läsår 2020/21 - Tabell 3., Gymnasieskolan - Betyg och studieresultat - Riksnivå - Läsår 2021/22 - Tabell 15 B., Gymnasieskolan – Etablering på arbetsmarknaden eller fortsatta studier efter gymnasieskolan – Riksnivå - Tabell 1A.

第 11 章　スウェーデンにおける早期離学対策の実践

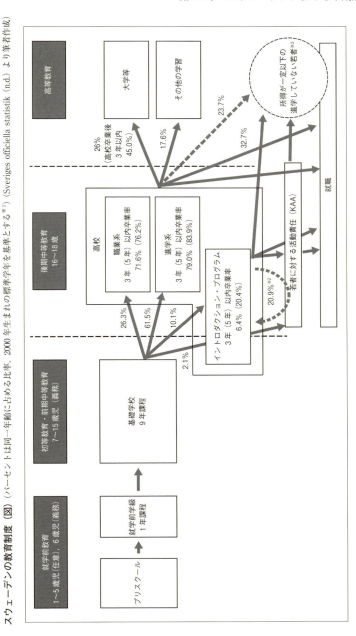

スウェーデンの教育制度（図）（パーセントは同一年齢一年齢に占める比率、2000 年生まれの標準学年を基準とする*1）（Sveriges officiella statistik (n.d.) より筆者作成）

※1　2000 年に生まれ、標準的には 2016/17 年度に高校に入学する学年の生徒についてまとめた。ただし、就学前学級に 5 歳あるいは 7 歳で入学する生徒がおり、基礎学校卒業時にも標準年齢以外の生徒が含まれるため、年齢人口と学年人口が一致しない。このことから、数値には誤差がある。なお、特別支援学校、特別支援高校、移民のためのスウェーデン語（SFI）等は図に含まれていない。イントロダクション・プログラムは初等教育・前期中等教育だが生徒の年齢は 16 歳以上。
※2　高校入学時から 3 年生の学期末までに、約 21 パーセントの生徒が入学時とは別の進路を選んでいる。これには、中退、休学、進路変更が含まれる。これらの生徒は、高校を 3 年間で卒業しない場合がある。また、卒業試験を受けずに教育段階を終える生徒もいることから、高校卒業者は卒業資格を修得した者の合計値となっている。
※3　11 月時点の賃金が年換算で 17 万 8,800 クローナ未満で、教育登録もされていない 20 歳以上の者、パートタイムの労働者、公的扶助対象者やその組み合わせで統計上の狭間の人等を指す。

| | コラム **3** | 日本における外国籍の若者の
不就学と夜間中学 |

　2016 年，国は「義務教育の段階における普通教育に相当する教育の機会の確保等に関する法律（以下，教育機会確保法）」を公布し，年齢・国籍問わずすべての者を対象とした教育機会の保障を命じた。こうした背景には不登校児童生徒，十分に学校で学べないまま卒業してしまった形式卒業者，特に外国籍の不就学者による存在の可視化が大きい。2020 年の国勢調査「就業状態等基本集計」で，外国人の「未就学者（小学校を修了していない者）」と「最終卒業学校が小学校の者（中学校を卒業していない者）」は全体の約 6%にあたり，計 2 万8,755 人確認された。また 15〜29 歳の若者の外国人に限ると，全体の約 41%を占める計 3,717 人確認されたのである。当結果は，学齢または学齢をこえた外国籍の若者の不登校や不就学が存在していることを示唆している。

　第一に外国人の子どもの不就学の背景には，日本国憲法の定める就学機会における日本籍の子どもと外国籍の子どもとの扱いの差異をあげることができる。学校教育法第 16 条において，外国籍の子どもをもつ保護者には就学義務は課されず，日本国籍をもたない子どもの教育は「権利」でなく，「恩恵的」な形でしか保障されないという問題を孕んでいる（小島 2016, 2024; 二井 2020; 園山 2003）。また，外国ルーツの子どもたちの教育支援事業を行っている田中（2021: 86–88）は，外国人の子どもの不登校・不就学に関して，上記の問題以外に①来日のタイミングによる就学待機，②自治体や学校側の受け入れ体制不足，③日本と自国間移動時における子どもとその家族とのコミュニケーションの断絶，④子どもたちがヤングケアラー，病気，貧困，ネグレクトなどの複合的な問題に遭っているの 4 つの要因をあげる。この他にも，日本で外国人の学齢超過している子どもが高校進学・編入をしたい場合に 9 年間の義務教育修了が必要になることもハンデとなっている。

表 1　15〜29 歳の未就学と最終卒業学校が小学校の者の数（文部科学省（2023）より抜粋）

	未就学者				最終卒業学校が小学校の者			
	総数	日本人	外国人	割合 （%）	総数	日本人	外国人	割合 （%）
総数	94,455	85,414	9,024	9.6	804,293	784,536	19,731	2.5
15〜19 歳	1,760	1,563	197	11.2	302	144	157	52.0
20〜24 歳	2,632	1,706	926	35.2	1,084	484	600	55.4
25〜29 歳	2,721	1,665	1,056	38.8	1,424	643	781	54.8

コラム 3　日本における外国籍の若者の不就学と夜間中学

　そこで，現在こうした外国籍の若者を含めた不登校・不就学経験者の学び直しの場として注目され続けているのが夜間中学である。夜間中学（「公立中学校の夜間学級」）とは，市町村が設置する中学校の二部授業を実施する学級（「学校教育法施行令」第 25 条）で，「夜間中学」や「夜中」という名で知られている。教育機会確保法第 14・15 条では，夜間中学の全都道府県・指定都市設置とそれにともなう自治体への協議会設置が義務づけられた。教育機会確保法による夜間中学設置促進によって，施行後すぐの 2018 年には全国に 8 都府県 31 校しかなかった学校数は，24 年度には 32 都道府県 53 校（新たに福島県福島市，群馬県，大阪府泉佐野市，鳥取県，宮崎市，北九州市，佐賀県，熊本県が追加）設置された。続く 25 年度にはこれまで夜間中学のなかった都道府県・指定都市（石川県，愛知県，名古屋市，三重県，滋賀県湖南市，和歌山県和歌山市，岡山市，長崎県佐世保市，鹿児島県）に 1 校ずつ設置予定で，計 41 都道府県 62 校となる見込みである[1][2]。今後より一層全国的に広まっていくことが予想されている。

　では，夜間中学とはどのような学校なのだろうか。まず，実際夜間中学にはどのようなニーズをもつ生徒が通っているのかについてみてみたい。文部科学省の統計によると，2022 年時点で全国の夜間中学に在籍している生徒は計 1,558 名である。その内，男性は 573 名，女性は 985 名である。年齢別にみると（図 1），「16〜19 歳」は 317 名（20.3%），「20〜29 歳」は 270 名（17.3%）で若年層の生徒も多いことがわかる。日本国籍を有する者は 519 名（33%），日本国籍を有しない者は 1,039 名（67%）である。主な外国人生徒の国籍は（図 2），中国（344 名），ネパール（233 名），韓国・朝鮮（121 名），フィリピン（113 名），ベトナム（52 名）で，最近は南・東南アジア出身者による入学が顕著となっている。また，外国籍の生徒による入学理由は，①日本語が話せるようになるため（27.9%），②読み書きができるようになるため（18.1%），③高等学校に入学するため（17.4%）と答えられている。夜間中学を修了すれば中学卒業資格を取得できることもあって，高校進学を目標としている生徒も少なくない。

　次に，夜間中学の入学条件は，一般的に義務教育を修了していない者，形式卒業者，そして夜間中学のある地域に在住または在勤している者で，国籍・年齢問わず誰でも入学できる。最近では，教育機会確保法施行によって，学齢生徒であったとしても夜間中学にて支援を受けることができる学校もあり，その場合在籍校で指導要録上の出席扱いにできる場合がある。夜間中学での入学時

---

1) 「文部科学省，夜間中学の設置・検討状況（令和 6 年 10 月現在）」〈https://www.mext.go.jp/a_menu/shotou/yakan/index_00003.htm〉（2024 年 12 月 9 日最終確認）
2) 一方で，学校数の地域差は大きく，入学希望者にとって通学に困難を要する場合があることから早急な全国均一的な夜間中学設置が望まれる。たとえば青森県，秋田県，岩手県，山形県などの一部の東北地方では夜間中学は 1 校も設置されていない。

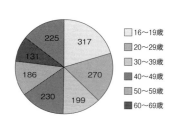
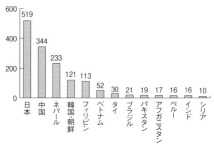

図1　夜間中学の年齢層別生徒数（文部科学省 2023）

図2　夜間中学の国籍別生徒数（文部科学省 2023）

期は4月または4月・9月で，修業年限は約3〜9年内としているところがほとんどで生徒の個人的な状況によって原級措置や卒業留保での扱いを許可し，その在籍年数は異なってくる。授業料や教科書代は公立中学校なのでもちろん無償である。教員構成は校長，教頭，専任教員，常勤講師，非常勤講師，自治体によっては教員の授業サポートを行う有償ボランティアや母語のサポートを行う支援員がいる。校長と教頭は昼間・夜間の兼任業務であるが，教頭は基本的に夜間中学専任となっている。授業時間は，月曜から金曜までの平日で，一般的に40〜45分授業を計4コマ行っている。教科内容は昼間学校と同じく国語，社会，数学，理科，英語，音楽，美術，技術・家庭，保健・体育，総合・道徳のカリキュラムとなっている。また近年，さまざまなニーズをもった生徒の増加を受けて，2014年に文部科学省は「学校教育法施行規則の一部を改正する省令等の施行について（通知）」（文部科学省 2014）を打ち出した。夜間中学では生徒の年齢や経験，就労の状況に応じた特別な教育指導が必要であると判断した場合，学習指導要領に沿いつつ，学校長の判断によって生徒の実情に合わせた教育指導ができるようになっている。また，日本語指導を必要とする外国人生徒に対しては年間280単位時間（1単位時間は45分または50分で週8時間程度）の日本語指導を認め，必要だと判断されれば取り出し授業や入り込み授業なども行える。実際ほとんどの夜間中学では日本語指導が行われ，夜間中学での日本語を含めた教科・進路指導の結果，2021年度には182名に及ぶ外国籍の者が卒業を果たし，この内高等学校に進学した者は97名，就職した者は19名となっている。不登校・不就学経験者に義務教育の機会を再保障し，彼・彼女らの生活基盤の保障や社会参与のサポートをしているのが夜間中学なのである。

　しかしながら，主流の学校教育で不登校・不就学の問題を生み出してしまっている事実はどのように解決できるのだろうか。最近でも文部科学省による調査で約34万人に及ぶ小・中学校の不登校児童生徒（文部科学省 2024a），8,601人に及ぶ不就学にある外国人の子どもの存在が確認されている（文部科学省

コラム 3　日本における外国籍の若者の不就学と夜間中学

2024b）。こうした不登校・不就学の子どもや若者の問題は日本における大きな社会問題であるという認識は広まってきている一方で，冒頭でみたようにこれら背景にある問題はまだまだ山積みである。こうした問題に対して，教育制度の改革，自治体ごとの丁寧なサポートの他，国や行政だけでなく地域や地域の人びとで協働して子どもや若者に十分に目を向け，彼・彼女らの困りごとを見つけていくことも必要である。同時に，不登校・不就学になってしまった子ども・若者たちにまた就学する機会を十分につくっていくことも求められるだろう。現在中学校段階で学齢をこえた不登校・不就学経験者を受け入れる学校は夜間中学のみとなっている。夜間中学の全国における均一的な設置はもちろん，夜間中学での学びに相当するような民間の自主夜間中学や識字教室など学び直しの場を横断的に広げていくことによって，一人でも多くの不登校・不就学の子どもや若者に学び直しと社会参加の機会を提供できるのではないだろうか。不登校・不就学問題の解決には，そうした根本的な不登校・不就学の背景となる問題へのアプローチと学び直しの場の拡大を同時に進めていく必要がある。
（川端映美）

引用・参考文献

小島祥美（2016）．『外国人の就学と不就学社会で「見えない」子どもたち』大阪大学出版会

小島祥美（2024）．「学齢を超過した義務教育未修了者の外国人住民の学習権保障」『ボランティア学研究』11, 21–33.

園山大祐（2003）．「ニューカマーの社会環境と教育保障」『大分大学教育福祉科学部付属校育実践総合センター紀要』21, 193–207.

田中宝紀（2021）．『海外ルーツの子ども支援―言葉・文化・制度を超えて共生へ』青弓社

二井紀美子（2016）．「日本の公立学校における外国人児童生徒の就学・卒業認定基準問題」『岐路に立つ移民教育』ナカニシヤ出版，21–35.

二井紀美子（2020）．「外国人の子どもの教育保障に関する一考察―施策動向と就学の義務化をめぐる議論を中心に」『日本教育政策学会年報』27 号，39–52.

文部科学省（2014）．「学校教育法施行規則の一部を改正する省令等の施行について（通知）」〈https://www.mext.go.jp/a_menu/shotou/clarinet/003/1341903.htm〉（2024年 10 月 7 日最終確認）

文部科学省（2023）．「夜間中学の設置・充実に向けた取組の一層の推進について（依頼）」〈https://www.mext.go.jp/content/20230915-mxt_syoto02-000031906_003.pdf〉（2024 年 10 月 7 日最終確認）

文部科学省（2024a）．『令和 5 年度　児童生徒の問題行動・不登校等生徒指導上の諸課題に関する調査結果について』〈https://www.mext.go.jp/content/20241031-mxt_jidou02-100002753_1_2.pdf〉（2024 年 12 月 9 日最終確認）

文部科学省（2024b）．「「外国人の子供の就学状況等調査（令和 5 年度）」の結果について」〈https://www.mext.go.jp/content/20240808-mxt_kyokoku-000037364_02.pdf〉

（2024 年 12 月 9 日最終確認）

コラム **4**

日本の通信制高校のいま
「学び直し」と「自分探し」

　　　　　2024 年 1 月，東海地方の私立広域通信制高校の本校を
訪問した。最寄りの駅から車で 10 分。校舎は，この地域で廃校になった小学校
の校舎を再利用したものであるという。校舎の床や壁には天然木が多用されて
おり，木のぬくもりを感じさせる。

　この日はちょうどスクーリングのために全国から生徒たちが集まり，各教室
で授業を受けていた。この学校の『学校要覧』によれば，2023 年 5 月 1 日現在,
この学校の生徒数は約 1,000 名。愛知，大阪，岐阜，東京，三重，を中心に全国
に居住しながら通信制課程で学んでいる。年齢層も 15 歳から 18 歳が中心であ
るが，19 歳以上も 90 名弱おり，わずかではあるが 60 歳以上の生徒もいるとい
う。スクーリング会場はこの本校以外にも東京，岐阜，愛知，京都，大阪，熊本
など全国に数か所あるため，この日のスクーリング受講生は 100〜200 名だった。

　この学校の母体は 1990 年代に開設された不登校の子どもたちのためのオル
タナティブスクール（無認可のサポート校）だという。2000 年代に入って構造
改革特区制度を利用して株式会社立の高校となり，その後，学校法人として認
可され，現在は学校教育法第一条の私立広域通信制高校となっている。校長の
ほか，4 名の教頭と 14 名の教諭（専任），58 名の非常勤講師，12 名の事務職員
のほか，東京校には心理カウンセラーもいる。

　学費は，2024 年度の場合，年間授業料 264,000 円，入学金 10,000 円のほか諸
費用を含め初年度は 319,100 円，2,3 年次は 304,500 円であるが，国の就学支援
金制度により世帯年収が一定額以下であれば授業料負担は軽くなる。たとえば,
年間の世帯収入が 590 万円未満の場合は年間の学費は 45,000 円となる。また,
生活保護世帯や住民税非課税世帯の場合は，この学校独自の学費支援制度も加
わり，初年度の学費が 7,000 円，2・3 年次は 5,500 円となる。ただし，この高校
には 4 つのコースが用意されており，それぞれに通学形態や学習内容，費用が
異なる。

　まず「通信一般（在宅型）コース」である。このコースは，①各教科の添削課
題（レポート）を提出し 74 単位以上を修得すること，②年 1 回の集中（もしく
は月に 1〜2 回）のスクーリングを受けること，③ 30 単位時間以上の特別活動
に参加すること，④試験に合格すること，の 4 条件を満たすことで高校卒業を
めざすコースである。このコースの場合，学費は上記のみである。

　次に「オルタナティブスクールコース」である。学校に苦手意識をもつ生徒
や学び直しを希望する生徒のために設けられたコースで，サテライト校（もし
くは連携校）に通う「週 5 日コース」と「週 3 日コース」がある。週 5 日コース

は，月曜，水曜の 2 日間に基礎学力や基礎生活力の向上をめざし，学び直しや社会的スキル，選択授業（総合，声優，イラスト，プログラミング，進学などの講座）を受けることができるほか，火曜，木曜，金曜はレポート作成のためのスクーリングを受けることができる。ただし，上記の基本学費のほかに，週 5 日コースは年額 660,000 円，週 3 日コースは年額 360,000 円のコース料金が発生する。

　最後に「奨学金コース」である。このコースは，全国の提携企業が高校生の学費を全額肩代わりする一方，高校生は提携企業で働きながら通信制高校で学び，就労時に支払われる給与から授業料を返済するシステムである。提携企業には料亭などの飲食業，テーマパーク，バイクの修理販売，左官業などの業種があり，卒業後に返済義務が残らないことが特徴である。このコースの場合は，基本学費に加えて年間 60,000 円のコース料金が発生する。

　この高校に長く勤務する教員およびカウンセラーにお話を伺った。「生徒さんがこちらの学校を選んだ理由としてどんな理由が多いですか」という質問に対して「メンタルの面や人間関係の面，家族関係に問題を抱えて不登校傾向になり，転入・編入を希望してくる場合が多い」「過敏症の子とか，発達障害系の子とか，離婚した家庭の子とかもいる」「一見知的に低いように見えるけれど実際はそうじゃない，ちゃんとやればある程度できる，やってこなかっただけ，そういう子もいる」という。通信制高校は，学校で困難を抱えてきた子どもたちの「学び直し」の場でもあると語る。

　さらに通信制高校のカウンセラーはこう続ける。「全日制では時間割に追われて 8 時 30 分から 16 時近くまで次はどこの教室，どこの教室と追われてますよね。その中では自分探しっていうのがなかなかできない。通信制っていうのは，ある程度勉強もするけどゆったりと自分探しをする。自分が何をしたいのか，この先何をしていくんだろうか，自分に合っていることは何だろうかを考えるイベントを多く入れてるんです。そういう体験をしながら自分探しをしっかりして次のステップに行くために，今経験しなさいって言ってるんですけど，そういうふうなことがこういう通信制というシステムの中では十分できるかなと。これは全日制ではなかなかできない部分なんですね」

　この教員たちの言葉を借りれば，通信制高校は「学び直し」の場でもあり「自分探し」の場でもある。とりわけ不登校経験をもつ子ども，発達障害など集団生活や学習に困難を抱える子ども，低所得世帯やひとり親世帯の子どもなどにとって多様なコース選択と比較的低廉な学費は進学先，転編入先として魅力的だろう。

　ただ「通信一般（在宅型）」以外のコースにおいては，コース料金が就学支援金の対象外であるため生徒や生徒の家族が私費でコース料金を負担しなくてはならない。自律的な学習習慣をもたない高校生にとって，すべての添削課題を

コラム 4　日本の通信制高校のいま

単独でこなしていくのは容易なことではない。きめ細かな指導や支援，体験活動，教育相談やキャリア教育などを受けるためには「オルタナティブスクールコース」のようなコースを追加で申し込むことで単位修得や卒業に結びついていく。

　通信制高校生にとって上のようなサポート体制が何よりも重要であるという事実は，公立・私立を問わず日本のすべての通信制高校に共通する。全日制や定時制など通学を前提とした高校であれば受けられる生徒指導や体験活動が，通信制では有料の「オプション」とされ，家庭の経済状況や意識によって左右されやすい。また，不登校や高校中退など早期離学者に対する「学び直し」と「自分探し」（本書でいうところの「補償」）は，通信制高校の教員や支援者たちの個人的努力に依存するところが大きい。その意味ではサポート体制への公的支援が待たれる。

　文部科学省「学校基本調査」によれば，通信制高校の数は，2000 年の 113 校から 2023 年には 289 校（公立 78 校，私立 211 校）と，20 年あまりで 2.5 倍に増えている。なかでも私立広域通信制高校の増加は著しい。通信制高校生徒数も 2023 年度には 26 万 4,974 人と，高校生の 12 人に 1 人にのぼる（文部科学省 2023「学校基本調査」）。不登校の経験がある生徒だけでなく，専門性を高めたり，自由な学び方を求めたりして進学するケースも増え，多様な生徒の受け皿となっているが，「補償」システムとしての課題は多い。

　通信制高校の近年の動向については，文部科学省の「高等学校通信教育の現状について」が参考になる。（斎藤里美）

引用・参考文献

文部科学省（2021）.「高等学校通信教育の現状について」〈https://www.mext.go.jp/a_menu/shotou/kaikaku/20210315-mxt_kouhou02-1.pdf〉（2024 年 10 月 7 日最終確認）

コラム5　日本のフリースクールのいま
ありのままを認め自分決定を促す

あるフリースクールの事例から：フリースクールが大切にしていること

　2024年2月，「認定NPO法人フリースクール三重シューレ」を訪ねた。県庁所在地である津駅から徒歩数分の交通至便なところである。日当たりのよいビルの1階にあり，入り口は明るい。中に入ると，小学校の教室ほどのスペースがあり，楽器やゲーム，PC，書籍などが用意されている（写真を参照）。また奥には個人相談用の小さな部屋も用意されている。どちらも，子どもたちの居場所となっていることがうかがえる。

　このフリースクールは，2002年に保護者と市民が発起人となって設立された「NPO法人三重にフリースクールを作る会」が母体である。2003年にはこの地域の遊技業協同組合から場所の提供を受け現在に至っている。さらに2006年にはこの地域の通信制高校と提携し，以来この通信制高校に通う生徒の学習支援と卒業資格の支援に関わっているほか，2010年には公民連携による「みえ不登校支援ネットワーク」を設立し，事務局を担当している。以下は，このフリースクールが発行している冊子やパンフレットおよびHPからの情報を基にフリースクールの方のご了解を得てまとめたものである。

　このフリースクールが受け入れる子ども（小・中・高校生）の定員はおよそ30名，また働くスタッフはおよそ20名（常勤2名，非常勤スタッフ4名，講師6名，ボランティア8名）という（2024年6月現在）。常勤スタッフ2名は社会科および理科の教員免許をもち，講師もかねている。また講師5名と常勤スタッフ1名は国語，数学，英語，社会のいずれかの教員免許をもち，個別指導も行っているという。

　原則として子どもたちは，好きな時間に来て自分のペースで思い思いに過ごす。絵やイラスト，

図1　フリースクール三重シューレの一部
（筆者撮影：2024年2月）

コラム 5　日本のフリースクールのいま

楽器の練習，ゲーム，プログラミング，アクセサリー作り，レゴ，興味のあることをネットで調べるなど，それぞれが好きなことに取り組む。通信制高校に在籍している子どもの場合は，スタッフが通信制高校の添削課題のサポートをすることもある。

　ただし，このフリースクールでは方針として「評価をしない」「課題の分離をおこなう」の 2 つを掲げている。「評価をしない」と「課題の分離」がフリースクールにとってなぜ重要なのか，Web サイトにはこう書かれている。

　　スタッフは，子どもに「ありがとう」「うれしい」と気もちを伝えることはありますが，「評価すること」や「ほめること」はありません。評価しながら「個を尊重する」「ありのままを認め合う」ことは矛盾するのではないか，と考えます。そして，今の日本の社会を生きるためには「評価されない関係の中で育つ」ことが必要であると…。子どもたちは学校だけでなく，SNS によって土日も夜も評価にさらされています。緊張感のあるクラス，猛烈な部活，学校と塾の勉強，進学…やっと就職しても競争社会でまた評価されます。その中で生きていくのだから「評価して育てなければ」と考える大人や教育関係者は多いと思います。また，「しかる」のではなく「ほめればいい」という人もいますが，それは表裏の関係でどちらも評価です。学校に行くこと，いい成績，積極的な行動などをほめる…そこには大人の理想に基づいた目的や下心がないでしょうか？　子どもは疲弊しないのでしょうか？　ほめられることで自分を認めてきた子どもが，ほめられなくなった時，その自分を受け入れられるでしょうか？　ましてや否定的な評価が続いたら…。（フリースクール三重シューレの Web サイトより）

　　普段，大人は知らず知らずのうちに，子どもの未来を予測し，先回りして，よかれと思って子どもの課題に口を出してしまうことがあります。おそらく，最もよくあるのは「勉強しなさい」と言うことだと思います。ところが，「勉強しなさい」と言われた子どもが心から納得して学ぶことは少ないですし，勉強が好きになる子どももあまりいないのではないでしょうか。中には従順に大人からの指示や命令に従う子どももいるかも知れませんが，思春期を迎えても心から納得して従うことは考えにくいでしょう。もし，従順に勉強しているように見えたとしたら，そこには大人から子どもへの支配関係が生じていないでしょうか？　しかも，子どもの課題に踏み込んで口を出すほど，「私はあなたを信頼していない」ということを伝えることになり，いい親子関係をつくることが難しくなっていきます。いい親子関係があればこそ，子どもが試行錯誤しながら歩む長い人生を応援することができます。（フリースクール三重シューレの Web サイトより）

上の文章からは，社会の評価や家族の教育期待から子どもを解放しようとする強い意思が読み取れる。ここではフリースクールは学校の代替ではない。子どもと信頼関係を築き，自己決定を促し，子どもが安心して試行錯誤する場である。またフリースクールに通う子どもにとって「学校に行かないこと」は学校的価値の喪失を意味するのではなく，自分らしく学ぶことである。したがってそれを「補償」と呼ぶとしたら学校信仰から離れることで自らを編みなおす「再生」としての補償である。フリースクールの卒業生がインタビュー記事のなかで次のように語っている。

　　　スタッフ：「4 年間在籍し，その後ボランティアスタッフとして，長く関わっていますよね。出会って受けた影響や，考え方で変わった点など，聞かせてもらえますか？」
　　　卒業生：「いっぱいありますが…。もともと自信がなくて自己肯定感もギネス級に低くて（笑）　世界一低かった自信があります（笑）。免許取るまでも自己肯定感が全然なくて。やっぱり自己決定して，いろいろ体験すると，少しずつ自信が芽生えてきたのかなと思います。三重シューレであまり評価されない環境が，人の目を気にせずいろいろ言えるようになったのかな。」
　　　（フリースクール三重シューレの Web サイトより）

　フリースクールは実に多様であるから必ずしも他も同様とはいえないだろう。全体的にどのような活動がなされているのか，最後に労働政策研究・研修機構の調査から探ってみたい。

フリースクールの現状と課題
　以下にあげる表 1～3 は，労働政策研究・研修機構が 2018 年 4～5 月に全国のフリースクール（中学生以下を対象とするものを除く）およびサポート校 384 校を対象に行った質問紙調査の一部である。有効回答数は 120 校（回収率 31.3％）であるが，回答結果の一部を下に紹介しよう。
　まず，「実施している活動・行事・プログラム」については，およそ 8 割の施設が，個別の学習，相談・カウンセリング，スポーツ体験，調理体験，社会体験などを取り入れていると回答していることがわかる。
　次に，「中学卒業以上（15–19 歳）の生徒や保護者から受ける相談内容で最近増えていると感じる相談は何か」という質問の回答として施設があげたのは，多い順に，発達障害，進路，性格・考え方・態度，対人関係，精神障害などである。民間施設でありながら実に複雑な相談に対応していることがわかる。
　さらに，「卒業生への具体的な支援状況」については，「生活上の悩みや相談」

コラム 5　日本のフリースクールのいま

「進学に関する相談」がおよそ 8 割と多い。フリースクール卒業後であっても，かれらが直面する課題にこれらの施設が支援を続けていることがわかる。

　フリースクールは財政的にも人的にもその運営基盤が脆弱な場合が多い。文部科学省が 2015 年に実施した調査によれば，不登校の子どもが通う 474 の団体・施設のうち，1 団体・施設あたりの有給・週 5 日以上勤務のスタッフ数は，平均で約 2.8 人である。また，利用者が支払う会費の月額平均額は，約 3 万 3 千円である（文部科学省 2015: 10–14）。

　東京都など一部の自治体では，2024 年度からフリースクールの利用者（小・中学生）一人につき月額最大 2 万円を補助するなどの助成事業が始まった。ただし高校生は対象外である。また，東京都では 2024 年 10 月から不登校の児童生徒（小・中学生）に対する支援を主たる目的とした通所型施設に対して常勤職員や非常勤職員の人件費の 4 分の 3 を補助する事業を開始することとした。

　フリースクールに通う子どもたちは，学校とは異なる場所で自分らしく学ぶことを選んだ子どもたちである。こうした子どもや保護者を支援することは，教育機会確保法の理念そのものであり，公的支援が地域をこえてあまねくいきわたることが今後の課題といえる。（斎藤里美）

表 1　実施している活動・行事・プログラム内容（複数回答）
（労働政策研究・研修機構 2020: 51）

	度数	%
個別の学習	73	93.6
相談・カウンセリング（進路指導含む）	70	89.7
スポーツ体験	65	83.3
調理体験（昼食づくりなど）	63	80.8
社会体験（見学，職場体験など）	60	76.9
芸術活動（音楽，美術，工芸など）	58	74.4
自然体験（自然観察，農業体験など）	55	70.5
子ども・若者たちによるミーティング	49	62.8
宿泊体験	46	59.0
卒業式	45	57.7
家庭訪問	40	51.3
集団型の授業形式（講義形式）による学習	36	46.2
長期休暇（生徒が施設に通わない期間が 3 週間程度以上に及ぶ休暇。夏休み・春休みなど）	35	44.9
学業成果，演奏や作品などの発表会	33	42.3
入学式	30	38.5
その他	2	2.6

表 2 増えている相談内容（2 つまで回答）（労働政策研究・研修機構 2020: 53）

	度数	%
発達障害（自閉スペクトラム障害，ADHD，LD，アスペルガー症候群等）	33	44.0
進路（進学先・就職先について）	29	38.7
性格，考え方，態度（アイデンティティ，セルフコントロール等）	24	32.0
対人関係（同年代の友人等）	22	29.3
対人関係（家族）	16	21.3
精神障害（うつ，不安障害，統合失調症等）	15	20.0
基礎学力	12	16.0
将来の進学等に必要な学力	10	13.3
家庭の経済的問題	8	10.7
対人関係（異性），恋愛	3	4.0
体力，体調	3	4.0
知的障害	3	4.0
その他	2	2.7
体型（肥満，やせ等）	1	1.3
該当年代の生徒がいない・相談がない	1	1.3
ハラスメント，人権侵害	0	0.0
悪徳商法，法律相談	0	0.0
身体障害	0	0.0

注 1）無回答：3

表 3 卒業生への支援状況（複数回答）（労働政策研究・研修機構 2020: 64）

	度数	%
生活上の悩みや相談を受け付けている	60	80.0
進学に関する相談を受け付けている	56	74.7
修学上の相談（学習相談）を受け付けている	45	60.0
仕事上や職探しの悩みの相談を受け付けている	43	57.3
外部の人と直接引き合わせる（情報提供だけでなく）	27	36.0
有給の仕事（アルバイト等）を紹介する	26	34.7
推薦書などの特別な書類を作成する	17	22.7
書類などで一般的な情報提供を行う	14	18.7
ボランティアの仕事を紹介している	12	16.0
その他	4	5.3
支援実績はないし，今後も対応する予定はない	4	5.3
支援実績はないが，要望があれば適宜対応する	3	4.0

注 1）無回答：3

コラム 5　日本のフリースクールのいま

引用・参考文献

NPO 法人フリースクール全国ネットワーク（2021）.『実例からみるフリースクールの
つくりかた―設立・運営と新しい学びのカタチ』日本法令

認定 NPO 法人フリースクール三重シューレ公式 web ページ〈https://www.mienoko.
com/about/〉（2024 年 11 月 7 日最終確認）

文部科学省（2015）.「小・中学校に通っていない義務教育段階の子供が通う民間の団
体・施設に関する調査」〈https://www.mext.go.jp/a_menu/shotou/tyousa/1360
614.htm〉（2024 年 10 月 7 日最終確認）

文部科学省フリースクール等検討会議（2017）.「不登校児童生徒による学校以外の場で
の学習等に対する支援の充実〜個々の児童生徒の状況に応じた環境づくり〜報告」
〈https://www.mext.go.jp/b_menu/shingi/chousa/shotou/107/houkoku/1382197.
htm〉（2024 年 10 月 7 日最終確認）

労働政策研究・研修機構（2020）.「フリースクール・サポート校等における進路指導・
キャリアガイダンスに関する調査結果」〈https://www.jil.go.jp/institute/
research/2020/201.html〉（2024 年 10 月 7 日最終確認）

コラム **6**　日本の学びの多様化学校（不登校特例校）

　　　　　2016 年に公布された「義務教育の段階における普通教育に相当する教育の機会の確保等に関する法律」（以下「教育機会確保法」）では不登校特例校の設置を地方公共団体の努力義務としており，自治体による不登校特例校の設置が期待されていることがうかがえる。さらに 2022 年度に閣議決定された「経済財政運営と改革の基本方針 2022」（「骨太方針 2022」）では，学びの基盤的な環境整備として全都道府県等への不登校特例校の設置を促進することが記載された（内閣府 2022: 35）。

　不登校特例校は，不登校児童生徒の実態に配慮した特別の教育課程を編成し指定を受けることによって，教育課程の基準によらずに特別の教育課程を編成して教育を実施することができる学校である。2002 年に成立した構造改革特別区域法（以下特区法）に基づく特例措置である「不登校児童生徒等を対象とした学校設置に係る教育課程弾力化事業」によって開始した制度だったが，同法の手続きによらずに実施できるよう 2005 年に学校教育法施行規則の一部を改正して全国で設置できるようになっている（文部科学省 2021）。2024 年 4 月 1 日時点で公立 21 校，私立 14 校の 35 校が設置されている。学校種別では中学校が最も多く，生徒数でも最多である。

　2023 年 8 月 31 日に，当該学校の名称を，従来使用していた「不登校特例校」に代えて，新たに「学びの多様化学校」とした。

　不登校特例校制度には教育課程に関して具体的な教育内容や授業時数などによる基準が示されておらず，不登校児童生徒等への実態に配慮していると認められる限りにおいては，標準授業時数や教科の系統性・体系性にとらわれない教育課程を編成することが可能となっている（後藤 2014: 44–45）。教育課程における自由度の高さは，不登校特例校制度の大きな特徴といえるだろう。

　不登校特例校のメリットとしては，まず一定程度の教育水準を保てることが挙げられる。文部科学大臣が申請内容を審査し学校教育法等の観点から支障がないと認められる場合に，文部科学省の指定を受けて設置される学校であるため，不登校特例校では一定の教育水準を保障することができる。これは教育支援センター（適応指導教室）とは異なる点である。また学校教育法上の学校であるため，たとえば不登校特例校である中学校を卒業した生徒は高校入学資格を取得でき，区市町村が設置する不登校特例校であれば，他の公立学校と同様に国庫負担の対象となる正規の教職員が配属される。

　各校の特区計画に記載された教育課程案を比較した後藤（2014: 49）は，授業時数について標準授業時数から約 200 時間までの削減が認められていることや，教育内容として体験活動，表現活動，コミュニケーション活動などが取り入れ

コラム 6　日本の学びの多様化学校（不登校特例校）

られていることを明らかにした。あるいは不登校特例校を含む不登校を対象とする特区の教育課程を分析した王（2014: 24）は，授業時数の大幅な削減や体験学習の重視といった特徴を示し，その上で児童生徒の登校意欲に応じて構成された教育課程が，不登校状態の解消に一定の効果を挙げていると論じている。

　不登校児童生徒をめぐる政策については，1992 年に「学校不適応対策調査研究協力者会議」による報告「登校拒否（不登校）問題について」において，「登校拒否は誰にでもおこりうるもの」という前提に立ち，学校が「心の居場所」となるよう「人間味ある暖かい指導」や「児童生徒の立場に立った教育相談」に取り組むことを示した。また学校や教育委員会の判断により，民間の相談・指導施設の利用も可能であることも示し，あわせて民間施設のガイドラインも発表された。これを受けて，同年の文部省初等中等教育局長通知「登校拒否問題への対応について」では適応指導教室の拡充を求めた。くわえて校長裁量により民間施設への出席が学校の出席日数として認められるようになり，フリースクールや学校外の公的機関等に通う不登校児童生徒の通学定期割引制度が実現している（後藤 2014: 42–43）。

　2016 年 7 月には「不登校児童生徒への支援に関する最終報告～一人一人の多様な課題に対応した切れ目のない組織的な支援の推進～」が同会議によって出された。不登校特例校の 1 つである京都市立洛友中学校の，二部制を活用し異年齢・異国籍集団で学び合う取り組みを好事例とした上で，一定の教育効果を認めながらさまざまな課題があることも指摘された（文部科学省 2016: 15, 22）。

　教育課程の観点では，年間授業時数を大幅に削減した学校が目立つ。洛風，洛友中学校が 770 時間，高尾山学園が 780 時間，学科指導教室 ASU（中学部）が 840 時間（後藤 2016: 162, 167–168, 173）と，全不登校特例校で最も少ない 770 時間を含めいずれも標準授業時数と比べ 175 時間以上少ない時間数である。またそれと関連し，教科の統合，いわゆる合科がなされているのも特徴である。社会と理科を統合した洛風中学校の「科学の時間」や，道徳と特別活動を統合した学科指導教室 ASU の「あゆみタイム」などが挙げられる。

　私立不登校特例校の 2 校は，ともにフリースクールをルーツにもつ NPO 法人等が学校法人立学校を設立する形で開校している。教育方針については，東京シューレ葛飾中学校は年間授業時数を 770 時間に削減することで生徒自身がやりたいことに注力できる環境や，生徒が安心感や自信を回復できる場としての学校を志向した（奥地 2010: 8–22）。一方で，星槎中学校は標準授業時数を超える年間授業時数を設定した上で，学校生活の中で生徒への指導の機会を増やしていくことによって支援しようとした（横浜市 2004: 8）。

　不登校特例校の意義と限界について考察した滝沢（2021: 535–536）によると，不登校特例校制度は一条校を前提とした「日本型公教育」の枠組みの中で不登校への対応を図ろうとする取り組みであり，また集団授業や出席・通学など公

教育のあり方への問いに対する1つの回答でもある。

　生徒の精神面について，多くの学校で共通して指摘されているのが自信の喪失である。ある校長は同校の生徒について，周囲の一般的な中学生が当たり前のようにしている「登校する」という行動が出来なかったことで，自分は周りよりも劣っている，出来ない人間であるという認識をもっていると指摘し，そのような生徒の印象を「何か背負ってきているな，と感じさせる」と表現した（インタビュー：2021年12月21日）。また別中学校でも，不登校に関連する経験から自信をなくし，あるいはなくさせられている生徒が多いため，過度に自虐的であったり失敗を恐れたりといった影響が表れているという（インタビュー：2022年10月17日）。また精神面ではナイーブ，繊細といった側面もある。髪を切った先生の雰囲気の違いに戸惑ってしまう中学校の生徒（インタビュー：2021年12月17日）や，1つの言葉でやる気をなくしてしまったりプレッシャーを感じたりする中学校の生徒（インタビュー：2021年12月21日）のように，些細な変化や言動に敏感で，大きく感情を動かされている。

　さらに，コミュニケーションや感情の表現が苦手である点も共通している。ある教室の生徒の特徴として，自分の気持ちを言葉にすることや誰かに伝えることを苦手とする生徒が多く，教室では表現の機会や表現方法を身につける機会を設ける必要性から独自教科を設定している（インタビュー：2022年3月2日）。

　気持ちを誰かに伝えるという点では，中学生にも難しさがあると考えられており，人間同士の信頼関係を構築し直して困ったことを人に伝えられるようにすることが，中学校で充実した生活を送るためには必要となると指摘されている（インタビュー：2022年10月17日）。またコミュニケーションについては，強い特性をもっていることで集団の中でコミュニケーションが取りにくくなるため，人間関係の構築に支障が生まれた経験があるという指摘もあり，学校生活にも波及する問題であることがわかる。

　あるいは生徒が過ごす家庭の状況も，場合によっては生徒に悪影響を及ぼしていることがある。

　以上のように，学びの多様化学校に関わる人たちへのインタビューにおいても，多様性が見られ，工夫が感じられる。

　唯一心配なのが，教育機会確保法を含め，こうした学びの場も学校化していることにある。フリースクールも取り込まれていかないか，学校様式に囚われすぎないか心配である。学びの多様化学校とは別の，本書にみる海外の多様な代替施設同様に，国内でも公的支援が注がれることを期待したい。（園山大祐・塩澤広大）

コラム 6　日本の学びの多様化学校（不登校特例校）

引用・参考文献 ———————————————————————

王美玲（2014）.「フリースクールの転換と不登校特区のカリキュラム」『やまぐち地域
　　社会研究』11, 15–26.

奥地圭子（2010）.『子どもをいちばん大切にする学校』東京シューレ出版

後藤武俊（2014）.「オルタナティブな教育機関に関する政策動向とカリキュラム開発の
　　現状―不登校児童生徒を対象とする教育課程特例校に注目して」『琉球大学生涯学
　　習教育研究センター研究紀要』8, 41–51.

後藤武俊（2016）.「地方自治体における不登校児童生徒へのサポート体制の現状と課題
　　―不登校児童生徒を対象とする教育課程特例校を設置する自治体を中心に」『東北
　　大学大学院教育学研究科研究年報』64（2）, 157–180.

滝沢潤（2021）.「「就学」と「通学」の分離による普通教育機会保障制度の再構築」『教
　　育学研究』88（4）, 532–544.

内閣府（2022）.「経済財政運営と改革の基本方針 2022　新しい資本主義へ―課題解決
　　を成長のエンジンに変え，持続可能な経済を実現」〈https://www5.cao.go.jp/keizai-
　　shimon/kaigi/cabinet/2022/2022_basicpolicies_ja.pdf（2022 年 10 月 6 日最終閲覧）.

文部科学省（2016）.「不登校児童生徒への支援に関する最終報告――一人一人の多様な課
　　題に対応した切れ目のない組織的な支援の推進」不登校に関する調査研究協力者
　　会　議〈https://www.mext.go.jp/component/b_menu/shingi/toushin/__icsFiles/
　　afieldfile/2016/08/01/1374856_2.pdf〉（2024 年 10 月 7 日最終確認）

文部科学省（2021）.「不登校児童生徒の実態に配慮して特別に編成された教育課程に基
　　づ く 教 育 を 行 う 学 校 の 概 要」〈https://www.mext.go.jp/a_menu/shotou/
　　seitoshidou/1397860.htm〉（2024 年 10 月 7 日最終確認）

横浜市（2004）.「構 造 改 革 特 別 区 域 計 画」〈https://www.chisou.go.jp/tiiki/kouzou2/
　　kouhyou/040621/dai5/20toke.pdf〉（2024 年 10 月 7 日最終確認）

付　　記
本コラムは，当時学部生の塩澤広大さんの卒業研究でもあり共同調査によるものである。
各学校関係者に感謝申し上げる。

終章　　能力主義の罠に落ちないために

池田賢市

1 はじめに

　早期離学の要因や背景の分析において，各国で共通して指摘されていたこととして，家庭の経済状態（失業や貧困の問題）や移民的背景の問題があった。これらが子どもの進路に深く影響していることは，これまでも階層論や文化論として論じられてきていたが，それを離学と関連づけて実証的・具体的に明らかにしたことは，本書の重要な成果の1つである。

　したがって，離学への対策は，このような背景をもつ子どもたちが進学していく先の教育機関において重要だということになる。その「対策」は，予防・介入・補償に分けられる。それに沿って各国の具体的な制度が論じられている本書が，同様の問題を抱える日本の教育政策に大きな示唆を与えることは確かである。

　今日，貧困の問題，外国籍（日本語指導が必要な）児童生徒の就学問題ばかりでなく，ヤングケアラーといわれる子ども・若者たちの生活環境の問題，「障害」をめぐる問題など，日本が国レベルおよび自治体レベルで具体的に解決しなければならない課題は山積している。これらの課題は，このままでは教育の機会均等の原則を崩壊させるものであり，公教育政策として効果的な対応が求められている。同時に，それらが就労の問題（学校教育と職業との接続）と大きく絡んでくることからも，教育政策のみではなく，より包括的な施策が必要であることは明らかである。

　さて，この終章においては，本書が提起した内容が，これからの教育政策（および社会構築のための諸施策）にどんな課題を投げかけたことになるのかを，いくつかの観点から確認していきたい。

247

2 「補償」制度が存在することの問題

　まず，各国の政策論議からもわかるように，早期離学対策としてわかりやすく，その効果を評価しやすいのは「補償」制度であるということの問題性である。教育制度の本来的姿から見れば，語弊があるかもしれないが，「補償」の段階に入ってしまったのでは「もう遅い」のである。もちろん，「遅くない」ようにするための「補償」制度ということなのだが。本書のコラム3でも紹介されていたように，日本でいえば，たとえば，夜間中学校の存在がこの点の問題をわかりやすく示してくれている。やや長くなるが，指摘しておきたい。

　さまざまな理由で義務教育期間に普通教育を十分に受けられなかった者に対し，第二次大戦後，その権利を保障するために夜間中学校は各地に開かれていった。それは，法制度上は独立した教育機関ではなく，既存の中学校に夜間に授業を行う学級（分教室）があるという形（公立中学校の二部授業）をとった。その法的根拠をあげるとすれば，学校教育法施行令第25条（市町村立小中学校等の設置廃止等についての届出）および学校教育法施行規則第9条（二部授業実施の届出手続）ということになる。しかし，このような状況を生み出していること自体が，教育行政的観点からすれば「負の側面」なのである。なぜなら，公教育制度は，すべての子どもの教育への権利保障として機能すべきであるにもかかわらず，いくらいろいろな事情（不登校，貧困，差別等）があるからといっても，「夜間」を必要とせざるを得ない状況を生み出していること自体が制度上の大問題だからである。したがって，夜間中学校は拡充すべき学校形態としては認識されてこなかった。かつて伊藤秀夫は『義務教育の理論』（第一法規出版，1968年，233～234頁）の中で，夜間中学校は，本来は存在するはずのない学校であるとして，1966年には「行政管理庁から廃止が求められている」ことを紹介し，原則としては，「各種の社会保障制度の拡充強化によって，長期欠席や不就学といった事態の根をたち，こうした変則的な学校の発展的解消に進むべき」ことを指摘している。

　しかし，夜間中学校を利用しなければ教育への権利行使ができない者がいることも確かであり，行政的には「あってはならない」存在でありながらも，実態としては，それを必要としている者がいる限り「なくてはならない」存在でもある，ということになる。このような需要に応えるために，地域によっては，民間団体が運営する「自主夜間中学」が重要な役割を果たすことにもなっていった。

　このある種の矛盾した状況が，2016年の「義務教育の段階における普通教育に相

終章　能力主義の罠に落ちないために

当する教育の機会の確保等に関する法律」（教育機会確保法）の制定によって決着することになった。その「基本指針」（2017年3月31日付）には，「全ての都道府県に少なくとも1つは夜間中学等が設置されるよう」推進することが明記され，各地で設置に向けた積極的動きが始まっている。また，学習者の実態把握（ニーズ把握）なども進められている。時代背景の違いは大きいとはいえ，その制度上の位置づけの激変には驚く。

　この夜間中学校は，いわば「補償」の具体化である。それは義務教育制度の単なる補完的役割を越えて，さまざまなニーズをもつ多様化した学習者に後期中等教育へのアクセスの資格を付与し，また，学び直しの実質的な機会を確保する機関として積極的に位置づけられるようになってきた。

　しかし，資格付与や学習の保障等，公教育制度として重要な役割が，なぜ「補償」制度においてようやく確保されるのか。不登校の子どもたちの「受け皿」として夜間中学校は法的にも位置づけられるようになったのだが，他にも不登校特例校（学びの多様化学校）といったように，やはり通常の中学校とは別の場所での制度構築がなされている。「障害児」が特別支援学校（学級）に送り出されていくことも同様である。また，通信制も重要な役割を果たしていることは間違いないが，同時に，問題を生み出している現状の維持・強化に悪用されないような注意も必要となる。つまり，「補償」が「排除」につながらないようにしなければならない。

3 「予防」「介入」の課題

　「補償」での対応のもっと前の段階で対策は取られなかったのか。この点が「予防」と「介入」の施策ということになる。各国でのこの点に関する具体とその成果については，各章で確認されているが，そこでの重要な観点は，「学校を変える」という方向性が明確になったということである。

　では，早期離学の予防のために学校のあり方を変えていくとは，どういうことなのか。たとえば，カリキュラムの柔軟な運用であったり，移民的背景等による「不利な条件」をもつ者が就学しやすい制度・行政のあり方を工夫するといったように，学校の内外で，誰をも包み込むような，インクルージョンに向けた方策を実施していくということになるだろう。ここには，保護者と学校とをいかにつないでいくかという課題も入る。

　おそらくこの「予防」施策が，教育政策としては最も力を入れなくてはならない

249

ものである。なぜなら，早期離学は，現在の学校のあり方が生み出した問題なのだ
から，その「現在のあり方」のどこに問題があったのかを検証していかなくては解
決しないからである。しかしながら，これが最も難しい課題であることは誰もが認
めるだろう。つまり，「問題」は起こってみなければわからないのであるから，それ
が起こる前から，いかに予防できるのか，という難問を私たちは抱えている。もち
ろん，これまでの離学の事例からいろいろと対策を講じることは可能なのだが，誰
に対してどのような対応がうまく機能したのかを細かく見極めるのはかなり難しい。
政策論としては，なんらかの「指標」の設定が工夫されることになるだろうが，逆
にそこでの評価が独り歩きし，子どものあり方と学校のあり方との間の微妙な関係
が読み解けなくなる可能性もある。

　そこで，問題が起こりそうになったときにどう「介入」していくかが具体的な課
題となっていく。いわば早期発見・早期支援といえる施策である。ここには，ソー
シャルワーカーとの連携や進路相談の充実などの具体的な支援等を円滑に行うため
の教員研修のあり方も課題として含まれてくる。

　ここまでの早期離学への対策を確認してみると，それが日本での「生徒指導提
要」で提起されている「支援構造」と似ているとの印象をもつこともあり得るだろ
う。そこでは，まず，すべての子どもたちを対象に学校の教育目標の達成を図ろう
とする「発達支持的生徒指導」があり，その次に，やはりすべての子どもたちを対
象とした「課題未然防止教育」が続き，その後，予兆行動や問題行動のリスクの高
まりなどを見極め，一部の子どもたちを対象に問題の深刻化を防ぐ「課題早期発見
対応」がとられることになる。そして，最後が，外部機関との連携も含めた「困難
課題対応的生徒指導」となっていく（ここでは，いじめでも児童虐待でも，あるいは自
殺でさえも，つまり，どんな課題であろうがすべてこの４層構造で対応しようとしている
ことの問題性にはふれないことにする）。

　もちろん，これらはあくまでも「生徒指導」の範囲における支援構造であり，早
期離学対策にみるような制度・行政の問題として課題が設定されているわけではな
い。しかし，日本では，多くの教育課題が「道徳的」に理解され，あくまでも個人
の問題として扱われていく傾向があるだけに，早期離学対策が生徒指導の１つとし
て誤読され，位置づけられていく危険性には注意しておく必要がある。特に「予
防」「介入」の観点での対応には，そのように理解されやすい面がある。

終章　能力主義の罠に落ちないために

4 「受け皿」のスティグマ機能

　だからこそ，制度問題として，学校自体を変えていく取り組みであることが強調されなくてはならない。「補償」の充実は，たしかに「受け皿」機能の充実でもあるのだが，だからといって，いまの学校がいまのままであり続けてよいということが正当化されたわけではない。一定の子どもたちの問題をその子どもたち固有の問題であるとし，したがって，いまの学校の枠組みでは対応できないのだから，彼らに合ったもっと別の場所で教育がなされるべきだという排除機能が動き出さないようにしなくてはならない。日本では，この動きが「学びの多様化」と称され，まるで教育への権利保障の優れた取り組みであるかのように喧伝されている。「受け皿」という表現をせざるを得ない現在の教育制度上の問題が，どれだけ意識されているかどうか。

　この「多様化」は，「学び」ではなく「学びの場」の多様化なのであり，いくつもの「場」が設定され，子どもたちはそれぞれの場にふり分けられていく。この制度を外側から眺めれば，確かに「多様」に見えるだろうが，ひとりの子どもの視点に立てば，常に何らかの尺度でふるいにかけられ，分類され，自分と似たような特徴をもつ者たちとばかりで過ごすことになる。文化的な多様性どころか，むしろ，単一化された環境を強いられることになるだろう。しかも，その「特徴」は，分類しようとする者の恣意に拠っているのであり，それが一定の権力の下での作用であるために，社会の中での自分の位置や扱われ方を象徴するものとして受け取られていく。自分はどのようなまなざしを受け，どのように処遇されていくのか。「受け皿」は，このことをスティグマとして強烈に子どもたちに自覚させるものとなるだろう。

5 修得主義をめぐる問題

　しかし，このような視点をもったからといって，現実問題として，離学からの復帰が個人にとっては死活問題であることに変わりはない。特に西欧においては，学校教育と職業との結びつきは，制度上，きわめて強固に設計されている。したがって，学校教育は，子どもたちの学習内容の実質的な修得を課題としていくことになる。本書が課題としている後期中等教育段階での検討は，義務教育後の教育制度のあり方を問うことであり，その意味では，いわば「修得主義」の教育をいかに権利として保障していくかという課題に応えるものである。ところが，同時に，それが，

義務教育期間の最終段階での進路指導と大きくかかわることから,「履修主義」を基本とする義務教育のあり方にも再考を迫るものとなってくる。職業への接続という観点から教育制度を逆算してくると,どうしても義務教育段階から一定の知識・技能の修得度を問題とせざるを得なくなってくる。

先にふれた教育機会確保法の制定は,日本でのこの点についての議論を,本来であれば,活発化させていなければならないはずであった。なぜなら,この法律が問題としたのは,義務教育段階での教育内容を「十分に学べていない」という状態だったからである。つまり,出席してその教育内容についての指導を受けた(=履修)というだけでは「十分に」学んだとは言えない,ということなのである。それは,形式卒業ではあるかもしれないが,十分に学んだかどうかを保障するものではない,と。確かにその通りなのである。ただ,義務教育制度とはそういう性質のものである。学ぶことは「権利」であり,その権利保障を一定期間,保護者や行政に対して義務化したのが義務教育制度である。権利行使をする子どもにとっては,学ぶことは権利なのだから,何を,いつ,どのように,どの程度学ぶかは「自由」なはずである。

教育機会確保法は,これを「問題」だとしたわけである。では,誰が誰の学びを,十分か不十分かという観点から,どのように判断するのか。いまのところ,それは,あくまでも自己申告である。夜間中学校は,この形式卒業者をも受け入れることが可能となったが,それは,もう一度中学校で学びたいという者への対応である。ただ,この法律制定によって,教育内容の修得の度合いに人びとの関心が強く向けられることになった。それは,義務教育制度に大きな転換を迫る視点である。

後期中等教育段階との接続を考えれば,そして,それが就労とかかわることを考えれば,このような施策の動向は,制度上の整合性をもつ。ただし,この場合,次のことも組み込んだ改革が求められることになる。それは,労働市場との具体的なつながりをどのようにカリキュラム化するかという課題への対応である。この点で,「補償」が職業訓練校(あるいはそれに類似する機能をもつ機関)として提示されている場合は,わかりやすい。

しかし,そうではない場合,多様に存在する具体的な職業に対応して,どのようにカリキュラムをつくっていくのか,大きな課題である。労働市場が求める「能力」は,今日の経済情勢の国際的動きを考えれば,何年間も変わらないということはなく,日々変化しているはずである。予測不可能と言われる社会情勢にも対応できる普遍的な能力のあり方がOECDをはじめとしてさまざまに検討されてはいるが,そもそも予測不可能だと予測している段階で,それらの能力の恣意性は否めず,結

終章　能力主義の罠に落ちないために

局は，これまで通りの能力主義に着地してしまうのではないか。そして，それが社会のマジョリティに有利に働く「能力」論であることに注意しておかなくてはならない。早期離学の問題検討が，単なる「落ちこぼれ」対策と理解されてしまえば，この能力主義的な罠にはまっていくことになる。つまり，一定の社会層に有利な「能力」を基盤とした学校教育のあり方を維持するために「予防・介入・補償」が機能していくということになってしまうわけである。特に「予防」と「介入」が「学校を変える」というところに意義があったとすれば，学校の現状肯定に着地しないような離学研究が必要となってくる。

6 「早期離学問題」が提起する問題

　あらためて，なぜ早期離学が問題になるのかに立ち返って，各国の施策を眺めてみる必要がある。それは，勉強に「ついていけない子」の問題なのではない。いまの制度が，ある子どもたちの権利を奪っている，という問題である。

　移民的背景をもっているとか，その他「不利な」条件下で生活している子どもたちへの支援は，現実問題として不可欠ではあっても，常に問われているのは，その生活の様子が教育への権利行使においてなぜ「不利」になるのか，ということである。公教育制度である限り，そこで権利行使しようとする子どもの家庭環境等が学びに重大なマイナスの影響を与えてしまうなどということがあっていいはずがない。離学の兆候を早期に発見し支援していくということと同時に，そのような兆候を発生させた制度的要因は何かが究明されなくてはならない。このような問いを基盤とした上での支援制度の構築であれば，必ず学校改革に結びついていくはずである。今日でいえば，これは，インクルーシブに向けた学校づくりという課題にどう応えるかということになるだろう。

　教育における権利保障は，学ぶための時間と場所の確保だけでは十分ではない。その点では，学習内容についての「修得主義」の必要性も議論しなくてはならない。しかし，「修得」を重視すれば，「いつまでに」修得しなければならないかという時間制限の問題が発生する。労働市場とのつながりがあるのだから，なおさらである。だからこそ，「補償」が意味をもってくるわけである。

　ただ，教育内容の修得が最終的には将来の生活条件に関わってくるとすれば，それは子どもたちを「学ばざるを得ない」状況に追い込む。その学びは，自分の興味・関心に基づくものではなく，それゆえに，学ぶことによって自らの欲求や課題

253

が満たされるということでもない。学校は子どもたちの学びたいことに応える機関ではなく，国が定めた教育内容を提示し実質上その修得を子どもたちに求める機関である。つまり，学びは，自分の外側にある。学べば学ぶほど，どんどん自分自身であることから遠ざかってしまう。教育の権利保障が，時間と場所の問題ではなく，内容論としても議論されなくてはならないというのは，このような，いわば「学びの自己疎外」の克服としてである。しかし，教育の多様性が職業の多様性と重ねられていくと，この点の原理的問題は見えなくなり，職業（生活手段）を確保するための教育へのアクセスが権利論の中核をなすことになっていく。将来における生活の安定のための条件を満たすために，子どもたちは自ら進んでこの疎外状況に入っていくことになる。しかも，それこそが「権利」だと意識して。もし，職業につながる学習成果の獲得が，個人の利己的関心からの活動として位置づけられていくとすれば，これまで歴史的にも確認されてきた教育への権利論を支える自由の観念が，どのような変質を受けることになるのか。

　早期離学問題が，単に「落ちこぼれ」や「ついていけない子」を問題にすることではないと述べたのは，この点を意識したかったからである。もちろん，常に制度（改革）論は，原則的・原理的問題と現実的問題とのバランスを取りながらでなければ進んでいかない。ただ，現状においては，どうしても現実問題の比重が大きくなってしまうため，あえて別の方向に引っ張った問いも立てておく必要がある。

　本書で紹介されている各国での早期離学対策の分析は，「早期離学が問題になる社会の問題」を浮き上がらせているはずである。少なくともそのように読まなければ，日本においては，行政的な対策マニュアルとして誤解・誤用されてしまう危険がつきまとう。

　早期離学が社会に投げかけている問題は何か。それは，その対策がどこにおいて必要とされているかということから導き出せる。それは，当たり前のような書き方になるが，早期離学が頻繁に起こっている学校においてである。そして，それは最初に書いたように，移民等を背景として，その生活環境が「恵まれていない」子どもたちが在籍している学校ということになる。この状況を「差別」問題として捉える視点が必要である。そこでは，ある一定の「不利な」条件をもつ子どもたちの成績を低くとどめるような，また，かれらの学びへの意欲を失わせるような作用が働いているということである。ある一定の特徴を「不利な条件」としてあぶりだしてしまうような学校の機能を「差別」「権利侵害」として反省的に捉え，その克服を社会全体に迫っているのが，早期離学という社会現象である。

編集後記：共同研究を振り返る

有江ディアナ・福田紗耶香

　本書は 2019 年度から 2024 年度に行われた共同研究「欧州における中等教育の生徒が早期離学・中退・進路変更する要因と対策に関する国際比較」（科学研究費基盤研究（A）19H00618）の成果の一部である。本書の刊行にあたり，この数年間の共同研究を振り返りながら，若手研究者として感じた比較教育という分野における共同研究の意義について述べたい。

● 研究会のこれまでの活動

　まず，本研究会のこれまでの活動について記そう。科学研究費取得前である 2017年度と 2018 年度の研究会では，欧州の早期離学と各国情報の共有と議論を重ねた。2019 年度は，4 月に研究会，6 月には日本比較教育学会（以下学会）で個別報告，2020 年 3 月研究会は，新型コロナウイルス感染症の拡大の影響により中止となった。2020 年度は，"コロナ禍" となったためオンライン会議を 8 月と 2021 年 3 月に開き，8 月には研究の方向性を確認し，オンライン読書会を進めた。2020 年度だけで 10回もの同読書会を催した。また，2021 年 3 月には本研究の成果の一部を，本書の姉妹編である『学校を離れる若者たち―ヨーロッパの教育政策にみる早期離学と進路保障』（ナカニシヤ出版）にまとめて出版した。2021 年度は 5 月に 1 回，9 月に 2 回，合計 3 回の同読書会を開いたほか，対面・オンライン併用の企画も進め，学会ではラウンドテーブル報告，7 月はジョイントセミナー，2022 年 3 月にはスペイン人をゲストにスペイン編のミニセミナーと研究会を開催した。2022 年度は，6 月から 9月の間に，読書会や個人研究報告会が 4 回行われた。10 月には大阪大学でようやく対面での研究会が開催され，先行研究の共有や調査計画の報告がなされた。2023 年3 月には金沢大学で研究合宿が開かれ，調査報告や計画の発表，現地フリースクールへのフィールドワークが行われた。2024 年度は，6 月の学会大会で個人発表や共同報告が行われ，9 月には東京外国語大学で再び研究会が開催された。12 月にはオンラインセミナーが開かれ，ポルトガルやスウェーデンの学校の先生から早期離学対策の実践について講話があった。2024 年 3 月には長崎大学で研究合宿が行われ，本研究の書籍化に向けた準備が進められた。4 月から 5 月には原稿の読み合わせ会

が5回実施された。

● コロナ禍での研究を振り返る

　コロナ禍以前の研究会は，対面で実施することが当たり前だったが，2020年3月以降，対面の研究会は中止となり，調査計画はことごとく頓挫して，自分たちのキャリアはどうなるのかと心配した。しかし，本研究会に参加し，定期的に議論をする中で研究の刺激を受けたことで，どうにかポジティブにいることができたと思う。「今はできないけど，今後こんな調査もしてみたいな」，というような展望ももつことができた。また，調査はできずとも，EUと各国の関係性，欧州各国の状況のイメージをマッピングできるようになったことは，自分の研究の枠組みを考える上で役立った。

　2022年以降は海外渡航が可能となり，コロナ禍での最初の現地調査では，ワクチン接種，帰国前の検査と帰国後の自主的隔離等で，身体的・精神的に疲れたと記憶している。二度目の現地調査では，対象国が異なる先生と対面・オンラインの調査を実施した。当初，二人で現地調査に行く予定だったが，最終的には一人で行くことになり，物理的には一緒ではないものの，精神面では安心感があった。学校訪問前には，オンラインで打ち合わせをしながら，学校の周辺地域の雰囲気を確認し，挨拶は対面とオンラインで行った。新しい手法であったが，対面・オンラインでの対話や質問もできた。握りしめるタブレットに向けて生徒たちが興味を示し，挨拶したり，手を振ったりと打ち解けられたことで，そのあとの聞き取りがスムーズだったことが思いもよらぬ成果だった。

● 共同研究の振り返り

　共同研究の振り返りとして異分野・異年齢の研究者との交流と，他の地域研究者との交流について，著者である有江と福田双方の意見を述べる。まず，異分野・異年齢の研究者との交流についてである。

有江：多様な経験や知見をもつ研究者の先輩方から学ぶことが多かったが，コロナ禍ではデジタル分野を得意とするフットワークが軽い院生の方の力も借りることができ，多様なメンバーがいたことで安心感を得られた。また，コロナ禍のような事態においては，多様なメンバーで構成される共同研究であったからこそ，一人では考えなかったであろう研究の取り組み方で新

たな課題に挑戦でき，柔軟に物事を考えるようになった点が私自身にとっての大きな成果であった。

福田：本研究会に参加するまではすべてが手探りだったので，自分の考えに自信がもてなかったが，欧州地域と比較したり，オランダ研究者からのコメントをもらう中で，対象を俯瞰して見ることができるようになった。さまざまな視点から意見を言ってもらえる環境があったからこそ，「これでいいんだ」という自信につながり，自分にとって新たなチャレンジともいえる調査ができたといえる。

次に，他の地域研究者との交流について述べる。

有江：国際法・国際人権法を専門分野とする私にとって，共同研究当初は研究交流に対してかなり緊張していたと思うが，研究会等で意見を交わしていくことで，異なる分野の考え方や視点が私自身の研究に大変影響を与えてきたと感じている。また，対象国の異なる先生と共に組むことで，これまで気づかなかった，他国にはない対象地域の特徴的な取り組みに気づかされ，その方法を日本における課題解決に活かす方法についても考えることにつながった。

福田：比較教育学では地域の文脈が最重視されるが，それゆえに「オランダで語られることしか見えない」ことがある。他国の研究者と交流し，常にオランダと欧州諸国の比較を行う環境に身を置いたことで，オランダの事例を相対化してみることができるようになった。研究会での議論や質問を通じて，全体像を把握する重要性を再認識し，必要なデータの見通しが立つようになった。また，大学院生顔負けの議論の活発さと水平的な関係性があったことで，議論がより一層豊かなものになったと感じている。

● 共同研究の良さ

最後に，共同研究だからこそ得られたものについて振り返りたい。

共同研究を通じた多様で活発な議論に加わることで，学校，制度，そして「教育」の意義について視野を広げ，私たちの考え方にも変化がもたらされ，その他の研究

にも役立ったと実感している。共同研究での調査分析をする経験は，1つの筋が通された研究枠組みの中で調査をすることで，研究の型を学べたとも感じている。普段取り扱わない課題を与えてもらったことにより，主題や対象の幅が拡がり，対象地域の教育や社会を見る視座も少し高くなったと思う。

　他方，このような活発な議論に加わることができたのは，参加する先生方に人を育てたいという気持ちがあり，質問や意見を出し合える雰囲気があったからである。特に異年齢・異学派である場合にはそれが重要だと感じた。

　共同研究によって，自分の枠から飛び出すきっかけを得て，研究会の中に組み込まれた足場かけにより新たな研究への挑戦ができ，そこから研究の営み自体も学ぶことができたといえるだろう。

あとがき

　本研究のきっかけとなるのは，代表者が学生時代に出会ったコンドルセに関する書籍ではないだろうか。フランス研究を始めた動機でもある。渡邊誠著『コンドルセ』（岩波新書），および松島鈞訳『公教育の原理』（明治図書出版）にある。コンドルセによる 1791 年の「公教育の本質と目的」のなかに，公教育の三区分として，第一は普通教育，第二の種類の教育は，共同の利益のためにもそれに従事する人々との個人的な幸福のためにも，完成することが有益だと思われる各種の職業に関する学習を目的としなければならない，そして第三の教育はそれぞれの子どもの教育と，成人の教育とに区分することの必要性が唱えられている（松島訳，22 頁）。「社会は財産の関係から組織的な教育をうけることができないような人々のすべてに対して，また子ども時代の教育によって，承知しておけば役に立つような真理をみずから判別し，探究することが容易にできなかったようなすべての人々に対して，便宜で簡単な学習の手段を準備しなければならないのである」（同書，24 頁）。コンドルセの公教育には，資源をもたざる者への配慮があり，学びの期間や学び直しの自由度が与えられていること，職業によって異なる教育の必要性が想定されていることなど，今日の学びの多様化に通じる理念が感じられる。今以上に社会的な不平等が大きかった時代であることは間違いない。だが，公権力に従属する市民の育成ではなく，科学的な知育に拘り，批判精神をもった市民の教育を大事にしたところは，二百年以上経った現在の公教育精神に通じるものがある。「公権力は，それぞれの教育の目的と範囲とを確定した後は，教師の選択と，教科書もしくは方法の選択とが，それぞれの時期の，知識を有する人々の理性と一致するように保証し，そのほかのものは，これをこれらの人々の影響下に委ねなければならない。［中略］教育の目的は，すっかり完成している法律を人々に称讃せしめることではなくて，この法律を評価したり，訂正したりする能力を人々に付与することである。［中略］その結果各世代は，しだいに自分自身の理性で身を修め得るようになるということが大切なのである」（同書，42 頁）。

　こうした公教育を 21 世紀に入っても提供できているのだろうか。実践編でみてきた早期離学者の中には，学校が応えられない事例，本人が適応できない事例の双方がある。我々は，生徒，保護者，あるいは教師の声に耳を傾け，生徒や社会がどんな学校を求めているのか，学校外にはどのような施設が求められているのか検討

した。それぞれの国の思惑もあるなか，学業，教養，労働などにつなげる橋渡しとしての試みを紹介するとともに，既存の近代学校の課題について考える材料を提供できたのであれば幸いである。今後は，こうした受け皿を基にした学校や教育のあり方を，公教育として問うことが今後の課題である。

　政策編『学校を離れる若者たち』に続いて出版の快諾をいただいたナカニシヤ出版には感謝したい。特に研究会にも参加いただき，丁寧な編集作業を進めてくださった由浅啓吾氏には，心から御礼を申し上げる次第である。

執筆者を代表して
園山大祐

索　引

A-Z

Abusland, T.　*55*

Álvares, M.　*171*

Andrews, J.　*60*

Araújo, H.　*174, 175*

Arredondo Quijada, R.
　111

Barrientos Soto, A.　*111*

Berthold, T.　*43, 44, 46, 47*

Bleckert, A.-C.　*214*

Blok, H.　*150*

Broux, N.　*196, 200*

Calado, A.　*171*

Claßen, A.　*37, 38*

Corchuelo Fernández, C.
　110

Crato, N.　*173, 174*

Crul, M.　*105*

Day, L.　*56*

Delahaye, J.-P.　*195*

Donlevy, V.　*133, 135*

Funke, N.　*33*

García-Rubio, J.　*179, 184,
　186*

García Redondo, E.　*110*

Gillich, S.　*40*

Gómez, F.　*111*

Haugas, S.　*152, 153*

Hawley. J.　*56*

Johnes, R.　*60*

Juchtmans, G.　*73, 77, 78,
　79*

Karsten, S.　*150*

Keppeler, S.　*40*

Keskiner, E.　*105*

Leber, U.　*22, 23*

Lecocq, A.　*72*

Macedo, E.　*179, 184, 186*

Mathys, C.　*72*

Merino, R.　*113*

Mills, M.　*58*

Nada, C. I.　*171, 175*

Nevala, A. -M.　*56*

Nießen, K.　*37, 38*

Paniagua Rodríguez, A.
　110

Prieto Toraño, B.　*110*

Ricking, H.　*20*

Saint-Denis, E.　*196, 200*

Schwengler, B.　*22, 23*

Stamm, M.　*36, 37*

Stöhr, W.　*19, 20*

Thomson, P.　*58*

Tielking, K.　*43, 44, 46, 47*

Timmerman, C.　*55*

Véronneau, M. -H.　*72*

Voigt, K.　*33*

Weixler, F.　*195*

Willems, R.　*55*

ア行

青木栄治　*57*

アゼヴェード，J.　*176, 178*

有江ディアナ　*110, 113,
　126*

アントノフスキー，A.　*217*

植田みどり　*56*

伊藤秀夫　*248*

王美玲　*243*

太田美幸　*151*

奥地圭子　*243*

カ行

カリプ，K.　*156, 158, 166*

菊地かおり　*54*

クレッソン，E.　*131*

小島祥美　*228*

後藤武俊　*242, 243*

小松君代　*22*

コンドルセ　*259*

サ行

坂野慎二　*23, 24*

ザフラン（Zaffran, J.）
　195, 199, 203

島埜内恵　*192*

白幡真紀　*56, 57, 58*

関由起子　*31*

園山大祐　*1, 13, 44, 192-
　196, 203, 206, 208, 228*

タ行

滝沢潤　*243*

田中宝紀　*228*

辻野けんま　*18, 20, 21, 24,
　35, 38*

ナ行

中田麗子　*134, 135*

二井紀美子　*228*

布川あゆみ　*18, 20, 21, 34,
　35, 53*

ノディングス，N.　*146*

ハ行

廣澤明　*20*

ファン・プラーフ（van
　Praag, L.）　98
藤井穂高　72
藤井泰　55
藤田恭子　22

ベイ（Bay, J.）　140

本所恵　211, 213

マ行

丸山英樹　151, 152, 156-
　158, 167

見原礼子　79, 91, 92, 95

ヤ行

結城忠　39

横井敏郎　192

ワ行

渡邊誠　259

略 語 表

※数字は初出および略さず表記されている頁である。

0-9

2CS（Second Chance School: セカンドチャンススクール）　*12*

A

ADHD（Attention Deficit Hyperactivity Disorder: 注意欠如・多動症）　*63*

AMO（Actions en milieu ouvert: 開かれた場での活動）　*77*

AP（Alternative Provision: 代替教育施設）　*54*

ASE（Aide Sociale à l'Enfance: 児童社会扶助機関）　*201*

B

BMBF（Bundesministerium für Bildung und Forschung: 連邦教育研究省）　*22*

Brexit（British Exit: イギリスの欧州連合離脱）　*2*

BW（Baden-Württemberg: バーデン＝ヴュルテンベルグ）　*35*

C

CAMHS（Child and Adolescent Mental Health Services: 児童成人メンタルヘルスサービス）　*64*

CE（Constitución Española: スペイン憲法）　*112*

CEF（Cursos de Educação e Formação: 教育訓練課程）　*177*

CEFA（Centre d'Education et de formation en Alternance: 就労連動型研修・教育センター）　*76*

CLB（centrum voor leerlingenbegeleiding: 生徒支援センター）　*75*

CLEPT（Collège-Lycée Élitaire Pour Tous: すべての者のためのエリート中学・高校）　*194*

CNAM（Conservatoire national des arts et

métiers: 国立工芸院）　*210*

COCOF（Commission communautaire française de la Région de Bruxelles-Capitale: ブリュッセル首都圏地域フランス語共同体委員会）　*77*

COVID-19（Coronavirus Disease 2019: 新型コロナウイルス感染症）　*2*

CPA（ContinU Plus Academy: コンテニュー・プラス・アカデミー）　*59*

CPCJ（Comissões de Proteção de Crianças e Jovens: 児童青少年保護委員会）　*181*

CPMS（Centres Psycho-Médico-Sociaux: 精神医療社会センター）　*78*

D

DIAS（Dispositifs internes d'Accrochage Scolaire: 学校接続内部システム）　*78*

DUO（Dienst Uitvoering Onderwijs: 教育・文化・科学省教育行政機構）　*100*

E

E2O（Escuelas de Segunda Oportunidad: セカンドチャンススクール）　*117*

EFA（Educação e Formação de Adultos: 成人教育訓練）　*177, 179*

EHIS（Eesti Hariduse Infosüsteem: 教育情報システム）　*158*

EMAT（Equipas Multidisciplinares de Apoio aos Tribunais: 裁判所学際的サポートチーム）　*181*

ESA（Erster allgemeinbildender Schulabschluss: 第一普通教育学校修了資格）　*28*

ESL（Early School Leavers: 早期離学）　*1*

EU（European Union: 欧州連合）　*i, 110, 152*

F

FFED（Fédération francophone des Ecoles de Devoirs: フランス語圏宿題教室連盟）

78

FM（Formações Modulares: モジュラー式訓練）　*177*

FP1（Formación Profecional 1: 職業訓練１）　*111, 112*

FP2（Formación Profecional 2: 職業訓練２）　*111, 112*

G

GCE-A（General Certificate of Education Advanced Level: 一般教育資格上級レベル）　*71*

GCSE（General Certificate of Secondary Education: 中等教育修了一般資格）　*54*

GESO（Graduado en Educación Secundaria Obligatoria: 前期中等義務教育修了資格）　*113*

GRT（Gypsy, Roma, and Traveller: ジプシー・ロマ・トラベラー）　*64*

H

HAVO（Hoger algemeen voortgezet onderwijs: 一般中等教育）　*90*

HBO（Hoger beroepsonderwijs: 高等職業訓練学校）　*95*

HM 校（Tartu Herbert Masingu Kool: タルトゥ・ヘルバルト・マーシング校）　*159*

I

ICT（Information and Communication Technology: 情報通信技術）　*65*

IM（Introduktionsprogram: イントロダクション・プログラム）　*212*

K

KAA（Kommunernas aktivitetsansvar för ungdomar: コミューンに課される若者への活動提供責任）　*212*

KMK（Kultusministerkonferenz: 各州文部大臣会議）　*18, 36*

L

LACES（Looked After Children Education Service: 社会的養護教育サービス）　*64*

LAPS（Lihtsus, Avatus, Paindlikkus, Süsteemsus: シンプルさ，開放性，柔軟性，体系性）　*162*

LFS（Labour Force Survey（Tööjõu-uuring）: エストニア労働力調査）　*158*

LGE（Ley General de Educación y Financiamiento de la Reforma Educativa: 教育に関する一般法）　*111, 112*

LMA（Lycée d'Adultes: パリ市立成人夜間高校）　*209*

LOCE（Ley Orgánica de Calidad de la Educación: 公教育の質に関する組織法）　*112*

LOCFP（Ley Orgánica de las Cualificaciones y de la Formación Profesional: 資格及び職業訓練に関する組織法）　*112*

LODE（Ley Orgánica reguladora del Derecho a la Educación: 教育に対する権利を規定する組織法）　*112*

LOE（Ley Orgánica de Educación: 教育に関する組織法）　*112, 113*

LOGSE（Ley Orgánica de Ordenación General del Sistema Educativo: 教育制度基本法）　*111, 112*

LOMCE（Ley Orgánica para la Mejora de la Calidad educativa: 教育の質の向上のための組織法）　*112, 113*

LOMLOE（Ley Orgánica por la que se modifica la Ley Orgánica de Educación: 教育に関する組織法を改正する法）　*112, 113*

LOPs（Lokaal OverlegPlatform（plateforme de concertation locale de la Communauté flamande: 地域相談プラットフォーム）　*78*

M

MARAC（Multi-Agency Risk Assessment Conference: 多機関リスクアセスメント会議）　*64*

MBO（Middelbaar beroepsonderwijs: 中等職業訓練教育）　*89*

MBO-2（MBO-niveau 2（basisberoepsopleiding）: 基礎職業訓練）

略語表

MET（Medical Education Team: 医療教育チーム）　64

MJA（Mobile Jugendarbeit: 移動ソーシャルワーク）　40

N

NAFT（naadloos flexibel traject: 切れ目のない柔軟な進路）　78

NEET（Not in Education, Employment or Training: 就学・就労していない，また職業訓練も受けていない若者）　2

NGTS（Noortegarantii tugisüsteem: 若者保障支援システム）　159

NS（Niedersachsen: ニーダーザクセン）　35

NVQ（National Vocational Qualifications: 全国職業資格）　71

O

OECD（Organisation for Economic Co-operation and Development: 経済協力開発機構）　i

OJT（On-the-Job Training: 職場内研修）　9

OKOT（onderwijskwalificerende opleidingstrajecten: 教育訓練資格認定コース）　75

OT（Oppfølgingstjenesten: フォローアップサービス）　133, 134

P

PCA（Percursos Curriculares Alternativos: 代替カリキュラムルート）　177

PIEF（Programa Integrado de Educação e Formação: 統合教育訓練プログラム）　173, 177, 179

PIL（Pôle Innovant Lycéen: 革新的高校）　194

PISA（Programme for International Student Assessment: OECD 生徒の学習到達度調査）　4, 173

PRU（Pupil Referral Unit: 生徒委託機関）　54

PTSD（Post-Traumatic Stress Disorder: 心的外傷後ストレス障害）　66

R

ReBBZ（Regionale Bildungs-und Beratungszentren: 地域の教育およびカウンセリングセンター）　24

RMC（Regionaal Meld- en Coördinatiepunt: 地域申告・調整機能）　91

RVCC（Reconhecimento, Validação e Certificação de Competências: 能力検証認定制度）　173, 177

S

SAS（Service d'accrochage scolaire: 学校接続機関）　77

SCOS（Service du Contrôle de l'Obligation Scolaire: 義務教育管理機関）　78

SEMH（Social, Emotional, Mental Health: 社会的・情緒的・メンタルヘルス）　54

SRE（Structures de Retour à l'École: 学業復帰機関）　193

STAR（Sotsiaalteenuste ja Toetuste Andmeregister: 社会サービスおよびデータ登録システム）　158

T

TALIS（Teaching and Learning International Survey: OECD 国際教員指導環境調査）　5

TIMSS（Trends in International Mathematics and Science Study: IEA 国際数学・理科教育動向調査）　173

U

UK（United Kingdom of Great Britain and Northern Ireland: グレートブリテン及び北アイルランド連合王国）　54

ÜKP（Ühtekuuluvuspoliitika: EU 統合政策基金）　152

V

VAE（Validation des acquis de l'expérience: 経験知識認証）　210

VET（Vocational Education and Training: 職業訓練）　*121*

VGC（Vlaamse Gemeenschapscommissie フランデレン共同体委員会）　*77*

VWO（Voorbereidend wetenschappelijk onderwijs: 大学準備中等教育）　*90*

W

WMP（West Midlands Police: 西ミッドランド地区の警察）　*64*

Y

YOT（Youth Offending Team: 若者犯罪対策チーム）　*64*

執筆者紹介（章・コラム執筆順，＊は編者）

園山大祐（そのやま　だいすけ）＊
大阪大学人間科学研究科教授
担当：まえがき，序章，コラム 1, 2, 6，あとがき
著書に「早期離学と進路保障」（宮本みち子編『若者の権利と若者政策』明石書店，2023 年），編著に『学校を離れる若者たち―ヨーロッパの教育政策にみる早期離学と進路保障』（ナカニシヤ出版，2021 年）など。

布川あゆみ（ふかわ　あゆみ）
東京外国語大学アカデミック・サポート・センター准教授，センター長
担当：1 章
論文に「ドイツ社会における「主体」としての移民―ベトナム系移民と中国系移民の学校適応と主体性に着目して」（『白山人類学』第 25 号，2022 年）など。

辻野けんま（つじの　けんま）
大阪公立大学文学研究科准教授
担当：2 章
著書に「ドイツの学校は国家とどう付き合ってきたか」（末松裕基編著『現代の学校を読み解く―学校の現在地と教育の未来』春風社，2016 年）など。

小山晶子（おやま　せいこ）
東海大学国際学部教授
担当：3 章
著書に「EU による早期離学に関する教育訓練政策の展開」（園山大祐編『学校を離れる若者たち―ヨーロッパの教育政策にみる早期離学と進路保障』ナカニシヤ出版，2021 年）など。

菊地かおり（きくち　かおり）
筑波大学人間系助教
担当：3 章
著書に『イングランドのシティズンシップ教育政策の展開―カリキュラム改革にみる国民意識の形成に着目して』（東信堂，2018 年）など。

見原礼子（みはら　れいこ）
同志社大学グローバル地域文化学部准教授
担当：4 章
共編著に『西洋における宗教と世俗の変容 2　イスラームの定着と葛藤』（伊達聖伸・見原礼子編，勁草書房，2024 年）など。

福田紗耶香（ふくだ　さやか）
長崎大学多文化社会学部助教
担当：5 章，編集後記
論文に「オランダにおける就学前の補償教育が保育制度に与えた影響―「保育の質」の可視化に着目して」（『比較教育学研究』第 64 号，2022 年）など。

有江ディアナ（ありえ　でぃあな）
大阪大学大学院国際公共政策研究科特任助教，世界人権問題研究センター専任研究員
担当：6 章，編集後記
著書に「スペインにおける早期離学問題に対する教育制度上の対策と限界」（園山大祐編『学校を離れる若者たち―ヨーロッパの教育政策にみる早期離学と進路保障』ナカニシヤ出版，2021 年）など。

中田麗子（なかた　れいこ）
信州大学大学院教育学研究科研究員，長野短期大学非常勤講師
担当：7章
共編著に『北欧の教育再発見―ウェルビーイングのための子育てと学び』（中田麗子ほか編，明石書店，2023年）など。

丸山英樹（まるやま　ひでき）
上智大学総合グローバル学部教授
担当：8章
著書に「エストニア―ICT立国における教育テクノロジーと困難を前に支え合う姿」（園山大祐・辻野けんま編『コロナ禍に世界の学校はどう向き合ったのか―子ども・保護者・学校・教育行政に迫る』（東洋館出版社，2022年）など。

二井紀美子(にい　きみこ）
愛知教育大学教育学部教授
担当：9章
著書に「早期離学減少を目指すポルトガルの挑戦」（園山大祐編『学校を離れる若者たち―ヨーロッパの教育政策にみる早期離学と進路保障』ナカニシヤ出版，2021年）など。

島埜内恵（しまのうち　めぐみ）
白鷗大学教育学部専任講師
担当:10章
著書に「フランスにおける早期離学対策の多様性とその課題」（園山大祐編『学校を離れる若者たち―ヨーロッパの教育政策にみる早期離学と進路保障』ナカニシヤ出版，2021年）など。

本所　恵（ほんじょ　めぐみ）
金沢大学人間社会学系准教授
担当：11章
著書に『スウェーデンにおける高校の教育課程改革―専門性に結び付いた共通性の模索』（新評論，2016年）など。

林　寛平（はやし　かんぺい）
信州大学大学院教育学研究科准教授，ウプサラ大学教育学部客員研究員
担当：11章
編著に『北欧の教育最前線―市民社会をつくる子育てと学び』北欧教育研究会ほか編著，明石書店，2021年）など。

川端映美（かわばた　えみ）
大阪大学人文学研究科博士後期課程
担当：コラム3

斎藤里美（さいとう　さとみ）
東洋大学文学部教授
担当：コラム4，5
著書に「エンハンスメントの汎用化は公教育に何をもたらすか」（石井英真ほか編『教育学年報13　情報技術・AIと教育』世織書房，2022年）など。

塩澤広大（しおざわ　こうだい）
大阪大学人間科学部卒業
担当：コラム6
論文に「不登校特例校の教育実践と生徒の特徴」（2022年度卒業論文）。

池田賢市（いけだ　けんいち）
中央大学文学部教授
担当：終章
著書に『学びの本質を解きほぐす』（新泉社，2021年）など。

若者たちが学び育つ場所
ヨーロッパの早期離学対策の現場から

2024 年 12 月 27 日　　初版第 1 刷発行

編　者　園山大祐
発行者　中西　良
発行所　株式会社ナカニシヤ出版
☎ 606-8161　京都市左京区一乗寺木ノ本町 15 番地
　　　　　　　　　　　　　 Telephone　075-723-0111
　　　　　　　　　　　　　 Facsimile　075-723-0095
　　　　　　　　Website　http://www.nakanishiya.co.jp/
　　　　　　　　Email　iihon-ippai@nakanishiya.co.jp
　　　　　　　　　　　　　 郵便振替　01030-0-13128

印刷・製本＝創栄図書印刷／装幀＝白沢　正
カバー写真提供＝園山大祐
Copyright © 2024 by D. Sonoyama.
Printed in Japan.
ISBN978-4-7795-1833-1 C3037

本書のコピー，スキャン，デジタル化等の無断複製は著作権法上の例外を除き禁じられています。本書を代行業者等の第三
者に依頼してスキャンやデジタル化することはたとえ個人や家庭内での利用であっても著作権法上認められていません。